中堅・中小企業をリスクから守る

海外事業成功マニュアル

中小企業診断士
高原 彦二郎 著
Takahara Hikojiro

中央経済社

はじめに

　本書は，現在のような不透明な時代に，中堅・中小企業が海外事業にどう取り組んでいくかについて，海外進出前にすべきことや，海外進出後の経営管理，安全管理，台湾有事を含む危機管理の方法について解説したものです。

　情熱の外交官として知られた故岡本行夫氏が，最後の著書『日本にとって最大の危機とは？』（文藝春秋，2021年）の中で，「国際情勢は偶然かもしれませんが，だいたい30年サイクルくらいでいろいろなことが起こっているという気がします。今までのトレンドを見ていると，今は既に新しい30年に入っていて，残念なことに，それは決して明るい未来ではないかも知れないと感じています。（中略）30年くらいのスパンで見ていくと，いま特に怖いと思うことは，独裁／ユニテラリズム（単独行動主義）に時代に変わりつつあるということです。すでに起こっている事なので，いつから始まったのかは，なかなか言いにくいことなのですが，習近平が国家主席に就任した2013年くらいから変わってきたのでしょうか。」と述べています。2013年以降の世界を見渡すと，2017年第2期習近平国家主席就任，2018年第4期目プーチン大統領就任，2024年わが国自民党の少数与党による政権運営，世界が注目した2025年1月の第2期トランプ政権発足など，岡本氏が述べた30年サイクルの残り約20年は，独裁，ユニテラリズム（単独行動主義），ポピュリズムの時代に向いつつあるのではないかと懸念されます。残念なことに，米中対立の激化，ロシアのウクライナ侵攻の継続，ガザ地区での戦闘継続，シリア政権崩壊後の中東地区の不安定化，EU参加国の右傾化，中国・ロシア・北朝鮮など独裁国家同士の連携，民主主義国家の高齢化や結束の弱体化，グローバルサウス国の台頭など，国際協調を欠いた今，国際政治・経済のブロック化につながりかねない事象が増えています。

　日本経済のけん引役である中堅・中小企業は，このような状況下，海外事業をどのように進めるべきなのでしょうか？　本書ではそのヒントとして，第Ⅰ部第1講において，中堅・中小企業が初めて海外ビジネスを始める上で着手し

やすい，輸出，委託生産を取り上げ，市場開拓の方法，取引先やパートナーの選び方や見極め方などを具体的に解説しています。さらに，信用調査の方法，技術流出防止の手法，契約のあり方など，中堅・中小企業が陥りがちな注意点を事例とともに述べています。第2講では，海外直接投資の戦略の立て方，海外戦略策定のためのプロジェクトチームの作り方，また，中堅・中小企業が不得手とする海外子会社の経営管理の枠組みと内部監査と内部統制の具体的な手法を実例とともに解説しています。そして第3講では，特に重要な経営管理分野として，組織管理，人事管理，労務管理，販売管理，商業賄賂について実例をもとに具体的に解説しています。経営管理にすぐに役立つ海外子会社の日本語，英語，中国語の経営リスクチェックリストも掲載しましたので，本社と現地経営責任者に今日からご利用頂けたらと思います。

　第Ⅱ部では，海外事業に伴うリスクとその対応，世界の環境激変に耐えうるレジリエンスと組織のあり方，社員を守るための海外安全管理の方法，また，昨今懸念される台湾有事を中心に，海外有事対応と海外緊急脱出の計画作成方法，有事を想定したBCPの作成方法を，筆者が中東や中国で経験した実例を踏まえて解説しています。特に，有事対応は戦後の日本でなじみが薄い分野であるため，より理解を深めていただけるよう，演習問題とチェックリストを載せています。さらに，経営資源制約の観点がある中堅・中小企業の立場から中堅・中小企業が最低限行うべき海外危機管理対応についても解説しています。大事な社員と海外事業資産を海外リスクから守るためにも，自社の実情に合わせてご利用頂けたらと思います。最後に本書では，第Ⅰ部，第Ⅱ部の各講末に「要点チェックリスト」を掲載しています。自社の海外事業の状況に応じ，本書を活用頂き，その内容を振り返って頂けたらと思います。

　2025年1月にトランプ政権が発足しました。今後予見される世界の激変が日本にもたらす影響は無視できず，海外リスク回避の観点から，さまざまな分野で国内回帰と様子見が始まっています。海外事業は，外洋に向う船に例えられますが，外洋の波は高く，天候も激しく今後も変化が予想されます。しかし，だからと言って，内にこもって様子見をしているだけで良いのでしょうか？人口減少に伴う日本国内市場の縮小が確実視される中，海外市場を取り込まず

に，国内だけで事業を成功させることは企業にとり至難の業と言えます。外洋の波は高く，天候は激しく変化するとしても，海底に流れる潮流は常に一定でほぼ変化しません。事業成功の原則は，海底に流れる潮流同様，外的変化に左右されるものではなく，自らが経営の基本原則に則って，愚直に日々の経営を実行することではないでしょうか？　海外事業の成功の要素も同様だと思います。

　かつてない激変の時代こそ，チャンスがあり，チャンスをつかむ進取の精神を持つ中堅・中小企業のリスクテイクの姿勢と経営の基本原則に忠実で確実な経営こそが，今求められています。そのような気概を持った中堅・中小企業の方々の一助に本書がなれば幸いです。

　最後に，本書の刊行にあたって，危機管理の分野でパートナーとして長年お付き合いした故大越修氏（オオコシセキュリティコンサルツ創業者）とその元社員に方々，常に日本企業のために協力してくれる弊社の国内外のパートナー，また，中央経済社の阪井あゆみ編集次長のきめ細やかなご助言に心から謝意を表すとともに，休日返上の執筆を許してくれた妻と家族にも謝意を表したいと思います。

　2025年3月

高原彦二郎

本書に掲載するチェックリスト等のうち，以下に挙げるものについて，「中央経済社ビジネス専門書Online」の本書商品ページよりダウンロードできます。下記のURLまたは二次元コードよりアクセスしてください。

https://www.biz-book.jp/isbn/978-4-502-53071-5
パスワード：kaigaiseiz4mRJ

【ダウンロードできる資料一覧】
・4pの決定と競合分析　☞図表1−1−5，p.8
・簡易ヒアリングシート　☞図表1−1−7，p.11
・PEST分析のためのチェックリスト　☞p.50
・CSAチェックリスト（日）　☞図表1−3−3，p.67〜
・規程体系　☞図表1−3−6，p.83〜
・社内意識調査質問表　☞図表1−3−26，p.148〜
・新規取引開始申請書（雛形）　☞p.165
・営業債権管理表（雛形）　☞p.167
・催促状（雛形）　☞p.171
・海外安全管理のチェックリスト（第Ⅱ部第2講　要点チェックリスト）
　　☞p.228〜
・中核事業を構成する各業務の対応策の検討　☞図表2−3−13，p.273

　上記の他にも，本書をよりご活用いただくための有料コンテンツをご用意しています。詳しくは上記に記載した本書商品ページまたは下記ウェブページをご覧ください。

中央経済社Digital

https://digital.chuokeizai.co.jp/menu/187071

注　中央経済社ビジネス専門書Online (https://www.biz-book.jp/) は中央経済社が運営するウェブサイトです。同サイト内の各商品ページのURLは予告なく変更されることがございますので，お探しのページが見つからない場合は，トップページにある検索ボックスにて書名等をご入力の上お探しください。

i

目　次

はじめに／1

第Ⅰ部　海外事業を成功させる方法

第1講　海外事業の心構えと段階的取組み　2

第1章　海外事業の心構え———————————2
第2章　海外事業に向けての段階的取組み———————4
　1　海外直接投資前にできること———————————4
　2　輸出———————————5
　　1　ドメインを決定する／5
　　2　どこの国の誰に売るのか／5
　　コラム　中古機械が日本に戻される／7
　　3　どのように売るのか／7
　　4　どのように輸出するのか／9
　3　委託生産———————————9
　　1　委託生産の目的と候補国の絞り込み／9
　　2　委託生産候補先のリスティングと絞り込み／10
　4　信用調査の実施———————————12
　　1　調査項目／13
　　2　信用情報を読み解く必要性／16
　　コラム　信用調査の事例紹介／16
　5　パートナー選び———————————17
　　1　パートナー選びの重要性／17
　　2　定性評価の重要性／17

3　契約締結の必要性と技術流出防止／18

第3章　成功事例からみる中堅・中小企業の戦略―――――20
　1　成功する中堅企業――――――――――――――20
　　1　Ｙ社の事例／20
　　2　競争優位性を生む共通する特徴／23
　　3　海外事業における特徴／25
　2　成功する中小企業の戦略――――――――――26
　　1　展示会の有効活用／27
　　2　中小企業の成功要因／30
　　☑ 第Ⅰ部第1講　要点チェックリスト／31

第2講　海外直接投資検討時の心構え　　32

第1章　海外ビジネスリスクの認識――――――――32
　1　日本と海外の違いをビジネスリスクとして認識する―――32
　　1　海外子会社が直面するビジネスリスクについて／32
　　2　各国で異なる固有リスクとは／34
　　3　受け入れ国の外資導入の思惑／35

第2章　海外進出戦略の策定の考え方とは――――――37
　1　2つの戦略――――――――――――――――37
　　1　競争回避型戦略：選別・排除されない，競争に巻き込まれない戦略／37
　　（コラム）販売地域による競争回避事例／39
　　2　損失最小型戦略：選別・排除されても損失が少ない戦略／39
　　（コラム）華僑の資金回収／41
　2　その他の視点――――――――――――――――41
　　1　コンティンジェンシープラン（代替案）策定／41

目　次　iii

　2　事業収支のコスト計算上の注意／41

　3　撤退戦略の事前準備／42

　コラム3　撤退とコストの関係／43

第3章　プロジェクトチームの活用と進出国の決定方法————46

　1　プロジェクトチームの検討事項と考慮すべき点————46

　　1　プロジェクトチームの主な検討実施事項／46

　　2　プロジェクトチームのあり方で経営者が考慮すべき点／47

　2　プロジェクトチームによる具体的な検討内容————48

　　1　進出候補国の事業環境分析／48

　　2　進出候補国の評価と絞り込み／49

　　3　経営陣による最終決定の方法／52

第4章　進出形態別の具体的検討方法————53

　1　海外進出の全体像————53

　2　海外生産拠点設置の場合————53

　　1　工場のコンセプトと用地選定／53

　　2　原材料・機械設備の調達／55

　　コラム　設備関連の選択／56

　　3　現地外国人労働者の採用・育成・管理／56

　3　海外販売拠点設置の場合————58

　　1　海外向けウェブサイト／58

　　2　パートナー／59

　　コラム　現地アドバイザーについて／60

　☑ 第Ⅰ部第2講　要点チェックリスト／60

第3講　海外直接投資後のマネジメント　　62

第1章　海外子会社のマネジメントの枠組み────62
1　管理責任者の任命────62
2　マネジメントの具体的な仕組み────64

　コラム　コーポレートガバナンスの本当の意味とは／64

3　内部統制の具体的な方法（内部監査）────65
　　1　本社で日常的にチェックするものとは／65
　　2　現地経営者による経営管理チェックと本社による管理／66
　　3　日本本社による「現地往査」とは／76

4　内部統制の具体的な方法（内部けん制）────77
　　1　誘導／77
　　2　けん制／77

5　規程類の整備によるけん制────79
　　1　代表的な規程類／79
　　2　規程体系／83

第2章　海外子会社の具体的なマネジメント方法────85
1　海外子会社でマネジメント不在だと何が起こるか────85
　　1　中国A社の事例／85
　　2　ベトナムB社の事例／86
　　3　ベトナムC社の事例／87

2　海外子会社で多い不正を防ぐには────88
　　1　不正発生の原因について／88
　　2　不正防止の考え方／90
　　3　不正の兆候／90

3　実際の内部監査の方法（中国事例）────92
　　1　内部監査の目的／92

目　次　v

　　2　内部監査のステップと事前準備／92

　　3　現地での分野別監査の具体的手法に関して／96

4　実際の内部統制システム構築の方法────────────104

　　1　内部統制の種類／104

　　2　ソフトな内部統制システム／105

　　コラム　発展委員会とは／105

　　3　ハードな内部統制システム／106

　　4　中国における内部統制の基本的要素について／109

第3章　特に重要なマネジメント分野と方法────────114

1　ガバナンスの構築について────────────────114

　　1　ガバナンスの問題点／114

　　2　ガバナンス制度設計上の注意点について／116

　　3　欧米系企業のガバナンスの特徴について／117

　　4　具体的な事例による考察／119

2　労務管理について──────────────────────123

　　1　日常の労務管理上の注意点／123

　　2　労務リスク対応／128

3　人事制度────────────────────────────130

　　1　人事制度とは／130

　　2　人事制度設計／133

4　重要な人事プロセス────────────────────137

　　1　採用／137

　　コラム　留学学歴，地元高での学歴／141

　　2　育成／144

　　3　人事制度・労務管理のPDCA／148

5　販売与信管理について──────────────────161

　　1　海外での取引における心構え／161

　　2　与信限度額の設定方法／163

　　3　与信限度の管理／166

4　売掛債権履行管理規程／167

　　5　債権の時効／172

6　商業賄賂について────────────────173

　　1　先進国の法規制動向／173

　　2　新興国の法規制動向／174

　　⑴　新興国法規制の特徴／174

　　⑵　事例と対応について／174

　　☑第Ⅰ部第3講　要点チェックリスト／176

第Ⅱ部　海外事業を成功させるリスク管理

第1講　海外事業とリスクの関係　　178

第1章　海外事業とリスク────────────────179

1　正しいリスクの捉え方────────────────179

2　事業に役立つリスクとは────────────────180

　　1　事業とリスクの関係／180

　　2　事業リスクとは／182

第2章　リスクマネジメントとは────────────────184

1　リスクマネジメントの定義────────────────184

2　リスクマネジメントの運用────────────────185

　　1　PDCAサイクル／185

　　2　リスク低減とその方法／186

　　3　リスクマネジメント計画策定時の考え方／188

3　リスクマネジメントの効果と必要性────────────────188

目　次　vii

第3章　グローバルビジネスリスク対応―――――――――190

1　VUCA の時代とグローバルビジネスリスク対応――――――190

1　グローバルビジネスリスクとは／190

2　固有リスクを生み出す文化的基層とは／191

2　VUCA の時代におけるリスク特性とバイアスの排除――――194

1　リスクの基本特性への理解／194

2　バイアスの排除／196

3　求められるグローバルなリスク感性――――――――――198

1　リスク感性の重要性／198

2　リスク感性を鍛える／201

第4章　レジリエンス――――――――――――――――204

1　レジリエンスと組織の関係――――――――――――――204

1　レジリエンスとは／204

2　レジリエンスを持つ組織とは／205

2　レジリエンスの事例―――――――――――――――――206

1　HUAWEI の事例／206

2　コロナ禍における事例／209

3　レジリエンスのある組織をどのように作るのか――――――210

1　2つの事例の共通点／210

2　レジリエンスを妨げる組織運営とは／211

3　全員がリスク・オーナーの組織運営とは／213

☑　第Ⅱ部第4講　要点チェックリスト／214

第2講　海外安全管理　　　　　　　　　　215

第1章　海外安全管理について―――――――――――――216

1　海外安全管理の3原則――――――――――――――――216

viii

 1 目立たない／216

 2 行動を予知されない／216

 3 用心を怠らない／217

2 海外安全管理のために必要な本社の対応————————217

 1 渡航前研修／217

 コラム 無抵抗主義／218

 2 本社の海外安全管理のために必要なその他の対応／220

第2章 海外における安全管理上のリスクと対応————————222

1 海外安全管理上の具体的なリスクとは————————222

2 海外における安全管理上のリスク別対応とは————————222

 1 リスク別対応の概略／222

 2 政治的理由による拘束／227

 ☑ 第Ⅱ部第2講 要点チェックリスト／228

 セキュリティ演習問題／229

第3講 海外危機管理 233

第1章 海外危機管理について————————233

1 海外危機管理について————————233

2 海外危機管理対応事例について————————234

 1 1975年ベイルートの事例／234

 2 1990年8月イラク軍のクウェート侵攻／236

 3 2001年9月11日米国同時多発テロ後の米国報復に備えて
  の脱出計画の策定／238

 4 その他事例／241

目　次　ix

第2章　海外危機管理対応の概要────────────244

　1　海外危機管理対応の概要────────────244

　2　緊急対策本部について────────────245

　　1　緊急対策本部とは／245

　　2　緊急対策本部の主な役割／245

第3章　台湾有事への備え────────────249

　1　台湾有事の可能性────────────249

　　1　中国の台湾軍事侵攻の意思／249

　　2　軍事進攻遂行能力について／249

　2　平時の台湾有事への対応────────────250

　　1　緊急対策本部の設置／250

　　2　緊急対策本部の役割／250

　3　台湾有事発生時の予兆・トリガー・着眼点────────────253

　　1　情報収集（Step 1）／254

　　2　警戒から緊急退避のトリガー発動まで（Step 2～4）／255

　　3　退避判断（Step 5）／257

　4　台湾有事演習────────────258

　　1　台湾有事の対応演習／258

　　2　解説／261

　　3　タイムラインの整理による理解／262

第4章　米国有事への備え────────────264

　1　米国の自然災害────────────264

　2　演習────────────265

　　1　演習問題／265

　　2　回答編／266

第5章　BCPと有事対応 ─────────────────────270

1　BCPについて ─────────────────────270

   1　BCPで想定する災害対象／270

   2　BCP策定プロセス／271

   3　BCPと状況判断（製造業）／274

2　海外有事とBCP ─────────────────────275

   1　海外有事発生で検討されるBCPの範囲／275

   2　国際紛争などの海外有事事例からの教訓／277

   3　海外有事で紛争が想定される場合／279

   4　撤退の出口戦略について／280

第6章　中堅・中小企業の海外危機管理対応について ──────281

1　中堅・中小企業の海外危機管理対応の鉄則 ───────281

   1　自分の身は自分で守る／281

   2　リスク予兆を早くつかむ／281

2　いち早く逃げるために事前に行っておくべきこと ─────281

   1　資産の軽量化／282

   2　中核事業の選定と対応／282

3　長期戦に備えるために ─────────────────────282

   1　「自助」「共助」とは／283

   2　事例に見る「自助」「共助」／284

   ☑　第Ⅱ部第3講　要点チェックリスト／288

第 I 部

海外事業を
成功させる方法

第1講
海外事業の心構えと段階的取組み

> 日本市場の縮小が想定される中，成長するアジア太平洋地域を中心に，海外市場には大きなチャンスがあります。一方で日本との文化・習慣，制度，地理などの違いからくるさまざまなリスクもあるため，日本と海外の違いを知り，海外ビジネスに慣れるため，段階的に海外ビジネスを進める必要があります。第1講では，海外事業の心構え，海外事業の段階的取組み，中堅・中小企業の成功事例から，その戦略を見ることで，海外事業を成功させるための方法について考えていきます。

第1章　海外事業の心構え

　海外事業を成功させるためには，日本と海外の違いを知り，その違いからくるさまざまな難題・課題を，恐れることなく1つひとつ解決し海外ビジネスの経験値を増やすことで，海外ビジネスに徐々に慣れていくことが重要です。また，海外事業は事業ステージに応じてその対応方法が異なりますので，事業のステージに合わせて段階的にかつ慎重に取り組む必要があります。

　では，どのような考え方とステップで進めたら良いのでしょうか？

　海外事業を考える場合，ご自分がお子さんを留学させる時を想像されるとわかりやすいと思います。お子さんを海外に留学させる際には，日本との食事や言語，習慣などの文化的な違い，学校制度や法律などの制度的な違い，日本との地理的な違い，生活水準などの経済的な違いなどをしっかりと調査し，現地の様子を確認するために一時的に短期留学を経験させるなど，お子さんが留学

第1講　海外事業の心構えと段階的取組み　3

生活を無事に行っていけるかを準備に検討されると思います。海外事業の進め方も同様で，まずは日本と海外の違いを知り，その違いが自社にとり許容範囲かどうかを確認しながら，海外事業を進めていく必要があります。

　日本と海外の違いについては，**図表1-1-1**をご覧ください。アルファベットの頭文字を取って，一般に「CAGE」と称します。最近では，米中対立，地域紛争などをきっかけに，各国の地政学的（Geopolitics）な戦略（Strategy）の違いも海外事業では考慮する必要が出てきていますので，これからの海外事業を考える場合には，戦略（Strategy）を加え CAGES フレームワークと捉える必要があります。

図表1-1-1　国の違いを知る CAGES フレームワーク

1　文化的な違い Cultural difference	自国と相手国の文化面での違い （例：言語，慣習，宗教など）
2　制度的な違い Administrative difference	自国と相手国の制度面での違い （例：政治制度，法律，税制等）
3　地理的な違い Geographical difference	自国と相手国の地理面での違い （例：地形，気候，物理的な距離等）
4　経済的な違い Economical difference	自国と相手国の経済面での違い （例：一人当たりの GDP，インフラ整備の水準等）
5　地政学の違いからくる戦略の違い Strategy of Geopolitics difference	他国の地政学上と日本との違い。それに起因する戦略の違い（例：経済ブロック化，国家安全保障の法規制などの違い等）

出所：一條和生，野村総合研究所グローバルマネジメント研究チーム編『グローバル・ビジネス・マネジメント』（中央経済社，2017年）17ページに筆者加筆

　この「CAGES フレームワーク」からも明確なように，海外と国内とでは，さまざまな面でかなりの違いがあります。ただし，いたずらに恐れる必要はありません。海外進出にあたり，海外事業を段階的に進め，海外に慣れながら，日本と海外の違いを克服するステップを慎重に確実に踏んでいき，良きパートナーとウィン-ウィンの関係を構築していくことで，海外事業の成功確率は高まります。「着眼大局，着手小局」の発想に近い考え方と言えるかもしれません。

4 第Ⅰ部 海外事業を成功させる方法

第2章　海外事業に向けての段階的取組み

　海外事業には「海外に直接投資して，海外子会社を設立する」というイメージがありますが，海外直接投資の前にできること多くがあります。

① 海外直接投資前にできること

　海外直接投資前に比較的リスクを少なく国内にいながらできることには，主に以下のような方法があります。

⑴　輸出
⑵　代理店設置と販路拡大
⑶　ライセンシング
　海外企業に対し，相手国の中で，自社（国内）が保有する特許等の知的財産を使用する権利を与え，ライセンス料をもらう方法。リスクとしては，海外企業に専門技術やノウハウを開示するので，盗まれてしまう可能性があります。

⑷　フランチャイズ
　相手企業が一定の料金を支払うことを条件に，自社の商標や経営手法，経営権を使用する権利を付与する契約。コンビニ等が積極的に実施している方法です。

⑸　戦略的提携
　企業間でパートナーシップを結んで提携し，委託生産，新製品の開発や製造設備のラインへの部分投資等で経営資源や知識を共有する方法。

　海外事業を行う目的には，①海外の成長市場を開拓したい，②生産コストを下げたい，③自社のノウハウを海外で売りたい，④取引先からの要請や新規事業として海外直接投資で事業を行いたい，などがあります。

第1講　海外事業の心構えと段階的取組み　　5

　企業は，これらの目的に合わせて，海外事業を進めて行くことになりますが，比較的リスクの少ない上記(1)輸出および戦略的提携の第一歩となる(5)委託生産について詳しく見てみます。

② 輸出

　海外事業を考える際，比較的リスクが少ない方法が，日本からの輸出です。輸出は，直接投資を行う際のような詳細な現地調査は必要なく，比較的簡単に取り組むことができます。一方で輸出のための固定費がかかるというデメリットもありますが，直接投資に比べて相対的に低いコストで海外需要を取り込むことができる手段です。以下で，輸出の進め方と注意点について見ていきます。

1　ドメインを決定する

　輸出は「海外の成長市場を開拓する」第一歩となります。輸出を初めて行う企業には難しいと思われるかもしれませんが，最初にやるべきことは，国内営業と同様，「誰に（どこの国に），何を，どのように」という「事業ドメイン」を決めることです。

2　どこの国の誰に売るのか

　まず，どこの国の誰に売るのか？　ですが，その意思決定のために必要なのが「市場調査」です。時間に制約がある中小企業の場合，世界約200カ国・地域のすべてについて調査を行うのは現実的ではありません。自社の輸出の目的を明確にし，輸出候補国を2〜3カ国に絞るのが現実的です。

　自社の輸出の主な目的が「成長する海外市場を開拓したい」ということであれば，人口が多く，1人あたりGDPや可処分所得が伸びている国が候補となります。中国，インド，インドネシア，今後は人口の増加が顕著なアフリカ諸国などがこれに該当します。

6　第Ⅰ部　海外事業を成功させる方法

図表1-1-2　輸出の選択基準と候補国例

目的	選択基準例	候補国例
成長する海外市場を開拓したい（輸出）	1．人口が多い 2．平均年齢が若い 3．一人当たりのGDPと可処分所得が伸びている	インド，中国，インドネシア，アフリカ諸国など

　調査内容については**図表1-1-3**にまとめましたので，候補国ごとに調査をします。候補国を2～3カ国に絞った後は各国に応じた「輸出にまつわる規制とその他の情報」の確認と対策が必要となります。

図表1-1-3　輸出にまつわる規制とその他の情報

1．HSコードの確認

　貿易取引においてすべての品目はHSコード（関税分類番号）で管理されています。HSコードは世界のほぼすべての国で利用されています。自社の品目がどのHSコードになるのかを調べ他社の輸出実績などを調査しておくことで，輸出可能性（自社の価格競争力）が検証できます。また，HSコードは輸出相手から必ず聞かれますので，事前に調査しておく必要があります。

2．日本の輸出規制

　日本の輸出規制は，外国為替及び外国貿易法（以下「外為法」という）を中心に安全保障貿易管理の観点から規制がなされます。リスト規制品目，キャッチオール規制などがあります。

3．輸出相手国の輸入規制

　輸出相手国にも輸入規制があります。輸入禁止品目，輸入関税，輸入認証などがあり，事前に調べておく必要があります。

4．取引に関する法律

　輸出相手国によっては取引そのものが，が禁止される場合もあります。その規制状況および実際の摘発状況も確認しておく必要があります。

5．輸出相手国の特徴

　民族や宗教によってさまざまな慣習やタブーなどがあります。また，国によって商習慣なども違いますので，トラブル事例などを調べておく必要があります。

6．知的財産権に関する法律

　知的財産に関する法律の内容や相手国の商標登録状況を調べることで自社の特許や商標などの知的財産権が侵害されることを防ぐ必要があります。

7．代金回収

　海外において最も重要な点の1つですが，信用調査，与信管理，決済手段などを検討し，代金回収に問題がないように慎重に準備する必要があります。

出所：中小企業基盤整備機構『中小企業のための基礎からわかる海外リスクマネジメント　ガイドブック』（2018年6月）5ページ他をもとに筆者作成

> **コラム** **中古機械が日本に戻される**
>
> ベトナムに進出する日本のメーカーが，投資金額を少なくするために，日本の自社工場にある中古の機械を輸出しました。しかし，ベトナム側の輸入規制に抵触したため，税関で通関することができませんでした。ベトナムでの保税区域にある倉庫の保管しましたが，保管料が高いため，結果的に日本に輸送しなおすことになりました。
>
> 日本からの輸出規制がない場合でも，輸入国側で規制されている事例です。輸出の計画段階で相手国の規制をしっかり確認する必要があります。

3　どのように売るのか

　輸出の目的に合い，規制に問題がないことを確認した後は，自社の商品のうち，どの商品をどの位，その国の誰に売るのかを決める必要があります。これは逆に言うと，誰に，何が売れるか，どのようにしたら売れるのか，を検討することになります。

　検討には，商品・サービスに関する情報，たとえば，消費者，同業他社，市場規模，価格，競合などの情報を集める必要があります。これらの情報は，外務省やジェトロのウェブサイト，専門誌・業界紙から収集する方法，あるいはジェトロ，業界団体，専門商社などへのヒアリング，専門の調査機関に依頼する，展示会や見本市に参加する，などを通じて得ることができます。

　情報を得た後は，国内事業でドメインを決定する場合にも使われる「クロスSWOT 手法」（**図表１－１－４参照**），を利用して，外部環境から市場に参入する上での機会および障壁（脅威）を整理し，自社に由来する強みと弱みについて確認し，製品（Product），価格（Price），流通（Place），販売促進（Promotion）の頭文字をとった４P（**図表１－１－５参照**）を輸出国の競合相手との比較で決める必要があります。

　なお，上記作業で相手候補先を絞りこんだ後に重要なことは，個社ごとの信用調査と対面による社長自身のパートナーの見極めです。詳細は後述します。

8　第Ⅰ部　海外事業を成功させる方法

図表1-1-4　クロス SWOT を用いた自社の方針の整理

		自社の強み (strength)	自社の弱み (weakness)
		輸出したい商品や サービスの強みを 中心に整理します。	輸出に取り組むにあたっ て自社内に，人材はいる か，輸出には，どのよう な業務があるのか点など を明確にし自社資源の状 況を棚卸し，輸出に伴う 固定費がどの程度増える かなども検討する必要が あります。
機会 (opportunity)	輸出先への市場参 入の可能性が高い かどうかを整理し ます。	自社の強みと輸出 先の機会とを組み 合わせる方法を考 えます。	輸出先の機会を考えた場 合，想定される自社の弱 みをどのように克服する かを考えます。
脅威 (threat)	輸出先の競合相手 など自社の輸出を 妨げる要因を中心 に整理します。	輸出先の競合相手 への対抗手段を考 えます。	輸出先の競合相手を想定 し，自社の弱みをどのよ うに克服するかを考えま す。

図表1-1-5　4P の決定と競合分析

	自社	競合 A 社	競合 B 社	競合 C 社
誰に (ターゲット)				
何を (届ける価値)				
製品：Product (何を)				
価格：Price (いくらで)				
流通：Place (どこで)				
販売促進：Promotion (どのように)				

4　どのように輸出するか

　1〜3のプロセスを経て「どこの国の，誰に，何を」売るのかをある程度決めることができます。次は「どのように」売るかの検討です。輸出の場合には「どのように輸出するのか？」という輸出形態がこれに該当します。

　輸出の形態は，大きく「直接輸出」と「間接輸出」の2つに分かれます。

　「直接輸出」の場合は，自社が市場調査などの下調べから交渉，輸出通関，船積みなどすべてのプロセスを行う必要があります。かなり大変な作業になりますが，こうしたノウハウは他国の市場への輸出や直接投資を考える場合にも応用が可能となります。

　一方「間接輸出」は，日本の商社や海外パートナー（バイヤー）に業務委託することになります。自社は注文を待ち，国内指定倉庫あてに出荷すればよい国内取引となります。ただし顧客を探し出すノウハウや海外貿易のノウハウがたまらないというデメリットもありますので，永続性という観点からは若干弱みがあります。

　また最近では，越境ECへの注目が高まっています。実店舗が不要，商品の拡張が容易である等のメリットがありますが，自社で輸出通関および発送業務を行う貿易実務ノウハウ，販売促進費用などが必要です。プラットフォームに支払う販売促進費用などは結構高額で，多くの出店数があり，自分の商品が埋もれてしまうなど，効果が不明との声も聞かれますので，メリット・デメリットを考慮・検討し，自社の実態に合う選択をして行く必要があります。

　選択に迷う場合には，ジェトロや中小企業基盤整備機構などの専門家に相談することも検討すべきでしょう。

③　委託生産

　委託生産とは，海外の工場に自社が取り扱う商品や部品の生産を委託する方法です。

1　委託生産の目的と候補国の絞り込み

　委託生産の目的は，「品質に大きな問題がなければ，自社生産品の一部また

10   第Ⅰ部   海外事業を成功させる方法

は全部を海外工場に生産を委託し，生産コストを削減したい」「商品や部品の
コスト削減のみならず，納期短縮のために自社生産品の一部を委託生産した
い」等があります。**図表1-1-6**を参考にそれぞれの目的に合った候補国をま
ずは探す必要があります。

図表1-1-6　委託生産の目的と候補国の絞り込み

目的	選択基準例	候補国例
1．生産コスト削減 2．商品や部品を安く・早く調達したい。	1．若年労働力人口が多い 2．賃金が安い 3．インフレ率が低い 4．調達リードタイムが短い 5．最低限の品質が確保できる	（労賃）ミャンマー，ラオス，カンボジア，バングラディッシュなど （調達）インドネシア，中国，タイなど

2　委託生産候補先のリスティングと絞り込み

　委託生産国の目安をつけたら，委託生産候補先のリスティング（候補先の一
覧表作成の意味）と委託生産先企業の絞り込み作業に入ります。リスティング
は，ジェトロなどの公的機関のサービスを使うことも可能です。ただし，リス
ティングの目的は，入手したリストの中から候補先を絞り込むことです。簡易
ヒアリング，自社の工場の生産基準チェックリストによる工場管理の水準の確
認，信用調査の実施などを行い，候補先を絞り込む作業が最も重要です。

　ここでは，まず簡易ヒアリングと生産基準チェックリストによる候補先の絞
込みの方法を見てみます。

(1)　簡易ヒアリング

　委託生産先の現地工場の選別には，ウェブサイトや信用調査の情報から5社
程度に絞り込んだ上で「簡易ヒアリングシート」（**図表1-1-7**）を使ってヒ
アリングを実施することで，2〜3社程度に絞り込みます。

第1講　海外事業の心構えと段階的取組み　　11

図表1-1-7　簡易ヒアリングシート

	記入日付：　　　　　記入者：○○
ヒアリング項目	回答内容
○○機械の台数	
検査体制（検査機○台以上，または第三者検査の対応可能）	
自社製品と受託製品の比率	
日本企業と取引の希望有無	
年間売上高	
日本実績（対日貿易比率）	
製造管理責任者（現場指揮窓口）	
日本人スタッフの有無・人数	
改善実績数	
クリーンルーム数	
国内納品実績	
対日他社実績	
OnLine 視察対応可能かどうか	
受託者による工場視察時の現場確認手順書の有無と実績	

(2)　生産基準チェックリストによる絞り込み

　簡易ヒアリングで委託候補先を2～3社程度に絞り込んだ後は，自社で現在生産している工場の管理水準と比較する必要があります。確認内容には，通常以下のような項目が入ります（図表1-1-8）。

(3)　最終候補先の決定

　輸出の時と同様，上記のような比較を通じて絞り込んだ後は，信用調査を実施し，その後は社長自身の対面の面談と最終のパートナー見極め（詳細は後述の45を参照）となります。

12　第Ⅰ部　海外事業を成功させる方法

図表1-1-8　生産基準チェックリスト

大項目	詳細項目
経営者・従業員の姿勢	経営者の経営姿勢，従業員教育の程度など
熟練度	社員の製造・セット作業熟練度
立地関連	工場からの排気【異臭・排煙】，工場からの排水【異臭・汚水】，公害処理状況，最寄港，緊急増産時の要員確保など
標準整備状況	ISO取得状況，作業工程チェックシート・日報などの活用，異常品・指摘情報等の記録・保管，標準見本・図面等の管理・保管など
工場設備状況	クリーン度，トイレ異臭対策，5S，従業員の服装など
品質管理状況	品質保証項目等の伝達手段，教育，良品不良品の区分状況，備品管理など
作業環境	防虫対策，異物混入防止対策，異物付着防止対策など
工程管理	品質管理体制，仕様書管理，原料保管状況，製造記録の整備状況，商品の点検状況
保管および出荷	製品倉庫管理状況，出荷時の管理状況
検査	第三者検討への対応が可能か，検査作業の情報

4　信用調査の実施

　輸出の場合も委託生産の場合も同様に，海外の全く知らない企業と初めて取引をするわけですから，相手が確実に代金を支払うか？，委託生産の相手が確実に当方の要求にあった製品を生産するか？，また，委託生産にあたり，前渡金が必要となった場合，キャンセル時に返金してくれるかどうか？，などさまざまな懸念があります。

　売れてもお金が入ってこなければ意味がありません。この懸念を解決するために，相手先の信用情報を事前に調べる「信用調査」は必須と言えます。海外の信用調査の料金は高いのではと思われる方が多いと思いますが，料金的には国内の信用調査と同程度です。ただし，海外事業の信用調査で難しい点は，各国の事情に照らし合わせて，その情報をどのように読みこなすかという点です。

1 調査項目

　日本同様海外でも，自社で取引先，関係者，同業者，知人などから情報を得ることで信用調査を行うことのもある程度可能ですが，やはり海外事業者の信用調査を行っている専門機関に依頼するほうが，詳細情報が入手できます。専門の信用調査機関の報告書には，たとえば「会社名，設立日，過去社名，事業登記番号，企業形態，輸出入ライセンス，税関発行コード，登録住所，経営住所，ウェブサイト URL，主要営業業務，最高責任者，工員規模，保険加入数，資本金（授権資本），経営期限，株主および持株割合，主要な管理者情報，対外投資企業，登記情報変更，子会社，間接投資企業，営業所拠点，財務推移状況，商標特許権，訴訟記録等」が調査結果として提出されます。

　複数社から候補先を比較検討する際には，調査結果を**図表1-1-9**のような形で整理して，比較検討するのが有用です。

図表1-1-9　信用調査会社の報告書の調査項目と各社の比較表（香港事例）

		A社	B社	C社
分類	調査項目			
会社概要	会社名			
	設立期日			
	商号			
	トレードネーム			
	旧名・変更日			
	企業設立番号			
	商工業登記番号 （事業登記番号）			
	社会統一信用コード			
	企業形態			
	登記機関			
	輸出入ライセンス			
	登録住所			

14   第Ⅰ部　海外事業を成功させる方法

	経営住所			
	電話番号・ファクス番号・URL			
	SIC コード			
	ISIC コード			
	NACE コード			
	主要営業業務（事業活動）			
	法定代表者（最高責任者）			
	登記情報変更			
	従業員総数			
	資本金（授権資本）			
	払込済み資本			
	上場状況・証券取引所			
	取引銀行			
	訴訟			
	評判			
	事業傾向			
	経営期間			
	与信限度額ガイドライン			
	信用格付け（1〜8）			
事業概要／オペレーション	沿革（法的地位および沿革）			
	最新年次報告書年月日			
	調査			
	取引記録			
	登記情報変更事項（変更期日，変更項目，変更前，変更後）			
	主要営業業務			
	商標特許権概要			
	仕入れ状況			
	販売状況			

第1講　海外事業の心構えと段階的取組み　　15

	輸出入詳細（その他の情報）			
	信用記録			
	従業員数			
	営業設備概要			
	訴訟記録			
	ランキング表			
	公共記録			
	抵当・質権設定情報			
	担保付債務			
株主と経営	株主および持株割合			
	主要株主情報			
	持株構成			
	主要な管理者情報			
	取締役会の成員			
	監査役会の成員			
関連会社	親会社			
銀行や金融情報	取引銀行			
	財務概要			
	財務資料			
	財務説明			
	主要財務データの変化率			
	重要比率表			
産業情報	業界概要			
	業界財務指標			
	業界の中核指標の推移図			
補足情報				
要約				
格付説明／スコアシート				

16　第Ⅰ部　海外事業を成功させる方法

2　信用情報を読み解く必要性

　海外調査で，重要なことは報告書に書かれている情報をどう読み解くかということです。調査報告書の入手は相手を知るための手段にすぎません。

　たとえば，海外信用調査の内容から訴訟記録等を見ることができます（コラム「信用調査の事例紹介」の(2)参照）。訴訟を多く抱えているような場合は，訴訟記録をさらに調査することで，その企業の現地での経営姿勢，従業員への対応等を推察し，企業風土まで知ることができます。

　このように信用調査報告書から得た定量的な情報をきっかけに，この相手が輸出先，委託生産先として信用できるか，また，将来パートナーになれるかどうかなどの定性的な情報を得ることも海外の場合，重要な調査内容となります。

コラム　信用調査の事例紹介

　(1)　名刺に記載の住所に企業がない

　展示会で日本語が上手な海外企業と知り合い意気投合。名刺に記載のある企業の住所をもとに信用調査をしたところ，そのような企業は存在しないことが判明し，取引を行わない判断としたケースがありました。日本人は，日本語が上手な外国人を安易に信用する傾向があります。日本語が上手で，その国のことをよくわかってるという印象のみで取引をするのは大変危険です。表面的な判断だけではなく，信用調査をすることの重要性がわかるケースです。

　(2)　訴訟記録

　調査報告書に訴訟案件が数件ありました。調査報告書では，財務などに懸念材料はありませんでしたが，簡易的に，国際弁護士を通じて，なぜ該社が訴訟を受けたのか？　地元裁判所の判決・判断はどうだったのか？　を調べたところ，その訴訟内容から好ましくない経営体質が見つかり，取引をやめたケースがありました。信用調査で調べられる内容は定量的なデータが中心ですが，数字のみを一方的に信じるのではなく，調査報告書をどのように読み，定性的な情報までつかむかなどについて，専門家などと議論すると良いでしょう。

　(3)　海外展示会の参加と信用調査

　海外の企業とのマッチングには，海外展示会への出展も非常に有用です。特に，

欧米のバイヤーの多くは展示会を通じて仕入先を探す傾向があります。海外の展示会では，業界の大物がふらりとブースにやって来て，「御社のことをウェブサイトで知った。是非御社の製品を我が社で売らせてほしい」と言われることもあります。ただし，大物だからと言って「これはチャンス」とばかり，無条件に信用してよいわけではありません。「政府特別顧問」などの肩書を持つ人から豪華な歓待を受けたところ，後から高額の手数料を請求されたり，現地企業に一方的に有利な契約を結ばされたりした，というケースもあります。現地の有力者であっても信用調査等でよく調べておくことが肝要です。

5 パートナー選び

1 パートナー選びの重要性

　輸出先または生産委託先も同じですが，前述してきた面談を必要としない机上調査の方法でパートナーとなり得る候補先をある程度絞り込むことは可能です。ただし，最終的には社長が，輸出相手や委託生産先となる予定のパートナー候補者に実際に会う必要があります。これは大変重要で，信頼できる相手かどうかの最終的な見極めになります。

　社長が実際に会って最終決定した相手は，輸出，委託生産から，次の段階となる新製品の共同開発や製造設備のラインへの日本からの部分投資，合弁先候補などの段階でも自社のパートナーになるケースが多くありますので，慎重に見極める必要があります。

2 定性評価の重要性

　信用調査やチェックリストによる定量評価に加え，社長が実際に会う場合，経営理念の共有が可能かどうか，見識力はどの程度か，人格の良さ，指導力，論理思考などの人間的資質に問題はないか，業界や地元行政部門に対する影響力があるかなどの定性的な評価が非常に重要です。このあたりの評価は社長にしかできませんので，将来のパートナーとしてふさわしいかどうかを，社長自身で，慎重に見極め・判断する必要があります。

3 契約締結の必要性と技術流出防止

(1) 契約上の注意事項

　輸出または生産委託が順調に進みそうで，パートナーも信用できると確信すると，売買契約書を締結する前に原材料を発注してしまったり，相手から提示された契約書の中身を吟味せずにサインしたり，時間もないし手間がかかるという理由で書面による契約なしで進めようとしたりするケースが散見されます。

　海外との取引は，文書主義が基本です。弁護士などの専門家に相談しながら，確実な契約書および発注書を作成することを忘れてはいけません。この段階で失敗する企業が，実は多くあります。また，契約書の作成後は，発注書だけを継続的にやり取りする取引になることが多くあります。その場合，発注書にも必ず契約上の注意事項を入れ，知らないうちに元々の契約書と異なる条件が合意されたと相手に見なされない工夫が必要です。

　たとえば，発注書につけるべき注意事項には以下のようなものがあります。以下の例をふまえ，最終的には弁護士などの専門家と相談してください。

●発注書の脚注に書くべき注意事項例
① 受注者は，本業務を遂行するに関し知り得た委託資料の内容および発注者の営業上・技術上の一切の情報を秘密として保持し，これを第三者（グループ会社を含む）に漏洩し，開示する等の行為をしてはなりません。
② 発注商品に関する著作権，意匠権，特許権等のすべての知的財産権は発注者に帰属します。受注者は，出願等の権利化，同一・類似商品の他社への販売等を行ってはなりません。
③ 受注者は，発注者の書面による承諾を得ずに，商品制作の全部または一部を他社（グループ会社を含む）に再委託することはできません。
④ 本発注書に係る契約は日本法を準拠法とします。

---

(2) 技術流出防止

　製造を委託する場合のみならず，製品の輸出でも仕様書や設計図を相手に提出することを求められることがあります。その際に秘密保持契約を交わした上で技術供与することがほとんどでしょう。この秘密保持契約の締結は必須ですが，それだけでは不十分です。

　たとえば，コア部品は自社で生産し日本から供給する，現地では生産が難しい原料は，原料の名前を変えてブラックボックス化し日本から送る，などの方法により，技術流出の防止をすることが重要です。また，技術の流出防止に直接的には関係ありませんが，部品・原料の供給を求められた場合には，相応の利益を確保し供給することで，資金を確実かつ早目に回収するなど海外取引のリスクを軽減することが可能となります。

20 第Ⅰ部 海外事業を成功させる方法

第3章 成功事例からみる中堅・中小企業の戦略

　ここまで，海外事業の心構えや海外進出前の段階的取組みについて述べてきました。ここでは海外を含む事業全般で成功している中堅企業の事例から，その事業戦略と海外事業の進め方を考えてみましょう。

1 成功する中堅企業

　成功する中堅企業の戦略は，国内や海外を問わず，競争優位性を保つために，自社の立ち位置（ポジショニング）がニッチであるという点と取り扱う商品・サービスが他社に真似されない独自の競争力を持つ，とりわけ非価格競争力を持つ点に特徴がみられます。Y社の事例からこの特徴を見ていきましょう。

1　Y社事例

(1)　事業概要

　Y社は，1941年創業の特殊銅合金の開発・製造・加工・販売を事業領域とする会社です。埼玉に工場や事業所を構え売上高約100億円，社員約160人の企業です。

(2)　事業の特徴

　Y社の社長は，該社の事業の特徴としては以下の4点を挙げています。

①　特殊材料（主に特殊銅合金）一筋

　Y社が生産している代表的な銅合金の製品として，クロム銅，アルミニウム青銅，コルソン合金，耐磨耗性アルミニウム青銅などが挙げられます。これらの製品は，自社でしかできない独自の強度，硬さ，伸び，導伝率を持った製品で，独自の競争力を持っています。

② 溶解からの一貫生産，少量多品種，短納期対応

この独自の競争力のある特殊銅合金を生産するにあたり重要なのは，独自の原材料の配合と製法の一貫生産のプロセスです。一貫生産のプロセスは，溶解⇒鋳造⇒熱間鍛造（あるいは押出）・冷間鍛造（あるいは引抜）⇒熱処理⇒素材検査のプロセスを指しますが，この一貫生産があってはじめて，各プロセスでトライアルが可能となり，そのトライアルを通じて他社にはない競争力のある製品が生産されています。この一貫生産があるがゆえに，顧客とともに実験・開発が可能となりますし，それ以外にも顧客の超短納期依頼への対応，少量多品種生産，トラブル時の真の原因究明と対策の実効をスピーディーに行うことが可能となり，他社にまねできない独自の対応力で，顧客からの安心信頼を獲得し，特殊で超高性能なニーズに幅広く適応できることが，競争力の源泉となっています。

③ 開発型企業

一貫生産であるがゆえに，下請けに甘んじる必要がなく，顧客とともに実験開発的な仕事をすることが可能となっています。実際に，日本のカーメーカーとの共同開発でＦ１レーシング用のコンロッドメタルを開発するなど，開発型企業としての実績を残しています。

④ ものづくりと人づくり

「ものづくりは人づくり」という理念のもと，その理念の中核となる社員と「どんなにつらくても社員の首は切らない」と約束をしています。また，家族主義的な温かい風土を守るだけでは甘えにつながることもあるため，下請けに甘んじることのない「自主独立，自立」した考え方を持った社員の育成に力を入れています。

現在，社員の平均年齢が41.7歳，平均勤続年数は12年と若いのですが，過去３年間の平均離職率は1.3％と低く，また，社員の内訳は，最長の勤続年数が66年，70歳以上が７人，66歳以上が13人，家族３代で一緒に勤務する三世代社員も働いています。さらには，国籍，人種，価値観に縛られず，お互いに多様性を認められるチームづくりのため，社員の国籍の多様化も進んでおり，中国

人，米国人，英国人，ベトナム人，ブラジル人，ジャマイカ人や他の国籍を持った社員が勤務し，2024年現在で20名の外国人社員が日本人と同じ勤務体系で働いています。

人づくりの観点からは，社員教育も熱心で，毎月定例技術検討会を開催し，大学の名誉教授や大手メーカーのOBの方から学ぶ勉強会を現在までに300回以上開催しています。また，管理技術の向上を目指し，5SやQCサークルは当然のこと，品質面マネジメントシステムの認証取得以外，航空宇宙防衛産業のマネジメントシステムJIS Q9100の認証も受けています。さらに，毎月「禅と論語の勉強会」を開催し，人間力向上による「人財化」を目指して，その結果として，「物凄い個人の力」×「物凄いチーム力」で素晴らしい仕事・成果，社会への大きな貢献ができる会社を全員で目指しています。

(3) 夢と将来ビジョン

将来の夢とビジョンとしては以下の3点を挙げ，全社一丸となって取り組んでいます。

① 特殊銅合金材料というニッチな業界で世界ナンバーワンの企業になる。

Y社の社長は「Y社がなくなるとどうにもならない」と世界の超優良企業に言わせしめるのが目標。「小粒でもピリッと辛い山椒」のような「知る人ぞ知る企業」になると明言しています。

② 社員が誇りと自信を持って，息子，親戚や親友を勧誘したくなる企業であり続ける。

Y社には現在，7組の親子，2夫婦，7兄弟が社員として勤務しています。これを，今後20年で創業百周年に向け10親子，5夫婦，10兄弟姉妹に増やすことを目標に掲げています。

③ 宇宙，航空分野や水素，核融合など環境エネルギー産業へ参入する。

将来性が期待できるこれらの業界へ特殊銅合金素材メーカーとしての参入を10年後の姿として目指しています。

第1講　海外事業の心構えと段階的取組み　23

⑷　海外展開について

現在の社長は3代目にあたります。初代創業者が新素材を開発し，2代目がそれを国内に拡販し，自分は今それを世界に拡販することが自分の使命として海外展開を進めていくことを目指しています

2　競争優位性を生む共通する特徴

Y社は売上高・利益ともに右肩上がりの成長を示しています。このことはこの会社が「競争優位性を持つ」会社であるという証です。以下でその特徴を整理してみましょう。

⑴　ニッチのポジションをとる

ニッチの語源は英語の niche にあります。ニッチは，生物学用語で「ある生物の生態系内での地位」，地学用語だと「岩などのくぼみ，裂け目，割れ目」などさまざまな分野で使われていますが，もともとは，建築用語で「彫刻や花瓶などを設置するために設けられた壁のくぼみ」を指したと言われてます。壁のくぼみにはあまり物を置くことができず，また，大きな物も置けないため，経済戦略では「特定の製品やサービスの隙間市場」として，特に，大企業に対する中堅・中小企業の立ち位置（ポジショニング）をとる隙間市場を表すことが多いようです。

海外事業を含む事業全般で成功する中堅企業の多くが，このニッチな市場を意図的に選択しています。大企業や他企業が入りにくい市場で自社のポジショニングを隙間であるニッチ市場・分野に置くという戦略です。Y社の事例も同様で，このニッチのポジションを取っており，スローガンでも「特殊銅合金材料という**ニッチな業界で世界ナンバーワンの企業になる**」が明確に掲げられています。

⑵　非価格競争力を追求する

製品の「競争力」の源泉には，価格以外の非価格競争力として「性能，デザイン」などが一般的に挙げられます。Y社の事例でも同様に，海外事業を含む事業で成功している中堅企業は，「性能，デザイン」以外に，主には，家族主

24　第Ⅰ部　海外事業を成功させる方法

義経営の理念から来る「粘り強さ，誠実性，信用」などの無形資産が兼ね備え
られていることが多くあります。

(i) 無形資産

　非価格競争力の要素として，「性能，デザイン」以外に「信用，ノウハウ，
家族的な社風，人間関係」など，他社がなかなか真似できない無形資産があり
ます。Ｙ社もこの無形資産を最も重要な要素として位置付け，その構築に時間
をかけ，地道に構築することが，他社には真似できない非価格競争力に結び付
いています。

　現社長によると，自社を「家族的な社風をベースに，泥棒でも盗めない団結
力，開発力，発想力を持った会社にしたい」と述べています。実際に工場が泥
棒に襲われそうになった時に社員が協力して盗難を未然に防いだという，良い
人間関係に基づくエピソードもあるようです。

(ii) 技術保護

　Ｙ社は，無形資産以外に，技術保護に関し以下の政策もとっています。

● 　特許出願

　大手自動車メーカーと共同出願するなど，製造方法の特許を多く出願してい
ます。

● 　学会における研究発表

　2008年以降，さまざまな機会を利用して学会における研究発表を続けていま
す。米国，オーストラリアなどの海外でも研究発表を行い，自社の技術力の優
位性を発信しています。

● 　投稿論文

　業界雑誌に主にプロセスに関する論文を投稿し，業界内でのＹ社の技術力
の高さの優位性を発信しています。

(3) 中長期戦略を有する

　Ｙ社では，中長期的な観点から10年後の中期戦略を策定し，会社が進むべき
方向を明確にしています。現在，銅合金は，エネルギー分野，鉄道分野，熱交

換器分野，造船分野，国内外の自動車分野，海底ケーブル分野，航空機分野などで使用されていますが，今後10年で航空機分野や核融合の分野で特に欧州においてその需要が伸びるだろうと予測し，10年後の自社の競争優位性を保持するための中長期計画を作成し，その中でも特に，航空機分野への参入に力を入れています。

　そのために，2008年から現在までの間に，国内はもとより主に海外での航空機や航空機部品の展示会（エアーショー）に集中的に出展を行っています。また，その中長期戦略の推進のために，国内の生産体制も多品種少量生産から多品種中量生産，統計的品質管理，人財のグローバル化，海外販売拠点の設置などを中長期の経営課題として挙げています。

3　海外事業における特徴

　本書のメインテーマである海外事業に関しては，以下のような特徴を持って進めています。

(1)　慎重な取組み

　Ｙ社としては，中長期計画に沿って10年程度の時間をかけて海外拠点の設置を慎重に進める予定です。最初から大きく海外拠点を構えるのではなく，「小さく産んで大きく育てる」戦略で，輸出市場を選別し，あえて進出しない海外市場の分別も行いながら，徐々に海外進出を進める予定です。海外進出をあまり急ぎすぎると，製品の輸出・販売後のメンテナンス体制が不十分なことにより発生する評判の低下や，中国などの海外企業による模倣に対する警戒なども，海外事業を慎重に進める要因として挙げています。

(2)　まずは人材から

(i)　外国人材の確保

　Ｙ社では，2016年から英語でビジネスができる外国人材の採用を積極的に始めています。社長によると「JET プログラム[1]で来日している外国人に，まずは，社内勉強会やインターンシップに参加してもらい，JET プログラム終了後の就職先として考えてもらえるよう JET プログラム主催のキャリアフェア

にも参加しています。Y社では，プログラムで日本に来ている人は最長5年の任期が終わったら帰国してしまう場合が多いのですが，中には日本が好きで残りたいという希望を持っている人がいます。そういう人は会社の規模よりも，仕事の面白さややりがいで判断してくれることから，大企業でなくても就職先として検討してもらえるケースが多く，採用してみると，とても前向きで優秀で，日本語も上手く，強いハングリー精神を持っている，目的意識が明確な外国人材が就職してくれている」とのことです。

(ⅱ) 海外販売拠点の設置

2018年に欧州向けの航空産業の仕事が急増し，同時に核融合への参入も見えてきたことから，2019年3月に欧州の航空機部品市場開拓のためにポルトガルに支店を設置しています。その支店長はインターンでY社に入社し，Y社の実情をよく理解しているブラジル人です。海外事業を進めるにあたっては，国内事業とのバランスがとても重要で，常に意識できる人財が必要という社長の考えに基づき，彼を支店長にしています。まずは，外国人社員を人材から人財に育て，その次のステップとして段階に海外販売拠点のトップとして配置することで，海外拠点を上手に経営していこうという考え方です。

2 成功する中小企業の戦略

日本の中小企業のうち，輸出に取り組む企業の割合は増加傾向にあります。『2022年版 中小企業白書』によりますと，1999年に輸出に取り組む企業割合は17.3％でしたが，2009年には19.9％，2019年には21.5％となっています。このように増加傾向にある一方で，輸出への取組みは決して容易ではなく，現地での競争環境は激化する中，輸出で利益を上げている企業は約6割程度と言われています。

輸出における課題として最も多くあげられるのが「販売先の確保」，次に多

---

1 諸外国の若者を地方公務員などとして任用し，小中学校で外国語やスポーツなどを教えたり国際交流のために働く機会を提供したりする制度。

いのが「現地市場の動向ニーズの把握」です。誰が買ってくれるかわからない，誰が売ってくれるのかもわからない，どのような商品に改良したら売れるかわからない，ということでは，輸出は成功することは難しいでしょう。一方で輸出に成功している企業もおられます。その成功のカギはどこにあるのか，事例をもとに見て行きたいと思います。

図表 1 - 1 -10　企業規模別に見た，直接輸出企業割合の推移

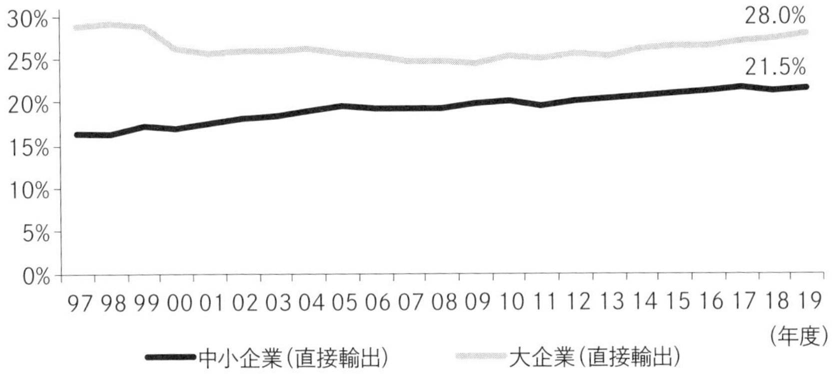

資料：経済産業省「企業活動基本調査」再編加工
（注）ここでいう直接輸出企業とは，直接外国企業との取引を行う企業である。
出所：中小企業庁『2022年版　中小企業白書』第 2 章第 4 節

1　展示会の有効活用

　中小企業が直面する輸出の課題として「販売先の確保」と「現地市場の動向やニーズを把握することができる」の 2 つが最も大きいと述べました。この課題への対応として有効な手段に展示会の出展があります。展示会に参加するバイヤーの目的は「現地市場の動向やニーズに合った商品やサービスがあるかどうか」また「そのような商品やサービスを製造し提供してくれる仕入れ先を探す」という 2 点です。この点を展示会に出展する側の企業から見ると「販売先の確保」と「バイヤーの意見を聞くことで現地市場の動向・ニーズの把握することができる」という輸出の 2 つの課題を克服する良い機会・場となります。
　以下で展示会を有効に活用した中小企業の事例を見てみましょう。

28　第Ⅰ部　海外事業を成功させる方法

(1)　スリッパ卸業の事例

　日本国内のホテル，クリニックなどに使い捨てスリッパの卸を中心に展開されている中小企業の事例です。インバウンド需要の増加に伴い，日本国内のホテルへの売り上げは順調に伸びています。ただし，日本国内のホテルも購買にあたり環境重視の姿勢が打ち出されつつあり，将来の成長に不安を感じていました。

　検討の結果，使い捨てスリッパのみではなく，ホテルに宿泊した外国人が，自国に持ち帰るようなデザイン，機能を持つスリッパの企画・委託生産・販売に取り組むことを考えた事例です。日本に来日する富裕層を念頭に，欧米，中東，アジアでの展開を考え，まずは，客単価の高い欧米をターゲットとし，欧米で実施される展示会に出展することを決定しました。

　競争優位性を保つための差別化のポイントは，欧米デザイナーの採用と日本製の2点です。欧米人は一般的に生活の中で，スリッパを履くことは少ないのですが，そこがかえってニッチである点，日本のホテルでの経験を経て，帰国後にちょっとした時に日本のホテルから持ち帰ったスリッパを履き，その快適さを経験してもらおうということで将来需要が伸びる可能性がある点を考え，欧米デザイナーにコンセプトとデザインを依頼しました。委託生産をしている日本の工場からは，「とてもじゃないがこのようなスリッパはできない」と反対されましたが，将来性および将来の事業計画を工場と共有することで製造に至っています。サンプルを持って，展示会に出展した結果「日本的な素晴らしいデザインだ。スリッパの生地も非常に心地よい」との評価を得て，現在，輸出の拡大に向けて取り組んでいます。

(2)　2社共同での展示会への出展事例

　展示会が盛んな欧米のバイヤーは，展示会を通じて仕入れ先を探す傾向があります。彼らの選択基準には，できるだけ広範な種類の商品仕入れを1カ所でまとめて行える効率性を重視し，品揃えが豊富な仕入先を選好するという傾向があります。この選好基準は，他国においても同様かと思われます。したがって，中小企業1社で単独で行うのではなく，信頼関係で結ばれた自発的なネットワークによる出展で成功するケースが多いようです。事例を見てみましょう。

九州の家具メーカーの事例です。1社は家具全般を手がける会社で，もう1社は椅子を専門に手がける会社です。県の産業支援の補助金も得て，欧州の最大規模の家具の展示会に出展しています。

この事例も(1)の事例同様，海外の若手デザイナーを起用したことに特徴があります。海外デザイナーからの要望は簡単ではなく，自社工場で製造は難しいと思われましたが，職人たちが知恵を絞りあい，デザイナーの指示に従い日本での製造基準とは異なる海外での寸法に合わせるなどの試行錯誤を今も行っています。その努力の結果，欧州の展示会で「日本ならではの美しさを感じるデザインである。さらに，欧米人のライフスタイルにマッチする」との評価を得ています。その結果，現在では欧米のみならず世界15カ国に輸出を行うまでになっています。

(3) 展示会出展について

上記2つの成功事例を見てきましたが，2社は，展示会への出展にあたり，以下のような工夫をしています。

① 海外市場から信頼と評価を集めることができる統一コンセプトの構築。

コンセプトの中心であるデザイン力を強めるために，輸出先に詳しいデザイナーの活用をしています。

② 統一コンセプトでの連続出展。

現地のバイヤーは単に品質が良いだけで取引を開始しないため，出展者の本気度を精査するために，最低でも3シーズンぐらいは統一コンセプトで連続して出展をして，認知度を高める必要があります。

③ 展示会に来たバイヤーに対するフォローアップの体制構築。

展示会に行っただけでその後のフォローアップを忘れてはいけません。展示会には多くの出展者がいますので，埋没しないような工夫が求められます。この2社は名刺交換した先に，お礼の手紙とともにアンケート用紙を同封し，PDCAを行っています。

2　中小企業の成功要因

　この2つの事例からわかることですが，成功要因の第1点目は展示会をうまく利用して，現地のニーズに合ったデザインの重要性を認識し製造を行っているという点です。

　日本の垂直分業体制の中間メーカーは，通常，指定された規格通りに加工することにのみ注力する傾向があります。そのため，取引先との関係は重視しますが，最終製品のユーザーを強く意識し，自社の製造工程にデザインを意識することは少ないのではないでしょうか。そのような環境で育った中間メーカーは，取引先の国内メーカーの海外進出に伴い，国内の受注のみでの経営が厳しくなり，廃業が増えているのが現状だと考えられます。

　この2つの事例では，展示会などを通じて最終エンドユーザーを意識する機会を得て，輸出事業に参加することで成功を収めています。中間メーカーも最終製品に触れる機会が増え，現地のユーザーからの評価を直接聞くことで，最終製品で自社がどのような加工をすればいいのか，どのような工夫をすればいいのかという，ユーザー重視の「ものづくりの主体性」の気づきが見られます。

　このような取組みで，日本で現在大きな問題になっている廃業を減らし，日本の独自技術を後世に伝えることもでき，一挙両得のケースと言えるでしょう。

　第2点目は，経営資源不足を補うための協業に取り組んでいるという点です。

　協業による取組みには，さまざまなメリットがあります。たとえば，第1点目の成功要因で述べた「ものづくりの主体性」への気づき以外にも，国や地方自治体からの補助金が受けやすい，さまざまなアイディアが生まれやすい，脱下請けのきっかけになるなどです。ただし課題がないわけではありません。参加する企業の数が増えるほど意思決定が難しくなる，既存業務以外に輸出業務が加わることで煩雑な業務が増え，固定費が増加する，各社の役割分担と利害調整が難しい，などです。

　これらの点を考慮すると，自発的なパートナー同士の協業で輸出を志向する場合，当初から信頼関係が強く，お互いのことを配慮しながら，自社だけの利益を追求しないという仲間の意識が強いメンバーの選ぶこと，全員をまとめられるリーダーシップのある，信頼に足る，中核的役割を担う企業の存在が求め

第1講　海外事業の心構えと段階的取組み　31

られます。

☑ 第Ⅰ部第1講　要点チェックリスト

□　海外事業を「どの国の，誰に，何を，どのように」するかは明確ですか？

□　パートナー候補先の信用調査は実施されましたか？

□　信用調査の報告書の読み込みは専門家を交えて行いましたか？

□　最終判断をするために，社長自身で，パートナー候補者に会いましたか？

□　専門家に相談しながら，契約書と発注書を作成しましたか？

□　輸出や委託生産がうまくいかない場合，競争回避型の戦略の観点から自社の取組みを見直されましたか？

□　その結果，自社の経営資源を補完してくれる方策（協業などの連携）を検討されましたか？

第2講
海外直接投資検討時の心構え

　第1講では，海外事業の心構えや海外進出前の取組み，また，中堅・中小企業の成功事例を見ることで海外事業に徐々に慣れながら，段階的に進めることの重要性，また，「ニッチ戦略」とその戦略を支える「模倣困難性」の確保について見てきました。第2講では，海外に直接投資を検討する際に知っておくべきことを，海外ビジネスリスク，海外進出戦略の策定の方法と注意事項，また，戦略を策定する上で重要なプロジェクトチームの役割について解説します。

第1章　海外ビジネスリスクの認識

①　日本と海外の違いをビジネスリスクとして認識する

　第Ⅰ部第1講で，海外進出前にまずは，日本と海外の違いを認識する必要があると「CAGESフレームワーク」の概念に基づき解説しました。輸出や委託生産が順調に行き，海外進出を本格的に考える際には海外進出後を念頭に，日本と海外の違いを「CAGESフレームワーク」から具体的なビジネスリスクにおとしこんで認識する必要があります。

1　海外子会社が直面するビジネスリスクについて

　海外事業のビジネスリスクの代表としてあげられる海外子会社の不正等のビジネスリスクが発生し，被害を被った日本人経営者が共通して言われたことが「現地のローカル経営者や従業員を信じていたのに」という言葉です。日本で

は「信じている」という裏には「あなたを信用している。信じて任せたのだからしっかりと頼むぞ」という相手に依存する気持ちが含まれています。海外では「信じる方が悪い」「確認をしない方が悪い」といった考え方が一般的です。このような「人間関係における認識の違い」が，海外で発生するビジネスリスクを生む大きな原因の1つです。海外子会社が直面する主なビジネスリスクには図表1－2－1のようなものがあります。

図表1－2－1　海外子会社が直面する主なビジネスリスク

リスク評価項目	ビジネスリスクの例
1　組織運営リスク	
01　運営全般	業務停滞，不正
02　パートナー	同上
03　IT 関連	業務停滞，情報漏洩
04　その他	盗難
2　労務リスク	
01　労務契約	訴訟
02　離職問題	業務停滞
03　労働争議	ストライキ
3　会計財務リスク	
01　現預金管理	不正（横領等）
02　印章管理	不正（勝手な契約等）
03　証憑管理	不正（書類偽造等）
04　経費管理	不正（水増し請求等）
05　売掛管理	不正，不良債権
06　購買管理	不正，入荷遅れ
07　棚卸資産管理	在庫の流出
08　固定資産管理	固定資産の流出
4　税務リスク	
01　移転価格	不正（脱税等），追徴
02　増値税	同上
03　企業所得税	同上
04　個人所得税	同上
05　ロイヤリティ	同上
5　通関物流リスク	
01　輸入関連	業務停滞，脱税，不正
02　輸出関連	同上

	03　物流関連	同上
6　法務リスク		
	01　法令順守	訴訟，不正
	02　規定類	同上
	03　契約書類	同上
7　行政リスク		
	01　許認可	業務停滞，不正
	02　その他	
8　知的財産リスク		
	01　特許・技術	秘密漏洩，不正
	02　営業秘密	同上

2　各国で異なる固有リスクとは

　図表1-2-1で見たようなビジネスリスクは海外だけでなく日本も同様です。ただし，海外事業の観点から注意すべき点は，海外では進出国によって，日本にはないその国特有の固有リスクがあるという点です。この固有リスクが各国のビジネスリスク発生の根本原因となります。この固有リスクに影響を与えるのが，文化的基層と呼ばれるものです。この文化的基層が日本にない各国の固有リスクの違いを生み出す根本原因となります（図表1-2-2）。

図表1-2-2　各国の固有リスクの形成とビジネスリスク

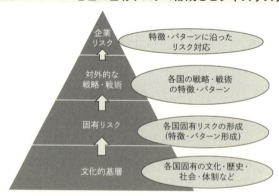

出所：筆者作成

このリスク管理の基礎となる文化的基層の違いを，日本，米国，中国の３国の比較で詳細にみたものが**図表１-２-３**です。

この表を見ると，日本と中国，米国との違いのみならず，中国と米国が意外と似ている部分が多いことを読み取ることができると思います。この違いとともに似ている部分も理解することで，海外子会社の経営管理のコツをつかむことができるようになります。

図表１-２-３　日本・中国・米国の文化的基層の違い

	日本	中国	米国
社会の構成	顔の見えるムラ社会（信頼を前提）	人間関係に応じて使い分ける信頼と不信の社会（顔の見えるムラと顔の見えない多民族国家）	移民社会（不信の構造）
基本原理	徳治主義（礼楽）	人治主義（金政）	法治主義（刑政）
価値の中心	人間（世間）	血縁（狭い世間）	神（契約）
人間観	性善説・性弱説	性悪説	性悪説
人間（企業の構成員）	成長する主体	部品	部品
動機付け	自主性	アメとムチ	アメとムチ
人生の目標	生きがい	成功（金銭で評価）	成功（金銭で評価）
労働（仕事）	法悦	苦役	苦役
会社	価値共同体	金儲けの道具	金儲けの道具
論理	共同体の論理	資本の論理	資本の論理

出所：船橋晴雄『「企業倫理力」を鍛える』（かんき出版，2007年）に筆者加筆

3　受け入れ国の外資導入の思惑

最近では米中対立の問題もあり，日本企業の欧米やオーストラリア，インド，アフリカなどへの進出や中国からの撤退が増えていますが，日本の中堅・中小企業が進出する国の多くはアジア地域です。その中でもアジアのグローバルサウスとよばれる新興国は，30年前の中国同様，日本からの投資の呼び込みに積極的です。日本各地で投資・誘致セミナーが開催され，日本企業へのさまざま

な優遇策も用意されています。

　海外進出を考える日本企業にとってさまざまな優遇策は大変魅力的です。しかしその投資優遇策は永久に続かないことを理解しておく必要があります。

　中国をはじめとする新興国の過去の動きをみれば一目瞭然ですが、海外政府による外資企業誘致のステップとしては、①まずは経済開発区などの設置による外資の積極導入、②次に外資の選別、③自国ブランドの育成、④外資との競合優位性の確保と自国企業による外貨獲得となります。これが受け入れ国の外資導入の目的と考えるのが妥当でしょう。例えばですが、中国に進出した日系のカーメーカーに当初から合弁を義務付け、その結果、技術、ノウハウ、経営資源を得て、現在では日系メーカーをしのぐような飛躍的に成長した中国のEVメーカーの戦略も、このステップを踏んだものと言えます（図表1-2-4）。

　これから海外に直接投資で進出を考えている日本の企業はこの受け入れ国の目的を頭に入れて、自社が進出しようとする国が現在、どの段階にいるのか？を見極め、自社の進出目的と照らし合わせる必要があります。

図表1-2-4　新興国の外資導入の戦略と手法（中国事例から）

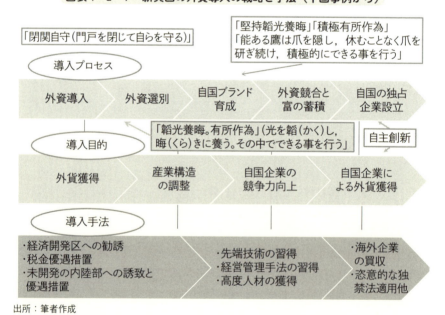

出所：筆者作成

第2章　海外進出戦略の策定の考え方とは

　海外進出戦略の策定にあたっては，第1章の**図表1-2-4**でみた新興国の外資導入後のステップである「外資を選別排除していくという戦略に対抗する戦略（競争回避型戦略）」を策定する必要があります。さらに，競争回避型戦略を策定したにもかかわらず，不測の事態から損失が発生する場合に備え，損失を最小にする損失最小型戦略の2つの戦略を同時に考える必要があります（**図表1-2-5**）。

図表1-2-5　海外事業戦略のあり方

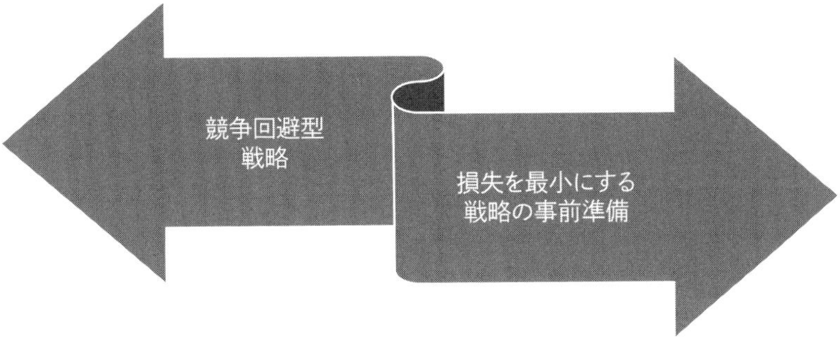

競争回避型戦略

損失を最小にする戦略の事前準備

出所：筆者作成

1　2つの戦略

1　競争回避型戦略：選別・排除されない，競争に巻き込まれない戦略

　米国の経営学者のマイケル・ポーターは「戦略とは自社を他社とは違ったものにすること」と述べています。この考え方は，将来的に，新興国に外資の中で選別され，退場させられないための戦略を考える場合，重要な視点になります。

38　第Ⅰ部　海外事業を成功させる方法

　進出国で，「選別・排除されない・競争に巻き込まれない，という差別化集中による競争回避型の戦略を競争回避型戦略」は，第1講で述べた，相手国に不可欠な商品・サービスを競争相手が真似できない方法で投入することで，唯一無二のニッチな分野で生き残り，事業を成功されている中堅企業のニッチ戦略と同様になります。

　この差別化集中の代表的な戦略は，価値，希少性，模倣性，組織のそれぞれの英語の頭文字をとって「VRIO」と呼ばれています。この4つの観点から，自社が海外で事業を検討することが，結果的にニッチ戦略の基本骨子となり，競争回避をもたらす戦略になります。

①　価値（Value）

　市場において企業の経営資源が充分に経済的な価値があると顧客に認識されているか？

②　希少性（Rareness）

　企業の経営資源が市場において希少性を発揮しているか？

③　模倣性（Imitability）

　企業の経営資源が模倣されやすいか？

④　組織（Organization）

　企業の経営資源を有効に活用できる組織体制になっているか？

> **コラム** 販売地域による競争回避事例

シンガポールにフードエンパイアというインスタントコーヒーのメーカーがあります。

2000年にシンガポール証券市場に上場している企業ですが，売上の半分以上がロシアで，アジア地区では一切販売をしていません。この企業のように，製品ではなく，販売する場所を競争回避型にすることで，大手の追随を許さない戦略を取ることも可能となります。

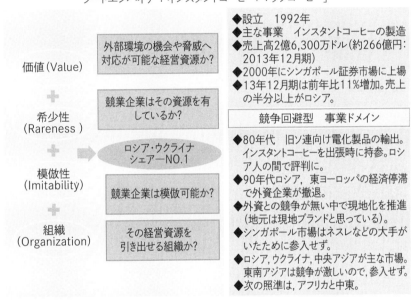

出所：筆者作成

2 損失最小型戦略：選別・排除されても損失が少ない戦略

競争回避型の戦略にも関わらず，進出国から選別・排除され，進出先の事業が上手く行かなくなった場合に備えて，**図表1-2-6**のような日本政府の補助金等を利用すること，さらには，配当，ロイヤリティ収入，一部の事業の売却等で早期投資回収を心がけることも重要です。自己投資額を最小化し，回収を急ぎ，リスクマネーを最小限とする戦略になります。

40　第Ⅰ部　海外事業を成功させる方法

図表1-2-6　海外展開のための補助金の活用（2024年現在）

番号	名称	事業主体	補助対象経費，主な条件など	時期	金額
1	ものづくり補助金グローバル枠類型② 海外市場開拓「JAPANブランド」	中小企業庁	• 海外展開のプロモーションと製品改良費用 • 市場調査の費用も対象 • 海外販売額が全社の2分の1を超える事業計画とすること	年3回 次回未定 （春頃か）	上限3,000万円 補助率1/2～2/3
2	中小企業海外展開現地支援プラットフォーム	ジェトロ	• 中国（北京，上海，広州など）の現地職員またはパートナーが調査を実施 • 市場調査，顧客リストアップ，商談アポまで可能 • 企業からの直接申し込みが必要（支援者からの申し込みはできない）	すぐに申込み可能 （受付終了間近）	無料
3	市場開拓助成事業	東京都中小企業振興公社	• 海外展示会の出展に必要な経費 • パンフレット制作，ウェブサイト改修，通訳費など	2023年度は5月に公募 （公募期間が2週間）	上限300万円 補助率1/2
4	海外販路開拓支援	東京都中小企業振興公社	• 海外展開のプランを公社のアドバイザーが作成 • 市場調査に絞った支援も可（範囲は任意） • 費用は無料，期間は3～6カ月程度 • 2の補助金採択に有利となる	すぐに申込可能	無料

出所：筆者作成

第 2 講　海外直接投資検討時の心構え　41

> **コラム**　**華僑の資金回収**
>
> 　海外事業に慣れている華僑のビジネスマンの中には，海外事業の回収期間を 2 年または 3 年としているケースもあります。さまざまなリスクがある中で，早く回収することが一番重要であることを示している事例です。
>
> 　日本企業の特徴として，現地に溶け込んで，息の長いビジネスを行いたいと望む傾向があります。この考えは間違っているわけではありません。ただし，本社の立場としては，投下した資金回収をまず行い，回収後は海外子会社が自社のビジネスを通じて資金を循環させていく，というステップがないと継続的なビジネスはできません。海外事業は「回収第一」という考えも忘れてはいけません。

② 　その他の視点

1　コンティンジェンシープラン（代替案）策定

　さらに海外進出リスクを減らすために，コンティンジェンシープラン（代替案）の策定も有効です。中堅・中小企業が海外進出するきっかけには，日本の取引先からの進出依頼があります。取引先から進出しなければ取引は継続できない可能性を言われ，進出する企業も多いと思います。ただし，実際には海外に進出したからといって，必ずその得意先に販売できる保証がないのが現状です。自社は海外進出したものの，取引先の進出が遅れ，販売ができず大変苦労する中堅・中小企業もいますし，取引できたとしても「品質・納期は日本並み，価格は現地並み」を要求され，対応に苦慮する中堅・中小企業も多くあります。

　コンティンジェンシープランとは，当初の計画ができなかった場合に，他の代替案の計画を当初から考えておき，仮に，日本の取引先に海外で受注できない場合でも，生き残っていける代替案を進出前から策定しておくことをさします。海外では日本本社での約束事が守られずに，はしごを外される可能性があるという現実を踏まえた対応と言えます。

2　事業収支のコスト計算上の注意点

　新興国では，日本ではあまり必要のないさまざまなコストがかかります。新興国固有経費，セキュリティ費用，撤退費用，経営管理費用等です。進出前の

事業収支計算時にはこれ等の固定費も計上し、利益計画を進出後の現実に近い形で検討する必要があります。新興国だからコストも抑えられるだろうと考えて進出したら、実際には必ずしも進出コストが安くないということもあります。事業収支のコスト計算は慎重に行う必要があります（図表1-2-7）。

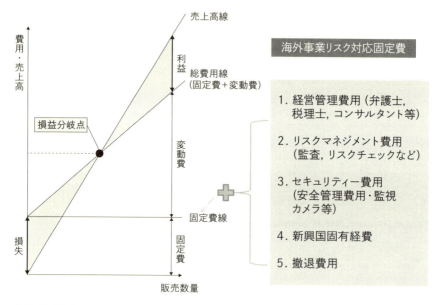

図表1-2-7　海外事業収支予測の計算上の注意点

出所：筆者作成

3　撤退戦略の事前準備

海外事業で最も難しいのは、海外事業見直しによる撤退の意思決定といわれています。理由としては、以下のような事項が指摘されます。

撤退を難しくする要素

- 日本本社が海外子会社の現状を把握できておらず，撤退すべきかどうかの判断ができない。
- 撤退を考える時期にもかかわらず，撤退の意思決定に伴い回収不可能となった費用（サンクコスト：埋没費用），レピュテーションリスク（企業の評判リスク）を考えると心理的なためらいがある。
- 将来の事業好転等見通しに対する主観的な期待。
- 上記理由から来る撤退の意思決定先送りの誘惑。

撤退すべき時期が来たにもかかわらず，撤退判断を遅らせることは事業の失敗による損失をさらに膨らませることになります。さらに，撤退にはその実施に際しては時間とコストがかかりますので，その分の時間的余裕と資金も必要となります。組織として，撤退の意思決定のインセンティブが働くよう，進出前に「どのような事態になった場合に，撤退を含む事業の見直しをするか」を日本本社役員会であらかじめ決定しておき，そうした事態に至った場合には，迅速に，経営陣の意思決定を仰ぐことが求められます。

見直しの基準には，たとえば，「決算が3期連続赤字，かつ，今後2年間で収益が改善する確実な見通しがない」といったものが考えられます。資金力，今後の収益性向上の期待度などによって，企業ごとに適切な基準は異なりますので，自社にとってどのような基準を設けるのが適切か，あらかじめ，慎重に検討しておく必要があります。

コラム3　撤退とコストの関係

海外から事業撤退する場合，通常，従業員，パートナー，当局の3つの撤退障壁があると言われています。この撤退障壁があるゆえに，撤退の完了まで正式な手続きを経ると，撤退にかかる期間が3年から5年と長期にわたることもあります。したがって，撤退の判断は適切な時期に早期に行う必要があります。

撤退の時期が遅れれば遅れるほど撤退コストがかさむということを知らずに，撤退のための本社から撤退のための資金を追加投資をせざるを得なかった日本の企業も多く見られます。「撤退は早めの決断を」ということも海外事業では忘れてはいけません。

44　第Ⅰ部　海外事業を成功させる方法

　また，海外事業は新規事業の要素もあります。したがって，新規事業のリスク規定と同様に海外進出の撤退基準をあらかじめ明文化し，以下のような「海外事業進出リスク規定」を作成することも必要です。会社としてこのような規定を作成していれば，日本から赴任する駐在員やその海外事業を管轄する部署も安心して海外事業に取り組むことができます。海外事業を前向きに会社全体で捉えるという意味においても必要な規定と言えます。

海外事業進出リスク規定（例）

（総則）
第1条　この規定は，海外事業に進出したときの取り扱いを定める。

（基本姿勢）
第2条　会社は海外事業に進出した場合，その事業を成功させるために全力を傾注する。

（担当者の責務）
第3条　海外事業の経営を担当するものは，その事業を再構成するために最大限の努力を払わなければならない。

（撤退の条件）
第4条　前条および前々条の規定にかかわらず，海外事業の経営成績が次のいずれかに該当するときは，原則として撤退する。
(1)　年度の売上が3年連続して計画を下回ったとき。
(2)　年度の営業収支が5年連続して赤字であるとき。
(3)　累積赤字が〇〇億円を超えたとき。

（撤退の決定）
第5条　海外事業からの撤退は，取締役会において決定する。

（清算の開始）
第6条　取締役会において海外事業からの撤退が決定された場合，海外事業部門は，直ちに清算業務を開始しなければならない。

（債権・債務の承継）
第7条　清算終了時において海外事業部が有する債権及び債務は，原則としてすべて会社が承継する。

（債務の償却）
第8条　会社が承継した海外事業部門の債務は，原則として，承継後3年以内に償却するものとする。

（営業権の売却）
第9条　海外事業からの撤退にあたり，営業権を売却できる時は売却する。売却条件は，取締役会で決定する。

（売却益の使途）
第10条　営業権の売却によって得られた利益，海外事業部門も損失補填に充当する。

（責任の不追求）
第11条　会社は，海外事業は成功しなかったことについて，海外事業の企画及び運営に携わった社員の責任を問わない。

（復職）
第12条　撤退に伴い，海外事業部門に出向していた社員は会社に復職する。復職後の相続は，その都度定める。

（附則）
この規定は，〇年〇月〇日から施行する。

出所：荻原勝『危機管理・リスクマネジメント規程集』（中央経済社，2003年）　67〜70ページに筆者加筆

46　第Ⅰ部　海外事業を成功させる方法

第3章　プロジェクトチームの活用と進出国の決定方法

　中堅・中小企業の場合，経営者がオーナーであることが多く，また，社内に海外事業になれた人財が多くないなどの理由で，オーナーだけの独断で海外事業を進めるケースがあります。今まで述べてきたように海外事業は日本での事業と比べ想定外のことが起こる可能性が高く，幅広く検討を重ねる必要があります。事業を進めるうえでオーナーの独断が必要な時もありますが，海外事業では検討段階で特に充分な準備調査を行わないと失敗の確率が高くなります。社内で海外事業を推進し，さらに実行できる人財を育てるという意味からも，優秀な社内人材でプロジェクトチーム（以下 PT）を結成し，経営陣とともに海外事業の検討をするほうが良いでしょう。

① プロジェクトチームの検討事項と考慮すべき点

1　プロジェクトチームの主な検討実施事項

　海外事業は，通常の国内事業の延長線上でとらえる必要が多くあります。したがって，海外事業を検討する場合には，国内事業との棲み分けやシナジーなど関連も含め PT で検討する必要があります。

　PT による，検討実施項目は**図表 1－2－8**のような内容となります。

図表 1－2－8　プロジェクトチームの検討実施項目

実施項目	詳細
1．国内事業の分析	(1)　国内事業の分析と縮小・撤退・継続の方向性 (2)　海外との事業の棲み分け，シナジーなどの可能性
2．進出候補国の決定・選定	(1)　進出候補国の事業環境分析 (2)　進出候補国の評価と絞り込み
3．基本戦略仮説の構築	(1)　2つの基本戦略の構築とリスクとリターンの検証 (2)　リスクの低減策（コンテンジェンシープラン） (3)　基準と撤退コストの算定等

4．事業計画の策定と事業化調査（FS）	(1) 進出国の製品市場の需要予測 (2) 日本と進出予定国の拠点特性整理と位置付けの明確化 (3) 日本と進出予定国の生産および販売，サービス提供の分担の設定 (4) 収支シミュレーション
5．実施移行スケジュール策定とフォロー	(1) 実施移行スケジュールの策定 (2) PDCA によるフォロー (3) 定期的な役員会への報告

2 プロジェクトチームのあり方で経営者が考慮すべき点

　経営陣が PT を設置して**図表 1 - 2 - 8** の検討事項の調査を順調に進めるために，PT のあり方として以下の点を考慮する必要があります。

(1) 組織上の位置付け

　海外事業では，国内事業を担当する社員から，国内雇用をなくす原因になるとして，PT に横やりが入ることがあります。したがって，社長直轄であるという位置付けがないとプロジェクト推進に支障をきたすことがあります。PT に独立性を持たせ，自由に幅広く海外進出検討を行うためにも，PT を企業の最終意思決定機関（または，社長直轄）に属させ，独立性を担保し，PT が収集したネガティブ情報であっても有効に判断材料に使える組織上の位置付けが必要になります。

(2) 専任

　海外事業の推進は，非常に労力がかかります。したがって，兼任 PT ではなく，専任の PT とすることが重要です。このことで，プロジェクトの決定から立ち上げまでのフォローを責任持って遂行可能となり，実行段階となった海外事業のテイクオフがスムーズとなります。

48　第Ⅰ部　海外事業を成功させる方法

(3)　不利な情報の取扱い

　PTは，自社の海外進出にとりプラスとなる情報のみならず，マイナスとなる情報も含め，集収したすべての情報を経営陣に知らせることが重要です。

　このことを担保するために，経営陣はPT発足時に「経営陣に，マイナスの情報を知らせても人事上の不利な扱いはしない」ということを宣言するなど，PTを経営陣としてバックアップすることが求められます。

②　プロジェクトチームによる具体的な検討内容

　上記①でPTが行う検討事項やそのあり方についてマクロ的に解説しました。図表1-2-8の「2　進出候補国の選定」について具体的な手法を述べていきます。

1　進出候補国の事業環境分析

　進出目的に沿った進出国の候補を評価するために，PTで，まずは，マクロ的に図表1-2-9の事業環境分析を行い，2～3カ国に候補国を絞りこみます。

図表1-2-9　進出候補国の事業環境分析の項目例

評価項目	詳細
①市場の魅力	市場規模は十分か？　成長率は高いか？
②競争環境	日系企業，現地企業の競合他社は多いか？
③現地国の産業基盤力	裾野産業や産業集積が形成されており，地場企業と連携した生産が可能か？
④原材料の入手	原材料は早く，安く手に入るか？
⑤安くて良質な労働力	賃金は安いか？　識字率は高いか？　十分な教育を受けているか？　労働市場は流動的か？
⑥政治的安定・治安	政治は安定しており，自社のビジネスに影響はないか？従業員が犯罪に巻き込まれたり，従業員が犯罪を起こしたりすることはないか？
⑦規制	その国の規制は自社にとって有利か？
⑧生活・文化・宗教	事業展開にあたって特別に考慮すべき生活・文化・宗教上の慣習はないか？

⑨契約履行のしやすさ	現地企業との契約はきちんと履行されるか？　契約不履行の場合の法的手続きは容易か？
⑩破綻処理のしやすさ	撤退手続きは煩雑ではないか？　撤退コストは高くないか？　撤退までに時間がかかるか？

2　進出候補国の評価と絞り込み

　進出候補国の事業環境分析後，絞り込み作業の精度を上げるために，各国ごとに想定されるリスクを洗い出し，各国ごとのリスクと対応策を立てるのが絞り込みの作業となります。この進出候補国の絞り込みの方法としては，リスク分析手法の PEST 分析の利用が有効です。

(1)　PEST 分析とは

　PEST 分析とは，政治（Politics），経済（Economics），社会（Society），技術（Technology）の4つの観点から，事業環境の特徴を分析するフレームワークです（図表1-2-10）。

図表1-2-10　PEST 分析とは

Politics	法規制，政策の動向，政府の立ち位置，外交等
Economics	景気動向，インフレ，デフレ，GDP 成長率，その他経済指標
Society	人口動態，文化価値観，ライフスタイルなど
Technology	技術革新など

(2)　進出を念頭に置いた詳細な PEST 分析のためのチェックリスト

　PT が PEST 分析を利用して2〜3カ国のリスク分析を行う際には，以下のような詳細なチェックリストを使うことで，進出候補国の評価と絞り込みの際の精度をあげることができます。

☑ 政治リスク

- □ 進出国の政治・経済情勢に関する最新情報を入手し，プロジェクトを判断をしていますか？
- □ 政治情勢の不安定化により事業が著しく制約された場合でも，「これだけ稼働していれば何とか会社を維持できる」という最低操業率の水準をあらかじめ定めていますか？
- □ 進出国の投資奨励策と外資規制を十分に調査し，対応策を考えていますか？
- □ 進出国の規制ぎりぎりのところでビジネスをせず，一定の余裕を持たせた事業内容になっていますか？
- □ 進出国の法律・税制について不明な点は，毎回現地の関係省庁に確認していますか？
- □ 初期段階の現地調査で送られた先陣の従業員が現地の当局担当者に対して贈賄を行わないよう，徹底的な意識付けを行っていますか？
- □ 現地の法律・税制に精通した法律・会計事務所を見つけることができていますか？
- □ 会計・税務関連の資料は税務調査に備えて長期間厳重に保管するような本社と同様の規定類を用意していますか？
- □ 進出国をとりまくグローバルな地政学リスクの分析と対策を考えていますか？

☑ 経済リスク

- □ 現地国内での販売を目的に進出した場合でも，現地通貨建て収入だけに頼らずに，輸出による外貨建て収入も検討していますか？
- □ 進出計画の策定段階で，将来的なインフレを加味した賃金上昇を織り込んでいますか？
- □ 優秀な人材の流出防止策をとるために施策を用意できますか？（給与引き上げ，福利厚生の充実，社員旅行やスポーツ大会などによる従業員の忠誠心向上など）
- □ 進出先の国を単なる低コストの生産拠点と見るのではなく，将来的には現地での販売を視野に入れた事業計画を作成していますか？
- □ 現地で高付加価値製品の研究開発を行う計画は含まれていますか？

☑ 社会リスク

- □ 自社の製品・サービスは，進出国の国民性，特に宗教の違いに配慮していますか？

□ 国民性や宗教の違いを考慮したマネジメントの仕組みを構築することを計画していますか？

□ 電力，ガス，水などのインフラの状況について事前によく調査しましたか？また，供給が途絶えた時の代替手段は検討しましたか？

□ 原材料や製品の物流ルート，輸送手段を複数比較し，輸送の確実性とコストの観点から自社にとって最適な方法を選択しましたか？

□ 進出国の環境関連の規制やその適用状況に関する正確な情報収集を行うルートを構築していますか？

□ 進出国の急な環境規制強化に備えた追加投資も対応できる進出計画になっていますか？

□ 環境に配慮した製品や製造プロセスの開発にも積極的に対応できる計画になっていますか？

☑技術リスク

□ 各国の知的財産権関連の法律を十分に調べ，漏れなく特許権・商標権などを申請していますか？

□ 現地従業員による社内システムへの不正アクセスを監視する仕組みを事前に考えていますか？

□ 現地の従業員や取引先には，誓約書を通じて，自社の知的財産権を侵害しないことを宣言させてる文章を事前に用意していますか？

なお，このチェックリストは，製造業を念頭において作成しています。製造業でない方は，これを参考に，自社の業種に合わせて工夫してください。

(3) 昨今の地政学リスクの考慮

昨今の米中対立，経済ブロック化，紛争の増加，国際機関による紛争調停力の無力化など，進出国の絞り込みの際には，地政学リスクへの考慮が不可欠となりつつあります。最近では，日本企業も地政学の観点から米国進出が増加したり，中国からの撤退や，中国からASEANへの進出が増加したりしています。また特記すべきは，中国企業自体も，米中対立への準備から，対米輸出が可能で中国よりも比較的人件費が安いASEANに進出し始め，その数が増えていることです。今後の世界動向によっては，PEST分析の中でも政治動向に今まで以上に重点を置き判断することが必要な時代となると思われます。

3　経営陣による最終決定の方法

　図表1-2-11では評価項目として，①から⑩まで例示してありますが，この評価項目の選定は，自社の情況に合わせてPTで決める必要があります。自社の目的が海外生産拠点の設置であれば，③，④，⑤などのウェイトが，海外販売拠点の設置であれば，①，②などのウェイトが高くなります。

　次に，それぞれの国について，評価項目ごとに1（低）～4（高）の得点をつけます。採点にあたっては，PEST分析の結果をもとに判断します。

　採点が終わったら，自社のビジネスにとっての重要度を1～3で評価項目ごとに重みづけをして，合計点を算出します。合計点が最も高い国が，進出すべき候補国となります。この最終的な候補国にいたった検討経緯と進出国への進出案を3つほど作成し（ベストケース，通常ケース，最悪ケース），各ケースへのPTの評価および地政学的リスクの観点も加味して，最終的に経営陣に判断を委ねるのが一般的です。

図表1-2-11　進出候補国の評価と進出国の決定

評価項目	重みづけ (高) 3・2・1 (低)	タイ (良) 4・3・2・1 (悪)		フィリピン (良) 4・3・2・1 (悪)		《参考》日本 (良) 4・3・2・1 (悪)	
		評価	重み×評価	評価	重み×評価	評価	重み×評価
①市場の魅力	3	4	12	4	12	3	9
②競争環境	3	2	6	4	12	3	9
③現地国の産業基盤力	2	3	6			4	8
④原材料の入		4				2	6
⑤安くて良質		2	6	3	9	1	3
⑥政治的安定・治安	3	2	6	2	6	4	12
⑦規制	2	2	4	3	6	2	4
⑧生活・文化・宗教	1	3	3	2	2	4	4
⑨契約履行のしやすさ	2	2	4	2	4	4	8
⑩破綻処理のしやすさ	2	3	6	3	6	3	6
合計得点			65		73		69

（吹き出し）自社の事業特性などに応じて，重みづけを行う

（吹き出し）自社にとってプラスであれば（良）と評価する

第4章　進出形態別の具体的検討方法

1 海外進出の全体像

　海外進出における具体的な検討方法は，海外生産拠点を設置するのか，海外販売拠点を設置するのかによって大きく異なります（図表1-2-12）。

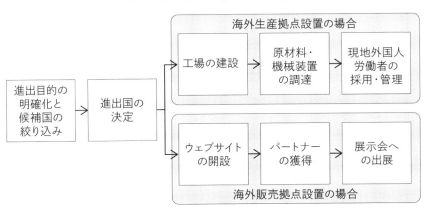

図表1-2-12　海外進出のフロー

2 海外生産拠点設置の場合

　進出国が決定し，海外生産拠点を設置する場合には，以下のプロセスをとります。

1　工場のコンセプトと用地選定

　海外に生産拠点を設置する目的で，進出国が決まったら，現地工場のコンセプトを固めるために，以下のような内容を検討します。

54　第Ⅰ部　海外事業を成功させる方法

- ●どんな製品を月間何個作るのか？
- ●原材料の納入，顧客への納入のリードタイムは何日を予定しているのか？
- ●納入のための物流には陸・海・空のいずれを使うのか？
- ●製造ラインの基本的なレイアウトはどうするのか？
- ●どんな従業員を採用し，どの製造ラインに配置するのか？
- ●電気・水道・ガスなどのインフラはどうするのか？
- ●将来の生産拡大を見越して，どの程度拡張性を持たせるのか？

　工場コンセプトをはっきりさせ，次に行うのが現地の工場用地の決定です。現在，グローバルサウスの国々は海外からの投資を呼び込むために，工業団地を次々と建設していますが，図表1−2−13にまとめた工場用地選定のポイントを参考に，自社の工場コンセプトに合致した工業団地を選択します。

　工業団地の区画は，一般的に1工場あたりの規模が5〜10ha（5〜10万㎡）と広く，初期投資も土地購入を合わせると億単位になり，投資回収に10年以上かかります。中堅・中小企業にとっては，「規模が大きすぎる」と感じられるかもしれません。

　その場合は，レンタル工場を利用するという手もあります。レンタル工場は1工場あたり0.5〜1ha（5,000〜1万㎡）ぐらいの規模であり，費用を抑えることができます。5年程度の回収を意図した進出計画であれば，レンタル工場のほうが有利と言えるでしょう。図表1−2−14に双方のメリット・デメリットをのせていますので参考にしてください。

図表1−2−13　工場用地選定のポイント

選定のポイント	具体的なチェック項目
地理的要素	原材料・部品の調達しやすさ 物流のバランス（鉄道・高速道路・港湾） 産業集積状況（工業団地），用地コスト　など。
インフラ的要素	供給電力（供給能力・停電頻度・電圧変動など） 通信（伝達能力・停止頻度など） 水供給・排水・ガスなどの整備状況　など。
リスク対策の充実度	環境基準，所管機関の対応状況 工場建築物の品質，地盤の強度 洪水，津波などの可能性　など。

第2講　海外直接投資検討時の心構え　55

図表1-2-14　工場団地とレンタル工場のメリットとデメリットの比較

種別	メリット	デメリット
工業団地	• 自社工場となり拡張性がある。 • インフラ（道路網・電力など）が整備されている。 • 国家レベルから民間レベルまでさまざまな工業団地がある。 • 独自の優遇策で企業誘致を行っている。	• 費用負担が大きい（用地取得だけで億単位の投資が必要なことも）。
レンタル工場	• 用地も建物も短期賃借となる。 • 費用負担が少ない。 • 近隣企業との連携ができる（機材の貸し借り，共同開発など）。	• 拡張・改造が困難。

　工業団地（もしくはレンタル工場）を選択したら，工場の設立となります。ここで問題になるのは，建設費用の関係から，建設会社を日系企業にするのか現地企業にするのかということです。

　確かに，日系企業は安心感がありますが，一般的に建設費用は高くつきます。一方で，現地企業は工期に遅れそうになると，地場の安い労働力をかき集めて一気に工事を進める馬力があります。これは，日系企業にはないメリットですが，工場の仕上りの質を重視する場合には，日系企業のほうが安心ですが，建設費用と納期は現地企業のほうが良いケースもあります。

　最終的には，最新の現地状況を確認するとともに，メリットとデメリットを比較して決める必要があります。

2　原材料・機械設備の調達

　原材料の現地調達には，コストの削減や調達リードタイムの短縮などといったメリットがあります。また，国によっては，最終製品に占める現地企業の製品の割合が一定水準を超えると，「原産地証明」を取ることができ，輸出にとって有利になります。

　しかし，Q（品質），C（コスト），D（納期）の三拍子が揃った現地企業はなかなかいません。結果的に，海外に進出した当初は，日本から原材料を輸入しつつ，地道に現地サプライヤーを育てていく覚悟が必要な場合もあります。

56　第Ⅰ部　海外事業を成功させる方法

その場合には，想定していたほどのコスト削減効果が得られない可能性も出てきます。

　現地調達先を探すには，まずは自社と取引のある商社や材料メーカーなどから紹介してもらうとよいでしょう。それが難しい場合には，公的機関や調査会社を利用して情報を取得する方法もあります。調達先候補については，**図表 1 - 2 -15**を参考に多角的な視点から調査を行います。

図表 1 - 2 -15　調達先候補の評価ポイント

技術レベル	技術者の人数，技術部門の役割，知的所有権，学会発表論文など。
工場	5S（整理，整頓，清掃，清潔，しつけ）が徹底されているか，在庫・仕掛品は適切に管理されているか，品質管理体制はあるか，など。
顧客・販売実績	過去 2 〜 3 年の販売先と販売実績など。

（コラム）　設備関連の選択

　原材料とともに，機械装置も日本から持ち込むのか，現地で調達するのかを慎重に決める必要があります。コストダウンを目的に中国に進出したある中小企業は，製造ラインで使用する機械装置を日本から持ち込まず，現地の中国企業から購入しました。ところが，いざその機械装置を動かしてみると，要求水準の加工精度が全く実現できません。また，故障が頻発するため，機械装置を購入した現地中国企業から修理の担当者を呼ぶのですが，対応が非常に悪く，一向に問題が解決しません。結局，この中小企業は，機械装置を再度日本から持ち込むことになってしまいました。「安物買いの銭失い」の事例です。

3　現地外国人労働者の採用・育成・管理

　「従業員の採用・育成計画は社長の頭の中にある」という考え方は海外では通用しません。現地工場で採用する従業員については，経営陣が総力を挙げて採用・育成計画を明文化する必要があります。

　最初に採用すべきは，現地の言葉と日本語が話せるキーマン（人事・総務部

長クラス）です。海外でこのような人材を探すことは難しい場合が多いのですが，現地政府で外国企業を誘致する担当をしている部署に相談すると，人材を紹介してくれることがあります。キーマンの採用面接は，必ず複数の日本人が実施し，厳しく評価しましょう。「日本語が話せるから」というだけの理由で採用するのは厳禁です。

　キーマンの採用が決まったら，キーマンを中心として，現場リーダー（職長クラス）とワーカーを採用します。採用権限はキーマンに委譲しますが，キーマンに任せきりにするのも危険です。キーマンが親戚や仲間ばかりを集めた結果，工場が乗っ取られたという事例もあります。必ず，採用プロセスには日本人も関与し縁故のみの採用とならないようにする必要があります。

　日本企業と海外企業の大きな違いは，日本企業がチームワークを重視し，社員は雇用契約や職務記述書に書かれていない仕事でも，会社のためという理由で積極的に仕事をしてくれるのに対し，海外企業では契約が優先されるという点です。海外に進出する場合は，こうした価値観の違いを理解する必要があります。

　しかし，今までチームワーク重視でやってきた日本企業が，海外に進出した途端，海外企業のやり方に合わせるのは無理があります。そこで，海外で採用したリーダーは，日本の社風やチームワークの精神を身に付けてもらうために，日本に半年〜１年ほど送り込んで事前にトレーニングするとよいでしょう。日本でのトレーニングを終え彼らが現地に戻った後は，彼らの下でワーカーの育成にあたってもらいます。

　このように，現地従業員の採用，育成，管理には１年程度の余裕をもって取り組む必要があります。**図表１−２−16**も参考に自社で１年程度のスケジュールを作成し，着実に実行していくことで，ワーカーの定着率を高め，工場の生産性向上に貢献できる人材を採用，育成，管理することができるようになります。

図表1-2-16 採用・育成のプロセス

1. 採用計画の策定	幹部クラス，管理職クラス，ワーカークラスをそれぞれ何人ぐらい，どのような手段で採用するのか計画する。
2. 育成計画の策定	各クラスの従業員が身に付けるべき能力を洗い出し，その能力を獲得するための教育訓練の手段を整理する。
3. キーマンの採用	現地の言葉と日本語の両方が話せるキーマン（人事・総務部長クラス）を採用する（複数の日本人が厳しく面接する）。
4. ワーカーの採用	キーマンを中心としてワーカーの採用を進める（ただし，キーマンに任せきりにせず，日本人も面接に参加する）。
5. リーダーの育成	ワーカーの中からリーダー候補を選び，彼らを日本に半年〜1年程度送り込んで，本社の社風やチームワークの精神を教える。
6. ワーカーの育成	ワーカーがリーダーの指示に従うよう，リーダーにはしかるべきポストを与え，リーダーによるOJTを進める（現地駐在員はOJTをサポート）。

③ 海外販売拠点設置の場合

1 海外向けウェブサイト

　海外販路開拓には，海外向けのウェブサイトは必須です。海外や日本の展示会に来るバイヤーは当然のことですが，出展企業のウェブサイトを事前に確認し，展示会で訪れる出展企業をリスト化しています。

　海外向けウェブサイトを制作するといっても，国内向けのウェブサイトをそのまま翻訳するだけでは不十分です。各国の商慣習の違いを考慮して，オリジナルのウェブサイトを一から制作する必要があります。また制作途中では必ずその国の専門家に確認してもらい，言葉遣い，配色，デザイン，ページ構成などがその国で受け入れられるかどうかをチェックしてもらいましょう。

　たとえば配色に関して言えば，米国では使う色の数を減らしたシンプルなウェブページを好みます。また，赤が好まれる中国では，赤を基調としたウェブページがよく見られます。

　また，法律によって禁止されている表現もあるので要注意です。またヨー

ロッパの一部の国では，競合他社製品との比較広告が禁止されています。

2　パートナー

(1)　パートナーの決定

　海外販売拠点を設置しても販路が飛躍的に拡大する訳ではありません。販売拠点の国で自社の製品を海外市場で販売してくれる，信頼できるパートナー（販売店・代理店）を見つけて，拡販をする方が効率よく販路開拓ができる場合があります。パートナーの探し方としては，下記があります。

- ●自社と取引のある商社にお願いする。
- ●外部の調査会社を利用する。
- ●ダイレクトリー（輸出入業者・メーカーの名簿）から選定する。
- ●JETRO など公的機関のサービスを活用する。
- ●展示会で発見する。

　なおパートナー候補が絞られてきたら，必ず信用調査を実施する必要があります。信用調査会社やコンサルタントを利用することはもちろん，パートナー候補に経営陣が直接会うことも非常に重要です。自社がパートナーに期待するマーケティング・営業・販売機能と，パートナーが果たしてくれる役割が合致するか，具体的に確認する必要があります。第1講でも触れていますので参照ください。

(2)　パートナーとの契約締結

　パートナーを決定したら，パートナーとの間で契約書を交わします。

　販売代理店関連での契約のポイントは大きく2つあります。1つは，パートナーにどのくらいの権限を与えるかです。パートナーは独占販売権（一定の地域で当該製品を独占的に販売できる権利）を要求することがありますが，独占販売権を与えると，その地域で自社が直接販売できなくなるという制約がかかります。

　もう1つは，パートナー契約の解除についてです。国によっては，契約解除の際に，パートナーに対して補償義務を課す場合があります。また，契約期間

60　第Ⅰ部　海外事業を成功させる方法

が満了した後であっても，解除について制限を設けたり，一定の補償請求権を認めたりと，法律で保護を与えている国もありますので，専門家への相談が必要です。

> **コラム**　**現地アドバイザーについて**
>
>　ある経営者が，筆者が相談を受けたカンボジアでの実話です。日本料理店で在カンボジアの日本人と意気投合し，進出アドバイザーに起用しました。日本に帰国後，アドバイザー料金を振り込んだものの，その後，音沙汰もなく詐欺であることがわかりました。現地アドバイザーの選択は非常に重要ですが，日本人だからとか，日本語がうまいから，などで決める事は大変危険です。現地の日系企業から評判を聞くとか，または，名刺を基に信用調査を行う必要があります。

☑ **第Ⅰ部第2講　要点チェックリスト**

共通
□　海外ビジネスリスクを認識されましたか？
□　海外戦略は競争回避型になっていますか？
□　撤退基準を事前に作成しましたか？
□　プロジェクトチームを組成されましたか？
□　海外進出の目的（生産コスト低減・原材料調達の効率化／海外市場の獲得／取引先からの要請）を明確にしましたか？
□　海外進出の目的に沿って，進出候補国を2～3ヵ国に絞り込みましたか？
□　進出候補国を，さまざまな視点から客観的なデータに基づいて比較評価しましたか？

海外生産拠点設置の場合
□　現地に建設する工場のコンセプトをしっかりと固めましたか？（どんな製品を月間何個製造するのか？　製造ラインの基本的なレイアウトはどうするのか？　など）
□　工業団地とレンタル工場のどちらが自社にふさわしいか，十分に検討しましたか？
□　工場の建設に日系企業と地場企業のどちらを活用するのが自社にとって適切なのか，十分に検討しましたか？

第2講　海外直接投資検討時の心構え　　61

☐　原材料や機械装置の現地調達先を決めるにあたって，その企業の技術レベル，工場の実態，顧客・販売実績などを調査しましたか？

☐　最初に採用するキーマン（人事・総務部長クラス）の募集方法は決まっていますか？　面接官となる自社の従業員は複数決まっていますか？

☐　ワーカーの採用をキーマンに任せきりにせず，自社の従業員が面接に参加することになっていますか？

☐　ワーカーの中からリーダークラス（職長クラス）になる人材を日本の本社に送り込み，本社の社風やチームワークを教えるための態勢は整っていますか？

海外販売拠点設置の場合

☐　海外向けのウェブサイトはありますか？　ページの内容などを相手国の好みやビジネス慣行に合わせてカスタマイズしていますか？

☐　外部の調査会社を利用したり，ダイレクトリー（輸出入業者・メーカーの名簿）から選定したりするなどして，パートナー（販売店・代理店）の候補を見つけることができていますか？

☐　パートナー候補の経営実態や営業力について，信用調査会社やコンサルティング会社など複数の情報源から情報を集めていますか？

☐　パートナー候補の経営者に自社の経営者が直接会って，パートナー候補を評価していますか？

☐　パートナーの独占販売権や契約解除時の注意点などについて，取引開始前に契約書できちんと明文化していますか？

☐　大きな商談を持ちかけてきた相手が危険な人物でないかどうか判断できるよう，進出国での重要人物を事前に調査していますか？

第3講
海外直接投資後のマネジメント

第2講では，海外直接投資を検討する際に知っておくべきことを，海外ビジネスリスク，海外進出戦略の策定の方法と注意事項，また，戦略を策定するうえで重要なプロジェクトチームの役割について解説しました。第3講では，海外進出後の子会社のマネジメントの枠組みの作り方，具体的なマネジメントの方法，海外で特に重要なマネジメント分野とその管理の方法について解説していきます。

第1章　海外子会社のマネジメントの枠組み

1　管理責任者の任命

　第3講では，直接投資後に，海外子会社をどのようにマネジメントすべきかについて考えていきます。

　お子さんの海外留学を例に考えてみましょう。海外留学では，良い校長先生を選ぶこと（すなわち，良い校長先生がいる学校を留学先として選ぶこと），選んだ校長先生や先生たちに当初の計画通り自分の子供を的確に指導して貰うこと，仮にその校長先生や先生が有能でないことがわかった場合には，PTA等を通じて，校長先生や先生の態度や姿勢を見直して貰うこと，それでもダメな場合には，先生を替えてもらうことなどの行動を，親として選択すると思います。

第3講　海外直接投資後のマネジメント　　63

　海外子会社のマネジメントの枠組みも同様です。管理責任者として，能力の
ある良い経営者を本社の代行者として選び，任命することが適切なマネジメン
トの第一歩となります。海外子会社においても，日本の子会社の経営者と同様
良い経営者の定義は「子会社の経営幹部を通じて，本社が作成した当初の計画
に沿い，社員に働いてもらい，期待どおりの良い業績を出す。さらに，経営理
念に沿い，社員がいきいきと一丸となって働く良い環境を整える」ことができ
る管理能力をもつ経営責任者を指します。

　中堅・中小企業の場合は，すべての事業に関連する経営管理ができる社員を
日本から現地に送り込むことは難しい場合が多く，多くの場合現地で経営者を
雇うことになります。その場合には，さらに条件として，雇用後も「適切な経
営者の任命権および<ruby>馘首<rt>かくしゅ</rt></ruby>を含む人事権を本社主導で持つ」ことが重要なことと
なります。

　日本語が話せる，現地に長く住んでいる日本人だから等の安易な理由で現地
経営者・現地経営幹部を選ぶと，日本人であったとしても，現地で不正などを
起こされ，<ruby>馘首<rt>かくしゅ</rt></ruby>することすらできないといった事態に陥る原因となります。人
選と雇用条件は充分注意が必要です。

図表 1-3-1　管理責任者の任命と行うべき任務

	留学の場合	海外子会社
管理責任者の任命 本社（または親）に代わる 代行者として相応しい人物を 任命する必要がある	校長先生	海外子会社の社長 （本社からの派遣か現地 での採用）
管理責任者の任務 本社（親）の指示に沿い期待 通りの実績を出す必要がある	校長先生のマネジメント により学校の先生たちを 指導し，教育の質を高め 子供の成長を図る	経営幹部を通じて，従業 員を管理し，利害関係者 との調整を行うことで会 社の業績を高める

② マネジメントの具体的な仕組み

「コーポレート（会社）ガバナンス」という言葉を最近よく聞かれると思います。コーポレートガバナンスの本来の意味は，本社が海外子会社を「自分の意のままに動かす」という意味です。本章①でも述べましたが，「自分の意のままに動かす」ためには，本社の代行者として，適切な現地経営者・現地経営幹部を適切に任命し，現地経営者・現地経営幹部の採用後も本社が主に任命権と人事権に関して主導権を持ち，現地経営者・現地経営幹部を本社が主に任命権と人事権に関してコントロールできる環境をつくる必要があります。

現地経営者，現地幹部も自社の人間だから，すべてを信じて余計な管理をしないという考えを持つ経営者の方もおられます。しかし，海外子会社のマネジメントは日本の子会社の管理とは異なりますので，「自分の意のままに動かす」すなわち，本社のコントロールが可能な環境整備が必要不可欠です。

このようなコントロールのことを一般的に「内部統制」と呼びます。内部統制には，内部監査と内部けん制の2つの手法があります。順を追って説明します。

> **コラム**　**コーポレートガバナンスの本当の意味とは**

「コーポレートガバナンス」は，日本では「企業統治」と訳されていますが，「ガバナンス」という言葉の由来は英国による東インド会社の統治方法から来ています*。

東インド会社は，英国の国王の勅許状により1600年12月31日に東インドとの通商が認められたロンドン貿易商会を設立母体とする株式会社です。この東インド会社は現在の株式会社の原型と言われていますが，実態は，英国によるインド植民地支配のための手段としての経済的統治組織です。したがって，現在，広く使用されている「ガバナンス」という言葉には，植民地としていかに他国を「支配」するかという考え方が含まれていると理解するほうが妥当であり，企業活動のガバナンスを意味するコーポレートガバナンスも，海外に進出した自社の子会社をいかに支配するかという「企業統治」よりも「企業支配」という考え方が本来の意味に近いと言えます。

日本人としては馴染みのない考え方ですが，海外子会社に対するコーポレートガバナンスは，日本の親会社（上記のロンドン貿易商会に該当）が海外子会社

（上記の東インド会社に該当）を現地の経営者を通じていかに支配するかという意味と理解すべきであり，その観点も加えて海外子会社のマネジメント手法を考えたほうが良いケースが多いと思われます。

＊エイドリアン・キャドバリー著／日本コーポレート・ガバナンス・フォーラム，英国コーポレート・ガバナンス研究会専門委員会訳『トップマネジメントのコーポレート・ガバナンス』シュプリンガー・フェアラーク東京，2003年）

③ 内部統制の具体的な方法（内部監査）

内部統制の具体的方法の１つが内部監査です。①本社に報告された現地の決算書などの数字を日常的に日本本社サイドでチェックし，リスクの兆候がないかを報告書上で監視すること，②現地経営者による経営管理チェックと本社による確認，③日本本社に報告された財務諸表等が本当かどうか？　を現地に赴きチェックする「現地往査」の３つの方法が基本となります。

1 本社で日常的にチェックするものとは

本社において日常的にリスクをチェックする方法で最も重要なのは財務諸表管理です。現地経営の管理は正しい財務諸表の作成から始まると言っても過言ではありません。

しかし，財務諸表を作成するだけでは意味がありません。財務諸表管理で最も重要なことは，財務諸表の何を，何時までに，日本語で報告させるかを本社・現地間で取り決めることです。具体的には，月次報告，四半期報告，半期報告，年度報告に分けて何を報告させるかを決め，報告期限と報告内容の妥当性を毎回日本本社でチェックする必要があります。

多くの中堅・中小企業が進出する新興国の，子会社が作成する財務データは，日本と比べその精度に問題がないとは言えません。したがって，財務データ間の整合性はもとより，**図表１-３-２**にある財務諸表管理のチェック項目を参考に，非財務データも含めて，その妥当性を確認する必要があります。

66　第Ⅰ部　海外事業を成功させる方法

図表1-3-2　財務諸表管理のチェック項目

	財務諸表の異常値（例）	現地での異常事態発生の可能性
異常な増減項目	□売上が増加をしていないが，売掛金が増加している □固定資産の除却損・増加がみられる □多額の在庫廃棄損がある □特定の経費の異常に増加している □極端な売上減，利益率の低下がある □売上総利益率の極端な上昇がある	大口不良債権の発生，遅延債権の増加 固定資産の横領 在庫横流し，生産工程事故 取引先とのトラブルなど 脱税，簿外資産作り 利益操作など
財務諸表間の不整合	□収益減少だが現金は増加している。 □貸借不一致，剰余金不整合がある。	未承認の簿外債務 現金の横領など
非財務データとの整合性	□人員増なしに人件費が増加している □販売量が増えないのに売上高が増加している □生産量が増えないのに在庫が増加している	従業員とのトラブル，横領利益操作 購買ミス，バックリベートの不正横領など

2　現地経営者による経営管理チェックと本社による管理

　本社ではなく，現地の経営者自身に経営管理のチェックをしてもらい，その結果を本社で確認・管理する方法に，(1)Control Self Assessment（CSA）と(2)Key Risk Indicator（KRI）管理の2つの管理手法があります。

(1)　Control Self Assessment（CSA）

　現地経営者による経営管理チェックはCSA管理と呼ばれます。CSAはコントロール・セルフ・アセスメント（Control Self Assessment）の略で，自社の経営管理の有効性について，現地の経営者が自ら主観的に検証・評価する手法です。具体的には，毎月，CSAでチェックした内容・結果を証憑書類のコピーとともに日本本社に対し報告させることで，日本本社で現地経営のリスク管理状況を把握することができます。

　現地経営者が，自ら責任を持つ経営管理の現状をチェックすることになりますので，現地の経営者・経営幹部の経営責任や日常の行動に対するけん制の効

第3講　海外直接投資後のマネジメント　　67

果も期待できます。

　CSA のチェック内容には，**図表1-3-3**のような質問があります。この質問に対して「いいえ」という回答になった場合には，その問題点について現地から是正のための報告をしてもらう必要があります。なお，「いいえ」という答えがない場合には，現地の CSA チェックがいい加減になっている可能性も疑われます。その場合には，現地に赴き確認するなどを考える必要があります。

図表1-3-3　CSA のチェックリスト

項目	質問内容
現預金関連	☐　現金出納担当者はその他の業務（記帳，販売など）を兼任していませんか？ ☐　現金の手元残高と帳簿残高を毎日照合していますか？ ☐　現金金種表が作成され，作成者と承認者の署名・捺印がありますか？ ☐　預金の実際残高と帳簿残高は定期的に照合されていますか？ ☐　銀行勘定表が毎月末に作成されており，作成者と承認者の署名・捺印がありますか？ ☐　現預金取扱規則がありますか？
経費関連	☐　経費出費がある一定金額以上に達する場合には，上長の事前確認制度をとっていますか？ ☐　交際費の妥当性の確認を事前に行っていますか？ ☐　寄付金の妥当性の確認を事前に行っていますか？ ☐　出張旅費の事前承認・清算の確認は確実に行われていますか？ ☐　旅費規程はありますか？ ☐　決算書上の「その他経費」の内容を確認していますか？ ☐　総務規定がありますか？
棚卸資産関連	☐　原材料の購買スタッフは定期的に人事異動をしていますか？ ☐　原材料の購買については比較見積制度を導入していますか？ ☐　原材料の購買については事前承認制度（購入先，価格，条件）をとっていますか？ ☐　原材料の倉庫の入出庫の社内管理手続きはありますか？ ☐　実地棚卸の方法を明文化していますか？ ☐　実地棚卸の責任者は決まっていますか？ ☐　毎月実地棚卸を行っていますか？ ☐　長期滞留在庫はありませんか？
固定資産関連	☐　固定資産の購買については事前承認制度をとっていますか？ ☐　個人名義になっている固定資産はありませんか？ ☐　パソコンなどの小額の資産の管理を十分行っていますか？

売掛債権チェック	□	脱税目的の過小売上は発見されていませんか？
	□	得意先に対するリベートが会計上処理されていますか？
	□	主要取引先の回収条件の見直しを定期的に行っていますか？
	□	販売マニュアルがありますか？
	□	債権回収マニュアルがありますか？
仕入関連チェック	□	購買契約書の内容は毎回チェックしていますか？
	□	仕入先との契約書で長期購入契約はありませんか？
	□	仕入担当者は定期的に人事異動させていますか？
	□	比較購買を徹底・ルール化していますか？
労務チェック	□	労働契約書が労働契約法に合致していることを確認しましたか？
	□	就業規則が労働契約法に合致していることを確認しましたか？
	□	法定最低賃金を遵守していますか？
	□	社会保険を法定どおりに支給していますか？
	□	時間外手当などの労働条件の妥当性は確保できていますか？
情報管理チェック	□	適切に内部統制機能を確保できる情報システムの構築がなされていますか？
	□	IT 管理責任者は決まっていますか？
	□	IT 管理業務ルールは決まっていますか？
	□	重要な情報は何かの基準がありますか？
	□	ネットワーク・セキュリティは十分に整備運用されていますか？
	□	コンピュータ・セキュリティは十分に整備運用されていますか？
	□	サーバールームには鍵は掛かっていますか？
	□	IT 運用の継続性確保のためにバックアップをとっていますか？
	□	IT 処理のアウトソース先とは秘密保持契約書を交わしていますか？
	□	IT 処理のアウトソース先との秘密保持契約書の内容は妥当ですか？
文書管理チェック	□	重要性に応じて丸秘（Confidential）などのラベリング・表示ができていますか？
	□	丸秘文書などの最重要秘密のレベルに応じて，アクセスするためのルールは明文化されていますか？
	□	丸秘文書などの最重要秘密のレベルに応じて，保管ルールは明文化されていますか？
	□	社員が文書を持ち出す，郵送する，伝送するときの手続きは明文化されていますか？
	□	文書破棄のためのプロセスは明確ですか？
	□	シュレッダーはありますか？

第3講　海外直接投資後のマネジメント　　69

事務所・工場入退管理チェック	□ 事務所への入退管理は明文化されていますか？ □ サーバールームや研究室への入退管理は明文化されていますか？ □ 工場への入退管理は明文化されていますか？ □ コア技術生産ラインへの入退管理は明文化されていますか？ □ 記録機器（カメラ，メモリなど）はありますか？ □ 入退管理記録は改ざんされないようになっていますか？ □ 鍵の管理・入退室カードの管理は万全ですか？
外部専門家チェック	□ 法務・会計・税務問題を相談できる専門家を確保していますか？ □ 専門家の起用には費用の多寡のみならず，信頼性の確認も行っていますか？ □ 専門家が進出国の専門家としての国家資格を有している事を確認していますか？ □ 進出国の法務・会計・税務の最新情報を適時入手できる体制になっていますか？
組織チェック	□ 会社の実態が政府に許可された内容，登記された内容と一致しているか確認しましたか？ □ 営業範囲から逸脱した営業行為を行っていないことを確認しましたか？ □ 定款が保存されていますか？ □ 有形資産（不動産・設備その他）の権利関係に問題がないか確認しましたか？ □ 無形資産（商号・知的財産・ドメインその他）の権利関係に問題がないか確認しましたか？
運営チェック	□ 経営について，合弁のパートナーと定期的に話し合っていますか？ □ 現地法人の責任者は，労働者との間で定期的に話し合っていますか？ □ 現地法人の運営について，親会社への「ホウレンソウ」はきちんとなされていますか？ □ 現地法人の第三者との重要な契約その他重要な文書について，決済権限および手続きが定められていますか？

　なお，自社の状況に合わせて以下の英語，中国語の CSA チェックリストを使用し，日本語ができない現地経営者に利用させることも可能です。

70   第Ⅰ部　海外事業を成功させる方法

【CSA の英語バージョン】

(Cash and deposits)
- ☐ Whether the cashier also takes responsibilities such as bookkeeping and sales?
- ☐ Whether the cash balance was reconciled with the book record every day?
- ☐ Has the cash breakdown summary been signed and approved by the corresponding accountant and reviewer?
- ☐ Whether the cash at bank balance was reconciled with the book record periodically?
- ☐ Whether the bank reconciliation was completed every month end and then signed and approved by the corresponding accountant and reviewer?
- ☐ Are there any rules for handling cash and deposits?

(Expense related)
- ☐ Whether the pre-approval from a supervisor was needed for the expenses above certain amount?
- ☐ Whether the validity of entertainment expenditure should be confirmed in advance?
- ☐ Whether the validity of donation should be confirmed in advance?
- ☐ Whether business travel expense should be approved in advance and settled in time?
- ☐ Any business travel expense regulations adopted already?
- ☐ Any regular check on the contents of 'other expense items' on financial statements?
- ☐ Any general administrative regulations in use already?

(Inventory)
- ☐ Any rotation requirement for raw material purchase staff?
- ☐ Any bidding process for the raw material purchase?
- ☐ Whether the pre-approval procedures were in effect for the purchase of raw materials (including supplier, price and other terms)
- ☐ Any inventory internal management procedures for inbound and outbound raw materials from the ware house?
- ☐ Whether the stock take procedures has been clearly set up and adopted?
- ☐ Whether the responsible person of stock take has been assigned?
- ☐ Whether the stock take was performed every month?
- ☐ Any long aging/obsolete inventories?

（Fixed asset）
- ☐ Whether the fixed asset purchase pre-approval control procedures were adopted and in effect currently?
- ☐ Any fixed assets under personal custody or individual's name?
- ☐ Any effective control over small amount assets such as computers?

（Receivables）
- ☐ Any under-recorded revenue for tax evasion purpose?
- ☐ Whether the accounting treatment for sales rebate was accurate and complete?
- ☐ Any regular review of the terms of collections from main customers?
- ☐ Any sales manual adopted currently?
- ☐ Any receivables collection manual adopted currently?

（Purchase）
- ☐ Are the purchase orders/contracts reviewed on a case by case basis?
- ☐ Any long-term purchase agreement with the suppliers?
- ☐ Any rotation requirement for raw material purchase staff?
- ☐ Is the bidding competition clearly regulated and fully implemented?

（Human resource）
- ☐ Did the labor contract fully comply with the labor laws and regulations?
- ☐ Did the worker manual comply with the labor laws and regulations?
- ☐ Did the current salary level meet the minimum monthly salary required by the government?
- ☐ Did the social benefits contributed comply with the related labor laws and regulations?
- ☐ Whether the overtime payment and conditions have been reviewed to ensure its reasonableness?

（IT management check）
- ☐ Has the IT system properly developed that can ensure internal control?
- ☐ Whether the IT management responsible staff has been properly assigned?
- ☐ Any IT management manual currently adopted and in use?
- ☐ Any criterion to determine which information was important or not?
- ☐ Whether the network security was well designed and fully implemented?
- ☐ Whether the computer security was well designed and fully implemented?
- ☐ Whether the server room has been locked and set as restricted access?

72　第Ⅰ部　海外事業を成功させる方法

☐ Any regular data backup to ensure the continuous work when IT system crashes?
☐ Any confidentiality agreement in effect with IT service outsourcers?
☐ Whether the confidentiality agreement with IT service outsourcers were reasonable and complied with law and regulations?

(Document management)
☐ Whether the mark/label of "Confidential" was tabbed onto the corresponding document according to its importance?
☐ Whether the approval procedure for access to confidential documents was in effect?
☐ Any safekeeping manual of confidential documents was currently in effect?
☐ Any internal regulations for the access, mailing and transferring of the documents?
☐ Any clear procedures for document disposal?
☐ Any shredder in use?

(Office/workshop access management)
☐ Any office access regulations in effect?
☐ Any special access regulations for server room or research room etc?
☐ Any workshop access regulations in effect?
☐ Any special access regulations for core technical production line?
☐ Any CCTV installed?
☐ How to avoid the falsification of the access record?
☐ Is the internal management for keys or security cards already effective and completed?

(External experts)
☐ Did you employ suitable legal, accounting and tax experts for consultation?
☐ Did you also consider the experts' reliability besides the remuneration when seeking advice from them?
☐ Have you checked the qualification of the external experts required in the corresponding country of the investee?
☐ Have you set up the mechanism of obtaining the most update information in the investee country' s legal, accounting and tax areas?

(Structure check)
☐ Did the entity fully comply with the framework approved by and registered at the government?

第3講　海外直接投資後のマネジメント　73

- [ ] Any business operation out of the scope of the normal approved business?
- [ ] Has the Articles of Association been kept properly?
- [ ] Any ownership issues relating to the fixed assets（properties, equipment or others）？
- [ ] Have you confirmed that the intangible assets（brand, intellectual properties and domains etc）do not have ownership issues?

（Operation）
- [ ] Do you meet with the JV partner periodically to discuss the operation of the business?
- [ ] Would the management of the local entity meet with the staff periodically?
- [ ] Has the mechanism of「**HO-REN-SO**」（reporting, communication and discussion）already been set up between the local entity and the parent company?
- [ ] Has the determination and approval procedures relating to signing important contracts or documents between the local entity and third parties already been designed and implemented?

【CSA の中国語バージョン】

（现金管理）
- [ ] 出纳是否兼任其他会计业务（如记账，销售记录等）？
- [ ] 现金是否每日核对实物和账簿余额？
- [ ] 现金明细表上是否有制表人和审核人的签字或者盖章确认？
- [ ] 银行存款余额是否定期与账面余额核对？
- [ ] 银行账户余额表是否每月末由专人制作，并由制表人和审核人签字确认？
- [ ] 是否已制定并执行有关现金管理规定？

（费用管理）
- [ ] 一定金额以上的经费支出是否有上司的事前确认制度？
- [ ] 是否会事先确认招待费的合理性？
- [ ] 是否会事先确认捐款的合理性？
- [ ] 出差费用的事前审批及清算是否严格执行？
- [ ] 是否有出差标准规定？
- [ ] 是否会在核算时确认其他费用的性质？
- [ ] 是否已制定并执行相关的总务规定？

74   第Ⅰ部　海外事業を成功させる方法

（存货管理）
☐　原材料采购担当是否定期轮换
☐　原材料采购是否采用竞价机制择优选择？
☐　原材料是否执行事前审批制度（供应商，价格，条件等）？
☐　是否有原材料出入库的内部管理制度
☐　存货盘点的方法是否已有明文规定？
☐　存货盘点的相关责任人是否已明确？
☐　每月都进行存货盘点吗？
☐　是否存在长期滞销存货？

（固定资产管理）
☐　固定资产采购是否采用事前审批制度？
☐　是否存在成为了个人名下的固定资产？
☐　针对电脑等小额固定资产的管理是否充分到位？

（应收账款核对）
☐　是否发现过逃税目的的销售少计？
☐　会计方面是否正确处理针对客户的销售返利？
☐　是否定期修正对主要客户的销售回款条件？
☐　是否有销售手册？
☐　是否有应收账款回款管理手册？

（采购核对）
☐　是否严格核对每份采购合约或者订单？
☐　是否有与某些供应商的长期购销合同？
☐　采购负责人是否定期轮换？
☐　竞价采购是否严格彻底地执行？

（人事相关）
☐　劳动合同是否符合相关劳动法的规定？
☐　操作规范是否符合相关劳动法的规定？
☐　是否遵守最低工资水平的规定？
☐　是否依法缴纳社会保险？
☐　加班的相关规定是否合理，以确保符合法律规定？

（信息系统管理）
☐　是否已经建立起能够保证内部控制运行的信息系统？
☐　是否已经明确 IT 管理责任人？
☐　IT 管理规定是否已经明确？

第 3 講　海外直接投資後のマネジメント　　75

- □　是否已经建立起如何判定属于重要信息的标准？
- □　网络安全机制是否已经建立健全并投入运营？
- □　电脑安全机制是否已经建立健全并投入运营？
- □　服务器所在房间是否已经上锁？
- □　为保障 IT 系统运行的安全持续性，是否进行备份工作？
- □　是否与 IT 服务外包商签订保密协议？
- □　与 IT 服务外包商签订的保密协议是否合理，符合相关法律规定？

（资料档案管理）
- □　是否根据资料重要性明确标注"机密"等以示区分？
- □　查阅机密文件相关的手续是否已经明文规定？
- □　机密文件的保管制度是否已经明文规定？
- □　员工对机密文件的取用，邮寄，传递等相关的手续是否已经明文规定？
- □　处理和销毁文件的流程是否明确？
- □　是否配备碎纸机？

（办公室，工厂出入管理）
- □　办公室的进出管理是否已经有明文规定？
- □　服务器室以及研究室等特殊场所的进出管理是否有相关明文规定？
- □　是否已经建立进出工厂的相关规定？
- □　是否已经建立起核心技术生产线区域的专门进出规定？
- □　是否安装监控仪器？
- □　是否已经建立起防止任意篡改进出记录的机制？
- □　针对钥匙管理，出入门卡等相关管理是否已经完善健全？

（外部专家）
- □　是否确保有可以咨询的法律，会计和税务等方面的外部专家？
- □　对于起用外部专家，除考虑其费用以外，是否亦评估其可信赖性？
- □　是否确认过被投资国的专家有无当地的国家许可资格？
- □　是否有一定的体制能保证及时掌握被投资国家的法律，会计及税务等相关最新资料及动态？

（组织结构）
- □　企业实际经营状况是否与政府许可的内容及登记内容一致？
- □　是否存在许可营业范围以外的经营行为？
- □　章程是否被好好保存？
- □　是否确定过固定资产（不动产，设备及其他）的权属关系不存在纠纷问题？
- □　是否确认过无形资产（包括品牌，知识产权和网址域名等）不存在所有权问题？

76　第Ⅰ部　海外事業を成功させる方法

（运营管理）
- ☐ 是否与合资方进行定期商谈以探讨最近的经营状况？
- ☐ 现地法人负责人是否与工人进行「HO-REN-SO」，也就是说，定期对话和讨论？
- ☐ 是否已经建立起现地法人与母公司定期进行报告，联络和商谈的机制？
- ☐ 针对现地法人与第三方之间签订重要合约及其他重要文件，是否已经确立了相应的决策权限和审批机制？

(2) Key Risk Indicator（KRI）管理

　KRI は，財務データから特に重要なデータを個別管理し，本社で経営リスクの予兆をつかむ手法です。KRI は Key Risk Indicator の略で，主要な経営リスク指標を指し，将来の発生リスクを減らすための早期のリスク警戒メカニズムとして使用されます。財務諸表とともに，毎月，海外子会社の経営リスク管理指標として，現地から報告を義務付け，海外子会社の経営状況の推移とともに経営リスクを監視する手法です（**図表1-3-4**）。

図表1-3-4　KRI 管理項目例

業務プロセス	Key Risk Indicator（KRI）（例）	主要なリスク
人事・労務	残業時間の推移	人件費上昇リスク
	離職率の推移 欠勤率 サボタージュ率 無固定労働契約の推移	売上の減少リスク，労務リスク 労務リスク 労務リスク 将来の人員バランスリスク
製造	製品不良率の推移 製品在庫率の推移	製品の競争力低下リスク 在庫の盗難リスク 売上の減少リスク 資金需要の増加リスク
販売	返品率の推移 顧客クレーム件数の推移	製品の競争力低下リスク シェアの減少リスク

3　日本本社による「現地往査」とは

　財務諸表管理，CSA 管理，KRI 管理は主に日本本社で行います。ただし，日本で行う管理には距離的な問題もあり限界があります。やはり，現場に赴き現

地経営者で従業員と顔を合わせながらさまざまな経営リスクをチェックすることが必要です。

現地に監査チームを送り，現地で監査を行う事を「現地往査」といいます。中堅・中小企業では，この現地往査チームの結成が人財・人員的に難しい場合が多いのですが，社長自らが現場に赴く回数を増やしたり，自社のメンバーに加え第三者の専門家も加えて現地往査を行い，現地の経営者および経営幹部に対して日本本社の子会社経営管理に対する強い監視姿勢を示すことが海外子会社の管理では重要です。このことが，現地経営者が不正を働くなどの機会をけん制することにも結び付きます。

4 内部統制の具体的な方法（内部けん制）

内部監査と合わせて，現地経営者による不正などを行うリスクの発生を防ぐための経営上の仕組みを，「内部けん制」と呼びます。内部けん制には，現地経営者が日本本社の意向に沿うように行動させるための仕組みとして，「誘導」と，自由勝手な行動をさせないための仕組みの「けん制」の2つがあります。

1 誘導

現地経営者の誘導とは，現地経営者が日本本社の経営方針に従うという「アメとムチ」の「アメ」を指し，具体的な方法としては，給与などの報奨制度が中心となります。

転職が当たり前の海外では，充分な報酬がないと優秀な経営者からやめていきます。したがって，会社側には，給与や福利厚生などの報奨制度が他社と比較して優位性があるかどうかのが常に求められ，他社と比較して優位性が充分であれば，この「誘導」が効果を発揮し，日本本社の経営方針に沿った経営管理義務を現地経営者に求めることができます。

2 けん制

(1) 人事権行使によるけん制

現地経営者が，日本本社の経営方針に従わない，または，与えられた現地経

営者の権限規定を故意に逸脱した場合には，罰則として人事権行使による降格や，最悪の場合，馘首という形で，現地経営者をけん制可能な人事制度規定を整備する必要があります。「アメとムチ」の「ムチ」にあたる部分です。

けん制の実効性を担保するためには，どこまでが現地経営の責任範囲なのかについて，日本本社と現地経営者との間で取り決めをし，どのような場合，現地経営者の罰則となるかなどを，雇用契約時に事前に合意し，さまざまな規定を整備し，事前にその規定に沿った行動をすることの合意を現地経営者としておく必要があります。

(2) 職務分離によるけん制

海外での人件費を抑える目的で，1人の社員に職務を複数兼務させることがあります。しかしこれは不正発生の誘惑として「アメ」を与えることにつながる場合があります。

たとえば，以下①～③のような職務を1人の担当者に兼務させる場合を見てみましょう。

① 購買の見積者，発注者と支払者が同じ担当者。
② 人事担当者が起票と給与振り込みを行っている。
③ 販売担当者が入金起票と集金を同時に行っている。

購買の見積りと発注する権限を持つ社員が支払い可能な立場になると，自分に都合の良いサプライヤーに発注し，キックバックを貰うことなどが可能となってしまいます。また，人事担当者に，給料の起票と支払いが可能な権限を同時に持たせてしまうと，架空の社員への給与の支払いを装い，自分の口座に振り込むことも可能となります。

兼務は，コストとの見合いでもありなりますが，不正防止のけん制効果の面からは，可能であれば，兼務を避けることが求められます。

図表1-3-5　重要な組織設計と人事権：内部牽制組織と人事行使

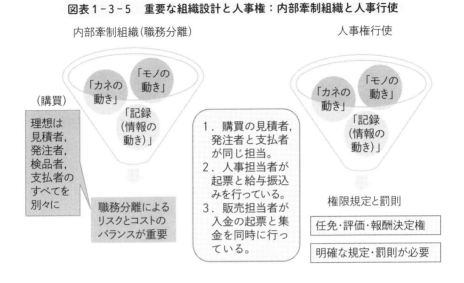

5　規程類の整備によるけん制

1　代表的な規程類

種々の規程類を事前に作成し，現地経営者のみならず現地従業員に対して雇用時に事前説明することで「やって良いこと，やってはいけないこと」を周知する方法です。事前に説明することで，けん制の手段となります。代表的な規程の内容と注意点は以下となります。

(1)　法令順守（コンプライアンス）規程

会社の経営は会社が所在する国や地域の法令により一定の規制の下，行われなければなりません。日本では会社法，商法，契約法，独占禁止法，不正競争防止法などが会社経営に関わる代表的な法令ですが，法令違反の事実がマスメディアや風評を通じて広がった場合，社会的な評判・信用を著しく低下させます。また，一度下がった評判や信用は取り戻すためには非常に長い時間が必要となり，会社経営に大きなダメージを与えることになります。

(2) 組織規程，職務権限規程

組織規程は会社の経営および業務遂行の組織機構ならびに業務分掌と職務権限に関する基本事項を明確に定め，業務の効率的かつ組織的，有機的な運営・遂行を図ることを目的としています。組織機構を明確にする必要があります。職務権限規程は，各職位の職務権限遂行上の基本事項を定め，業務の組織的・有機的な運営と責任権限の明確化を図ることを目的としています。職務権限表の添付により，各職務の権限を定め，責任の所在を明確にする必要があります。

(3) 就業規則

正常な就業秩序を維持するための基本的事項を定めています。

内容としては，採用，職務と待遇，服務規則，就業時間と休日，休暇，業務外傷病の医療期間および傷病手当，定年，出張および派遣（出張旅費規程），人事異動，安全および防火，教育，災害補償，懲罰，退職・解雇，保険制度，福利制度などについて規定しております。各従業員に労働組合や従業員代表大会などを通じ合意・周知徹底する必要があります。

(4) 給与・賃金

就業規則に定める従業員（正社員のみ）に適用する賃金に関する事項を定めています。賃金体系，計算期間，支給方法，賞与，控除などについて規定しています。

従業員のモラルの徹底のために，特に控除の点（無断欠勤や私用外出などに対する罰則）が重要になっております。また，就業規則同様，各従業員に労働組合や従業員代表大会などを通じ合意・周知徹底する必要があります。

(5) 印章管理規程

会社が発行受理するさまざまな文書・書類・証拠などに捺印する印鑑類を，印章といいます。印章は中国やベトナムで使用するケースが多くあります。

日本においても，印章の保管管理が不十分だと，印章が流用または偽造されて，架空取引や社費流用などに不正利用されやすくなります。たとえば，印章を施錠していないところに保管した場合，普段は責任者が管理していたとして

も，従業員が休日出勤して責任者が居ないところを見計らって不正に利用するということもあります。印章の保管・捺印責任者は特に厳正に，管理規定に従って印章を取り扱い，不正利用されないようにしなくてはなりません。

　また，印章の不正使用を防止するため，印章管理簿により印章の使用手続きを管理するよう定める必要があります。特に印章保管押印責任者に，本規程について周知徹底し，従業員各自に署名させた上で規程を適用・運営することが非常に重要となります。

(6)　財務管理規程

　財務管理規程は，会社におけるすべての会計諸取引を正確かつ迅速に処理し，会社の財政状態および経営成績に関し，真実かつ明瞭な報告を提供するとともに，財務，会計を経営の合理化のために役立たせ，さらに外部監査および内部監査の基準とすることを目的としています。内容としては，勘定科目，会計伝票，帳票，金銭会計，資金会計，棚卸資産会計，固定資産会計，業務会計，原価会計，決算会計，予算会計，税務会計，内部監査について規定します。特に現預金の取扱いを決める金銭会計は非常に重要なので，以下(7)の「現預金管理規程」にて別途定める必要があります。

(7)　現預金管理規程

　現金とは，外国通貨を含む通貨をはじめ小切手・手形・為替証書などを指し，預金とは，現金の保管・運用の形態のことを意味します。「すべての会社経営は，現金に始まり現金に終わる」といわれる程，現金は重要ですが，足がつきにくく，不正が発生しやすいのも現金です。たとえば「領収証の不正発行による現金着服」「小切手の不正発行」「手許現金や預金の着服」「支払領収書の改ざん」などあらゆるリスクが潜在します。

　こうした不正を事前に回避するために，規定を厳守することは勿論ですが，すべての出納業務を1人の担当者が処理するのではなく，必ず複数の担当者が出納業務を分担して処理することが肝要です。さらに，現預金の管理方法以外に金銭不祥事防止および金銭不祥事対策をとるために，金銭取扱紀律も定める必要があります。

(8) 経費精算規程

　経費精算規程は会社の経費精算に関する会計処理基準を定め，経費精算業務を正確かつ迅速に処理し，会社の能率的運営と経営活動の向上を図ることを目的としています。経費の不正利用を未然に防ぐことを目的に，「物品購入申請書および精算書」「出張辞令，出張旅費の仮払願書および精算書」「業務用交通費精算書」「交際費の仮払願書および精算書」を書式に定め，経費精算業務の承認プロセスに沿った経費精算を定める必要があります。

(9) 販売管理規程

　本規程は，販売促進，受注，出荷依頼，請求および債権管理などの営業上の諸活動において，販売計画を達成するために営業部門が遵守すべき規準および事務処理手続きを明らかにし，経営効率の向上に資することを目的としています。

　内容としては，営業会議，販売促進，予算，受注，納品，代金決済，取消，返品，売掛金管理，アフターサービスについて取り決めています。その中で，中国で最も重要な「与信管理」および「営業社員の規律」については別途定める必要があります。

(10) 与信管理規程

　与信管理規程は，営業活動に伴う与信管理の原則を定め，不良債権の発生を防止することを目的としています。海外で日系企業が直面する第一の問題点が，不良債権です。したがって，不良債権を作らないために，与信管理規程を明確に定める必要があります。

(11) 営業社員服務規律規程

　一般的に，不正を起こしやすい営業社員に規律を守らせるための規程を定める必要があります。営業社員としての禁止事項などを取り決め，営業社員への周知徹底し，各自に署名させた上で規程を適用・運営することが非常に重要となります。

(12) 在庫管理規程

　本規程は，当社棚卸資産管理上，適切かつ正確に業務を遂行することにより，棚卸資産の健全な運営を図り，経営効率の向上に資することを目的としています。海外では，在庫の横流し等の懸念もありますので，在庫管理規程のみならず，倉庫や出入口に監視カメラ設置等を検討することも1つの方法です。

2　規程体系

　日常的に業務フローを統制・けん制するためには，1で述べたような代表的な規程類の整備は不可欠です。**図表1−3−6**が，会社の設立時から必要な規程，設立後の整備すべき規程類の体系例になります。会社の規模なども考慮して取捨選択をする必要があります。

図表1−3−6　規程体系

経営基本管理規程	社是	
	経営理念	
	役員会運営規程	○
	コンプライアンス規程	△
	組織規程	○
	職務権限規程	○
	稟議規程	
人事・労務管理規程	募集採用規程	
	就業規則	○
	労働契約書	○
	給与・賃金規程	○
	旅費規程	○
総務管理規程	会議運営規程	
	各委員会運営規程	
	文書管理規程	△
	規約等管理規程	
	契約書策定規程	△

84　第Ⅰ部　海外事業を成功させる方法

総務管理規程	印章管理規程	○
	備品管理規程	
	社員慶弔規程	○
	労働安全衛生管理規程	
	防災管理規程	
	労働災害補償規程	
財務・経理管理規程	予算管理規程	
	経理規程	○
	固定資産管理規程	△
	売上高計上規程	
	帳票管理規程	○
	財務管理規程	○
	現預金管理規程	○
	小切手管理規程	○
	経費精算規程	○
	金銭不祥事防止規程	○
	金銭不祥事対策に関する細則	○
	販売管理規程	○
営業購買管理規程	与信管理規程	○
	販売契約書策定規程	△
	営業社員服務規律規程	○
	購買業務手続き規程	○
ロジ管理規程	在庫管理規程	○
	車両運行管理規程	
RM危機管理規程	リスクマネジメント方針	○
	リスクマネジメント規程	△
	機密情報管理規程	△
環境管理規程	環境保護方針	
	環境保護規程	

※　○は会社設立当初から最低限必要な規程
　　△は徐々に整備すべき規程

第3講　海外直接投資後のマネジメント　85

第2章　海外子会社の具体的なマネジメント方法

① 海外子会社でマネジメント不在だと何が起こるか

　第1章で，海外子会社のマネジメントの枠組みについて見てきました。次に具体的なマネジメントの方法を解説していきます。

　まずは，「マネジメント不在で現地経営者に任せっぱなしの場合，どのようなことが起きがちなのか」について，筆者が携わった内部監査事例などから見ていきます。

1　中国A社の事例

●A社概要
- 業種：メーカー
- 資本：独資100％（日本）
- 取引先：日本向けが殆ど

●事件概要
　A社に7〜8年勤務した経理担当者Bが，紛失していないにもかかわらず外貨定期預金証書の紛失届を取引先の銀行に提出。新しい定期預金証書を発行するために必要な紛失届用の書類を求められたが，董事会の議事録を偽造（印鑑偽造，董事長のサインをコピーして再使用）して作成。口座を新しく開設するための，董事長のパスポートをコピーして同一名の会社を設立し，新しい証書を担保に借り入れた資金をその口座に入金。偽造印鑑でその口座から現金を引き出し，マンション，工場使用権，株式購入などの購入資金に流用。

●不正発見のきっかけ
　地元の公認会計士がすでに監査を実施。しかし，監査内容を不審に思った日本人董事長から弊社に内部監査を依頼。内部監査中に銀行に抜き打ちで残高の確認をしたところ，銀行側との会話の中で，預金証書の紛失届の事件が発覚し，定期預金の被害が見つかったという事件。内部監査を通じて約2億円の被害の発見に結びついたケース。

86　第Ⅰ部　海外事業を成功させる方法

2　ベトナムB社の事例

●B社概要
• 業種：美容室の運営・展開
• 資本：合弁97％（日本）3％（ベトナム）

●事件概要
　親会社は美容室の店舗を運営・展開する株式会社で，4年前，持分97％の合弁企業を設立。日常の運営・管理は現地の責任者として日本で採用した元ベトナム人留学生に任せ，会社の日常の経営状況に関しては，毎日店舗の収支表をメールで日本に報告。一向に店舗の赤字の状態が改善されないために，弊社で内部監査を実施したところ，二重帳簿が発見された。いわゆる「スキミング」事例。

●不正発見の切掛け
　該社は，地元の会計事務所の監査をすでに行っていたが，一向に店舗の赤字の状態が改善されないために，弊社に内部監査を依頼。弊社で内部監査を実施したところ，二重帳簿を発見。内部監査を通じて約2千万円の被害の発見に結びついた。

　A社やB社の監査事例で述べたような不正が発生すると，「外国人は人をだます，人間の素質が悪い」などと発言をする日本人経営者がいます。しかし，問題を発生させる原因の大半は，日本の本社・現地経営者の経営管理のなさに起因しています。

　図表1-3-7は，ガバナンスのキーワードである現地経営者の選任，本社からの権限移譲，現地経営者のチェック・けん制の点からA社やB社を比較したものです。A社，B社ともに残念ながら，コーポレートガバナンスができている状況になく，不正が発生して当然という状況でした。しっかりとしたマネジメントの必要性がわかる事例と言えます。

第3講　海外直接投資後のマネジメント　　87

図表1-3-7　A社およびB社のコーポレートガバナンス状況

	現地経営者	経営者への権限移譲	チェック・けん制
A社	経営管理の経験の少ない技術系を中心とした日本人（本社派遣）	本社主導で，現地日本人経営者に権限移譲なし	形式監査のみで，実質監査なし
B社	日本に留学したベトナム人経営者（知人）	現地経営者にすべて一任 丸投げ状態	メールでの本社への報告義務のみ 形式監査のみで，実質監査なし

3　ベトナムC社の事例

ベトナムに進出した中堅自動車部品製造のC社の事例をご紹介します。

●C社概要
• 業種：中堅自動車部品製造業

●事件概要
　ベトナムの取引先に勤めていたベトナム人通訳を自社のベトナム子会社の総務部長として採用。ベトナムの新会社設立からすべてを委任。日本側から派遣された日本人社長は現場の製造関係しか経験なく，管理関係はすべてこの総務部長に3年間任せっぱなしの状況。内部監査の結果，さまざまな不正を行っていることが判明。主に，旅行会社，廃棄物処理会社，タクシー会社，社宅管理，消費財の購買等をすべて自分の権限で実施し，高額のキックバック等を取っていた。C社は，新しい日本人社長を送り込み改善を図るも，このベトナム人総務部長は印鑑を渡さず，新社長の旅費精算も承認せず，旅費精算もできない状況。この総務部長は，就職時（会社設立時）に，ベトナム人の自分の元部下を全員引き連れてきており，半ば乗っ取られている様相。本社に帰国した前社長は自己保身からか，このベトナム人総務部長をかばっている状況で，本社の理解も希薄な状態。

　内部監査を当初から行っていなかったために，内部監査を行ってもほぼ手遅れになっていたケースです。残念ながら，ほぼ乗っとられた事例といえます。

88　第Ⅰ部　海外事業を成功させる方法

② 海外子会社で多い不正を防ぐには

　３つの事例をみましたが，経営者が不正に対して適切に対応しない場合，そのことにより不公平を感じる従業員が会社に対する不満をぶつける形でストライキを起こすケースが，他国で実際にありました。現地社長は，不正に対して毅然かつ現地スタッフの面子も重視した方法で慎重に臨む必要があります。次に不正に備えての対処方法を紹介したいと思います。

1 不正発生の原因について

　一般的に，不正は，「不正を働く動機」「不正を働く機会」「不正の正当化」の３つの要因がある場合に発生の確率が高くなると言われています。この３つの要因は「不正のトライアングル」と呼ばれます（**図表1-3-8**）。これは，1950年代に米国のドナルド・R・クレッシー教授による「善人による背信行為の因果関係の調査」（米国イリノイ州等の刑務所に横領服役中の初犯の経済犯を中心に503名を調査）で，「横領は何故起こるのか？」に関する調査から唱えられました。

　その結果，雇用主の資産を託されたものが，以下の状況に置かれた場合に不正が起こると結論付けています。

---

① 他人と共有できない金銭的な問題を抱え（プレッシャー・動機）
② 信頼された立場を利用すれば見つからずに問題を解決できることを認識し（機会）
③ 利用しても問題ないと理由付けられる（正当化）

　たとえばこの３つの要因を中国にあてはめた場合は，以下のようにまとめることができます。

(1) 動機
① 第三者が介在する場合

　ライバル社に顧客名簿を提出，役所から賄賂を求められる，仕入先・代理店からの誘惑などが非常に多く，第三者が不正の動機になります。

② 個人単独の場合

見栄を張りたい，派手な生活がしたい，同級生に負けたくないなどが不正の動機になります。

(2) 機会

不正が発見された時，不正を行った現地スタッフが「どこの規定にも書いてないじゃないか」と発言することがあります。日本人管理者は管理が甘い，脅せば引っ込む，日本人管理者はめくら印を押して承認する傾向がある，したがって騙すのが簡単，日本人管理者は不正調査をしない，など日本人管理者の管理姿勢の甘さが不正の動機になることがあります。

(3) 正当化

不正が発見された時，不正を行った現地スタッフが「日本人が社長の会社は現地従業員の私を不当に扱った。悪いのは私ではなく，日本人の社長のほうだ」などの正当化を図る場合があります。

図表1-3-8　不正のトライアングル

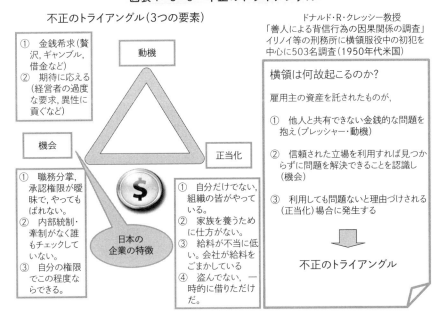

90　第Ⅰ部　海外事業を成功させる方法

2　不正防止の考え方

「不正」の主体は「不正を犯す側」と「不正を起こす環境を放置する側」に分けることができます。不正を防ぐ場合にまず重要なのは，経営者が「不正を起こさせない経営環境（通常，統制環境という）を整備する側」になることです。また，新興国のような誘惑の多い国では，不正を起こさせない統制環境の整備とともに，以下のような不正の兆候をいち早く捕らえ，その発生要因を排除することが日本本社および現地経営者の重要な仕事になります。

不正が起こってからでは遅く，その被害も多くなるということを理解して，自己防衛の意識を持つことが重要です。

3　不正の兆候

不正の兆候をどのように捕まえるのでしょうか？　中国を事例に「不正の兆候」にどんなものがあるかをまとめたのが**図表1-3-9**です。このような兆候事例を学習し，事前につかもうとする日本本社・現地経営者の意識の高さをもち，それを社内に浸透させることが，結果的に不正の早期発見に結びつきます。

図表1-3-9　中国における不正の兆候

不正の分類	不正の兆候
従業員の不正	収入に見合わない生活スタイル。賭博，マージャンなど賭事の話題が増える。原文を含む書類が紛失する。修正液での書類の書き換え（日付訂正など）が増える。急激に休日出勤が増加する，など。見栄を張りがちな中国では，従業員の生活スタイルの激変（特に独身の男性）などから不正の兆候を比較的掴みやすいのが特徴です。そのような兆候を見つけた場合には，同僚にその社員の情報を確認するなどの対応が必要になります。
違法行為	中国は誘惑の多い国です。したがって，違法行為が多いと言われています。違法行為には裏取引が多いため，兆候が見つけにくいという特徴があります。ただし，支払いが行われたのに現金・預金勘定に記載がないなどといったことから発見される単純なケースもありますので，日常的な現預金残高管理が重要となります。また，冗談のような話ですが，違

	法キックバックの相手側の社員から，間違って配置転換後間もない自社の別の担当者に入金確認がなされ，発見されるといったようなこともあります。このことからも，他の中国人スタッフの協力や定期的な人事異動などの対応が，違法行為の兆候発見には欠かせない要素と言えます。
権限逸脱行為	急激な休日出勤の増加。電話・情報サービスの請求額の突然の増加。権限外のコンピュータプログラムやデータベースへのアクセスの増加などが兆候として現れます。また，急に金回りが良くなった従業員がいるなどの情報も兆候の1つと言えます。普段から，中国人従業員との何気ない会話を通じて兆候を掴む努力が必要になります。
経営者の不正	中国では，高級管理職の定年1年前が最も危ないといわれています。直接ビジネスに関係ないのに一時的に資金を流用したり，経営に関する決断を他の役員に相談しない，解雇をちらつかせるなど脅迫による人事管理を行おうとするなどがその兆候としてあります。また，総経理が日本人であるから安心だというような甘い考えは通じません。権力を持つ者のところに，不正の温床が起こりうることを認識する必要があります。

　また，不正の兆候とともに不正の発生に対処するためには不正の発生要因をとりのぞく必要があります。不正発生要因には**図表1-3-10**のような要因があります。

図表1-3-10　中国における不正発生の要因

不正の分類	発生要因
従業員の不正	中国の場合には，雇用条件などの情報交換が安易になされる傾向があります。そのために，公平な制度が会社にない場合，職場に対する不満が増しモラルが低くなり，不正のきっかけになる場合があります。また，日系企業は職務の権限規定などが曖昧なことが多く，内部けん制機能がなく，このことも不正の発生要因に繋がることがあります。権限規定等を明確にしておく必要があります。
違法行為	日本人経営者が「少しくらい不正な方法でも，それが中国ビジネスのやり方」だと容認している場合，従業員の違法行為を増長させる要因になります。他社はそうでも自分の会社の流儀はこうだということを明確にする必要があります。また，会社として倫理基準を明示しないことが違法行為の発生要因となる場合があります。倫理規定などを明確にする必要があります。さらに倫理基準という意味では，日本人駐在員同士の社

	内接待などを中国人スタッフは注意深く見ていますので，注意が必要です。
権限逸脱 行為	企業のセキュリティ方針や手続きが不十分で，従業員教育も不満足な場合，データベースへの不正アクセスによる他社へのデータベース転売などの権限逸脱行為が発生します。中国に進出している日系企業ではこの点への関心，予算措置，人的措置が不十分であり，中国での商業的な不正行為へのリスク認識が不足しています。研究開発部門の中国への移転などを行っている企業では，技術データの売買などが起こる可能性があります。
経営者 の不正	内部統制システムや内部けん制のシステムが欠如したままに，現地経営者の総経理にすべて現地の経営・経理を任せっぱなしになっている場合，この経営者不正の発生要因をかなりの確率で抱えていると言わざるを得ません。中国では，諺として「権力を持つ者は金を持つ」と言われるほどであり，権力・権限を持った者に対しては非常に不正の誘惑が多い国柄です。肝に銘ずる必要があります。

③ 実際の内部監査の方法（中国事例）

不正の発見に予兆の段階から発生要因を取り除くことが必要であることは理解できたと思います。次に，多くの日本企業が進出している中国を事例に，日常業務での監視活動ではなく，不正発見にも結び付く内部監査の方法について詳しく見ていきます。

1　内部監査の目的

内部監査の目的は不正等のビジネスリスクの発見にあります。しかし，その最終的な目的は，「有効な監査を通じ，事実を直視し，安心感を関係者が共有することで企業の健全な成長を目指していくこと」にあります。

2　内部監査のステップと事前準備

内部監査は以下の3つのステップで行われます。

第３講　海外直接投資後のマネジメント　93

図表1-3-11　内部監査のステップ

ステップ	実施内容	目的
第1ステップ	①監査方針及び範囲の決定 ②監査責任者決定 ③監査チームの結成	監査チームの 監査目的の一致
第2ステップ	①既存資料調査 ②チェックリストによるリスクの大よその特定 ③重点リスクの特定（リスクアプローチ）	調査対象リスク の目安 （日本での事前準備）
第3ステップ	①重点リスクの調整 ②現地監査 • 会計監査手法 • アンケート手法 • ヒアリング手法	経営リスクの 特定化 （現地監査）

(1)　内部監査の第1ステップ

①　監査方針および範囲の決定

　中国のビジネスリスク範囲の広さに対応するためには，会計面のみを調べれば済むということにはなりません。中国においては会計のみならず広い範囲でビジネスリスクをカバーする内部監査が必要となります。代表的な監査項目としては，図表1-3-12のようなものが必要になります。この監査内容から今回の内部監査で何を監査すべきかの監査方針と範囲を決定します。

②　監査責任者の決定

　内部監査チームを率いるリーダーシップは無論ですが，中国の固有リスクを理解していることも重要です。そのためには次のａ．ｂ．の知識と能力が求められます。

 ⓐ 日中比較文化論・心理学・日中経営管理論・組織論・広範な知識を有し，言葉の壁がなく，商習慣を理解していること。

 ⓑ 会計のみならず広範な監査範囲をカバーできる能力

94　第Ⅰ部　海外事業を成功させる方法

　中国で内部監査を行う場合，監査範囲としては会計だけでは済みません。監査範囲は，会計・法務・労務・債権・知財など多岐にわたるため，中国における各分野の知識が必要となります。また，中国経営リスクには会計のみならずコンプライアンス上の問題から，刑事罰に近い性質の問題も含むケースもありますので，**図表1-3-12**の監査範囲の知識は勿論，中国の法律などを含む広い知識と監査能力をもつことが監査責任者にはもとめられます。

③　監査チームの結成

　内部監査専門分野に則した分業による監査チームで行われます。その監査チームに求められる独立性の確保と能力を見てみましょう。

ⓐ　独立性の確保

　日本の本社から派遣された監査チームが自社の中国事業部門から圧力を受けて，独立性を保てない場合があります。本社監査チームの独立性確保が重要となります。

ⓑ　外部専門家の同行

　中国の場合，企業不正で現地子会社で会計を担当する会計士を巻き込んだ不正のケースがあります。したがって，監査を行う場合には，監査範囲に応じて，本社からの監査チームに，顧問会計士事務所と異なり独立性が確保された会計士や経営全般の法務リスクや刑事罰対応も考慮し独立した弁護士を同行することが求められることがあります。

ⓒ　監査スキル

　中国における監査の場合，日本で公認会計士が行うような細部にわたる会計監査を実施することは現実的ではありません。中国監査で重要なことは，細部にわたる詳細な調査ではなく，重大な過ちを発見し至急，是正することにあります。したがって，監査の精度も日本の基準での60〜80％程度を目指し，不正の起こらない内部統制システムの構築に役立

つ程度の監査スキルがあれば当面は十分と言えます。残念ながら，中国の会計自体が正確性を疑う状況ですので，細かい監査は反対に時間がかかり中途半端になるケースが多いと言えます。ポイントは，監査の深さではなく広さにあります。

図表 1 - 3 -12　内部監査内容（中国事例）

統制の状況	組織設計思想・表，規定類，管理部門の日本人・中国人管理者の経歴・年数
会計の健全性	B/S：現預金，売掛金，買掛金，棚卸資産，固定資産など P/L：売上高，仕入，交際費，寄付金，出張旅費，人件費など
売掛債権確保	売買契約書の妥当性，不良債権リストチェック，アクションプランのチェック
コンプライアンス	組織運営（合弁・独資）：法人格，営業範囲逸脱，特殊契約，登記状況 労務関連：労働契約法規遵守状況のチェック，社会保険未払い
税務	移転価格税制，個人所得税，駐在員事務所課税，増値税過払い関係
商業賄賂	商業賄賂立件書類の有無，基本取引契約の内容の適法性
通関・物流	通関・フォワーダー・運送会社との関係，経費の正当性の確認
従業員満足度 （労務管理リスク）	管理者，一般職，工具各層毎の労務アンケート・面接，従業員代表，工会（労働組合）との面接，地区の共産党委員会・工会（労働組合）との面接など
知的財産	営業秘密管理，従業員秘密保持契約，本社との権利関係，侵害対策の有無
製造管理リスク	支出管理（定常・非定常），利材管理，図面管理，現場管理リスクなど
情報漏洩リスク	情報管理（情報の種類・管理方法など），契約書関連，労務関連など

⑵　第 2 ステップ

　現地で監査に時間をかけ過ぎると，現地の日常の業務に差し支えることがあります。現場の監査は通常 3 日程度で終えるのが適当です。そのためには，事前の準備が大変重要です。この事前準備の目的は現地での重点リスクの特定に

96　第Ⅰ部　海外事業を成功させる方法

あります。

　通常，現地監査の事前準備には1カ月程度必要です。まずは，事前に経営関係の資料をリストに応じて取り寄せます（**図表1-3-13**）。この時に重要なのは，ガバナンスの状況を組織図から可能な限り把握して，組織のガバナンス上のリスクをまずは想定することです（**図表1-3-14**）。

図表1-3-13　統制状況調査 - 事前入手資料

統制すべき規定類などの整備状況は？

日本語	中国語	入手日	担当者
一.【会社設立関係】	一.【公司设立方面】		
1. 合弁契約書	1. 合资合同		
2. 資本金払い済み審査報告	2. 验资报告		
3. 定款	3. 章程		
4. 営業許可書	4. 营业执照		
5. F/S	5. 可行性报告		
6. 会社概要説明書	6. 公司概要说明书		
二.【オフィス関係】など	二.【办公室方面】等		

(3)　第3ステップ

　現地に到着後まず行うことは，現地子会社のガバナンスの実態把握です。事前に想定したガバナンスの状況と違い，重点リスクが変わる場合には，分野別監査内容の重点をかえるなど臨機応変な現場対応が必要になります。

　分野別監査手法は，以下3で詳しく述べていきます。

3　現地での分野別監査の具体的手法に関して

(1)　会計分野

　中国の経営リスクで会計に関するものとしては，大口取引先の倒産などによる不良債権の増加，延滞債権の増加，固定資産の横流し，資産の横領，資産の担保提供，在庫の横流し，横領，脱税，簿外資産づくり，利益操作，他社経費

図表1-3-14　組織図からみた統制状況の把握

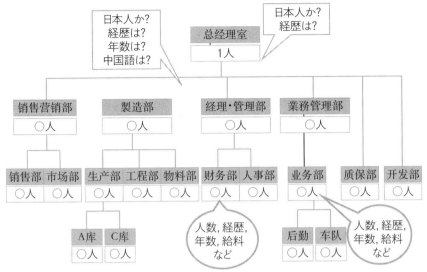

出所：筆者作成

の付け替え，個人経費の付け替え，人件費水増しなどがあります。

これらを調査するにあたっては，財務データのみならず，非財務データと財務データの整合性もチェックする必要があります。

●財務データのチェックポイント
①「異常な増減項目の確認」
　a．売り上げは増加していないが，売掛金が増加している場合
　　大口不良債権が発生していたり，遅延債権が増加していることが考えられます。
　b．固定資産の除却損の増加
　　固定資産の横領の可能性が考えられます。
　c．多額の在庫の廃棄損が見られる場合
　　在庫横流しの可能性が考えられます。
　d．特定の経費が異常に増加している場合
　　横領，取引先とのトラブルなどの可能性が考えられます。

98　第Ⅰ部　海外事業を成功させる方法

　　e．極端に売上が減少したり，利益率が低下している場合
　　　　脱税，簿外資産作りなどの可能性が考えられます。
　　f．売上総利益率の極端な上昇
　　　　利益操作などの可能性が考えられます。

② 「財務諸表間の不整合の発見」
　　a．収益が減少したにも拘らず現金が増加
　　　　簿外債務の可能性が考えられます。
　　b．貸借が不一致，剰余金が整合しない場合
　　　　裏金，横領などの可能性が考えられます。

●非財務データとの整合性確認ポイント
①新規採用がないのに人件費が増加している
　　裏金，横領などの可能性が考えられます。
②販売量が増えていないにもかかわらず，売上高が増加している
　　利益操作の可能性が考えられます。
③生産量が増えていないにもかかわらずに在庫が増加している
　　購買ミス，バックリベートの不正横領などの可能性が考えられます。

⑵　売掛債権関連
　　不良債権になる原因は信用調査がなされていない，信用枠の設定がなされていない，信用枠が無視されている，営業マンへのインセンティブが不十分である，営業マンへの教育が施されていないなどが原因です。したがって，債権関連の**図表１-３-15**における１〜４は最小限チェックが必要ですが，これ以外に販売管理規定や営業担当者への教育システムなどのチェックも必要になります。

第 3 講　海外直接投資後のマネジメント　　99

図表 1-3-15　売掛債権の監査内容

1. 販売契約書の確認

2. 売掛明細

3. 売掛年齢表

4. 信用調査方法など

〜業務フローによる確認〜

販売管理規定(例)

第1章　「販売管理における業務ブロックごとの注意点」

第2章　「○○有限公司の現状について」
　　　第1節　現状の販売に到るまでの業務フロー(売掛先)
　　　第2節　業務フローごとの現状と問題点

第3章　「不良債権を作らないための販売管理マニュアル」
　　　第1節　与信管理マニュアル
　　　　　　ステップ1
　　　　1. 与信管理規程策定の目的について
　　　　2. 中国での取引における心構え(日本人管理者)
　　　　　　ステップ2
　　　　3. 販売契約書のあり方
　　　　4. 顧客信用調査
　　　　　　ステップ3
　　　　5. 与信限度額の設定

　　　第2節　取引開始から売上計上までの事務マニュアル
　　　　1. 取引開始から出荷まで

　　　第3節　売掛債権履行管理マニュアル
　　　　1. 売掛債権履行管理規程策定の目的
　　　　2. 売掛金管理方法

出所：筆者作成

(3)　知的財産分野

(i)　本社の知的財産に対する基本姿勢の監査

　知的財産関連は，費用対効果が見えにくいために本社側の関与の度合いによっては監査対象から外されやすいという特徴があります。したがって，まずは，以下のような本社の基本姿勢のチェックを事前準備として行い，現地の知的財産の管理状況を推定します。

① 　本社は，中国における知的財産権侵害リスクを十分認識して事業しているか？
② 　知的財産権問題を担当する社員を配置しているか？
③ 　侵害事件が発生した場合の対処方針（日本本社との関係，意思決定方法，予算確保含む）は，明確化・ルール化されているか？
④ 　現地での代理人，調査会社等のネットワークを確保し，本社とも即時連絡が取れるようになっているか？
⑤ 　中国での侵害品発生状況等の情報が即時に収集され正確に日本本社に伝えられているか？　また，その体制を本社主導で構築しているか？

100　第Ⅰ部　海外事業を成功させる方法

⑥　侵害品が発見された場合，速やかに，かつ毅然と対処するという方針が本社から明確に出されているか？　など

(ii)　現地での知的財産の監査上のポイント

その後，現地会社に赴き，知的財産流出を防ぐ対策措置が確実にできているかが監査のポイントとなります。

①　物理的な「秘密保護措置」の確認
　　図面管理，入退室管理，データアクセス管理状況の確認
②　秘密保持関連規程の整備状況の確認
　　文書管理プロセスなどの確認
③　労務管理関連規程の確認
　　秘密保持契約，競業禁止規定，プロジェクトに関与する特定技術者の特別契約などの確認
④　外部委託先の技術供与管理
　　業務委託の範囲の確認，秘密保有契約の有無，技術供与契約，合弁パートナー，委託製造先の管理規程などの内容確認など
⑤　日本人技術者対策
　　退職間際の日本人技術者を中国で雇用している場合，会社側として守秘義務を締結しているかどうか，退職後に先方の企業に雇用され技術をすべてとられるリスクへの対策状況の確認など今後重要な課題になるものと思われます。

⑷　IT 分野

一般的に，IT への対応は「IT 環境への対応」と「IT の利用および統制」に分けることができます。

(i)　「IT 環境への対応」

「IT 環境への対応」とは，組織が活動する上で関わる内外の IT 利用状況のことです。社会および市場における IT の浸透度，組織が行う取り引きなどにおける IT の利用状況，および組織が選択的に依拠している一連の情報システムの状況などをいいます。コンピュータの運用管理，情報セキュリティなどを指します。

中国では，従業員が自分の理解で勝手に運用ルールを解釈する傾向があるために，運用ルールを遵守する教育を徹底し，運用ルールの遵守を検証する仕組みがあるかが監査ポイントになります。また，情報を窃盗する多量のウイルスが出回っているため，ウイルス対策やファイヤーウォールの導入などの状況も監査ポイントになります。

(ⅱ) 「IT の利用および統制」

「IT の利用および統制」では，機密性（情報が正当な権限者以外に利用されないように保護されている）と正確性（情報が正確に記録され，提供されている）が重要です。

① 機密性の観点

中国では，技術者の流動性が高いため，ユーザーID やパスワード管理を徹底することが重要で，人事異動と同時にユーザーID やパスワードの管理に反映する運用方法や技術的な仕組みを導入することが必要です。

② 正確性の観点

特に会計データの入力上の問題点があります。中国では政府に認定された会計ソフトウェアの使用が義務付けられていますが，外資企業では本社と同じ業務システムを導入しているところが多く，システム間のデータ移行が多くなる傾向があります。データの移行による漏洩の可能性や，間違った手入力作業などが発生しないような注意が必要となります。

(5) 労務管理分野

中国では最近の経済の悪化や撤退に伴うリストラで労働争議が多発し，今後さらに増えることが予想されています。この観点から労務管理に関する監査は非常に重要です。労務管理分野における監査上のポイントを見てみましょう。

(ⅰ) 関連書類の監査

労働契約書，研修契約などの各契約書および就業規則，賃金規定，などの確

102　第Ⅰ部　海外事業を成功させる方法

認。特に，各就業規則は法律で決められた民主的な手続きを経ているかについてのプロセス監査がリーガル・リスクマネジメント上非常に重要になります。

ⅱ）　勤務制度の監査

　紀律，禁止行為，賃金，勤務時間，福利厚生（含む保険制度），安全衛生などの制度が合法的に整備されているかなどのコンプライアンス上の実態監査が重要になります。

ⅲ）　労務管理実態ヒアリング

　労務管理は人を相手にするマネジメントプロセスです。したがって，書類上のチェックだけでは当然不十分となります。会社の経営者側，労働組合側，従業員代表などに対する各種ヒアリングで従業員満足度を監査し，労働争議発生の原因が隠されていないかなどをヒアリング監査することが最も重要となります。

図表1-3-16　労務監査内容

労務コンプライアンス監査	従業員満足度監査（労務管理リスク）
〈関係書類の確認〉 1.各種契約書関連 　(1)　労働契約 　(2)　海外研修契約 　(3)　守秘義務・協業禁止契約 　(4)　福利厚生関連の契約 2.就業規則他 　(1)　就業規則 　(2)　賃金規程 　(3)　出張規程 　(4)　休暇・福利関連規程 　(5)　教育訓練　　　など	〈ヒアリング〉 1.会社側 　対象：総経理，人事部長，人事担当 2.組合側・社員 　対象：組合責任者，従業員代表 3.行政側 　対象：労働局 4.ヒアリング内容 　(1)　自社の労務管理制度への評価 　(2)　社内履行状況 　(3)　行政部門の方針など

出所：筆者作成

(6)　通関関連

　通関関連でのリスクは，運送会社，貨運代理会社と企業の業務部門との間で，癒着の関係がないかどうかです。したがって，現地監査では何故その運送会社，貨運代理会社と契約したかに合理性があるかどうかの確認が監査のポイントに

第3講　海外直接投資後のマネジメント　　103

なります。

図表 1 – 3 -17　通関・物流関連監査内容

	運送・倉庫会社選択基準	評点	備考
1	サービス内容の種類		
2	事業経験年数		
3	書類返還時間		
4	その他・・・		

	貨物代理会社選択基準	評点	備考
1	サービス内容の種類		
2	事業経験年数		
3	書類返還時間		
4	その他・・・		

運送会社との関係
について

1．総合評点

2．他社比較

3．契約書内容

4．契約締結の合理性

5．その他・・・

出所：筆者作成

図表 1 – 3 -18　製造監査内容

1．現場管理リスク
　5Sの状況等
2．支出管理リスク
　a．定常支出管理
　　・部品購入（購入権限，検収，倉庫入出庫管理，員数管理，与信管理など）
　　・資材購入（同上）
　b．非定常支出管理
　　・機械修理費（購入権限，検収，保管，出庫管理，与信管理状況など）
　　・建物付帯設備の修繕費（現地業者選定，与信管理，牽制体制の確認）
3．利材管理リスク
　　・板金廃材などの管理・処分状況の確認
4．図面管理リスク
　a．製品図面及び金型図面管理の規定確認
　b．技術部などの管理部門と現場での管理状況の確認

出所：筆者作成

104　第Ⅰ部　海外事業を成功させる方法

(7)　製造関連

製造現場の監査も統制状況が重要となります。製造現場のガバナンス状況は5Sに現れます。したがって，まずは現場の統制上の管理リスクを知るために5Sの状況把握が重要になります。それ以外には，支出管理，利材管理，図面管理等が監査ポイントになります（**図表1−3−18参照**）。

④　実際の内部統制システム構築の方法

次に日常的な業務で不正などをおこさせないためのけん制の役割を果たす内部統制システムについて見てみます。

1　内部統制の種類

企業等の組織体は，人々の分業で成り立っています。アダム・スミスが『国富論』で示したように，分業は仕事を効率的にすすめるための基本的な手段ですが，その成否は2種類の活動で成り立っています。1つ目は「調整」で，分業している人々の活動を調整・調和することです。また，2つ目は「統制」で，分業している人々を組織の目的に向かって活動させることです。また統制の方法には以下の2種類に分類されます。

(1)　ソフトな内部統制

人々の内面の忠誠心，倫理観に頼る方法。

(2)　ハードな内部統制

定められたルールに従っているかどうかをチェックし，処罰を与える方法。

この2つの統制方法にはいずれも限界があります。したがってどちらか一方に偏ることなく，両方の方法を組み合わせて内部統制システムを構築することが必要です[1]。

1　加護野忠男・砂川伸幸・吉村典久『コーポレート・ガバナンスの経営学　会社経営の新しいパラダイム』（有斐閣，2010年）299〜305ページ参照

2　ソフトな内部統制システム

　ソフトな内部統制は人々の内面の忠誠心，倫理観に頼る方法です。したがって，基本的にはコンプライアンス教育や経営参加型によるモティベーションのアップなどの人事制度そのものによるシステムになります。

　日本企業では現地に日本人駐在員を送り込むことでガバナンスを行う傾向があります。しかし，現地企業のビジネスリスクを防ぐ内部統制をシステム的に行うためには，日本人を送り込むだけではなく，経営資質や意欲を持った現地人経営幹部の登用が重要です。

　そのために必要なのが現地人経営幹部の育成による人財化と会社を良くしたいというモティベーションの醸成です。

　ある在中国の日系企業では，中国人幹部育成の観点から「発展委員会」という社内組織を設けています。この企業では，「発展委員会」を通じて，会社の実情に即しお互い納得できる形で経営に参画する「全員参加型」の経営方式を採用し，さまざまな経営問題について「発展委員会」で話し合っています。それによって，中国人幹部が従業員の意見を吸い上げることができ，企業側の一方的な経営管理にならないような工夫が可能になり，ビジネスリスクの予防につながっています。ソフトな内部統制システムを構築する方法としての好事例といえます。

（コラム）　発展委員会とは

発展委員会とは，下記のような組織です。
- 構成員は中国人の部門長のみ。彼らを企業経営者として育成することを目的に設立。この組織を通じて全社一丸となった経営体制づくりを推進。
- 可能な限り経営情報を開示し，企業経営の一部に参画させる。中国人部門長が経営者の視点で考え，行動することを重視。工場内の問題点の洗い出し，改善・対応策の検討と実施を自ら実施させる。
- 具体的には，自分たちの給料や待遇を良くするためにも，いかに利益を上げて，経費節約や無駄をなくすかを考え取り組ませる。
- 労務問題の相談，福利厚生施設の改善・運営などもここで実施。

　発展委員会で検討の結果必要と判断された，たとえば就業規則の変更，労働条

件の変更などもここで議論され，結論が参加者である中国人幹部から部下に伝達される方式です。とてもスムーズな労務管理を実現させるソフトな内部統制のツールとなっています。

3　ハードな内部統制システム

次にハードな内部統制について見てみます。COSO の枠組みである内部統制システムが，典型的なハードな内部統制です。

内部統制は Internal　Control の訳語で，Control は 'Contrast'（照合）と 'roll'（巻物）の合成語です。中世の英国の荘園で，所有する羊の頭数が巻物の記録と一致しているかを照らし合わせたのが，その語源と言われています。

現在の内部統制（Internal　Control）は，米国で発展した概念です。米国の「内部統制」は，20世紀初頭の現金・小切手およびその支払い管理に端を発していますが，1972年のウォーターゲート事件が発端となり脚光を浴びるようになりました。この事件の後に行われた米国証券取引委員会（SEC）の調査の結果，数百社にのぼる米国の大企業の違法な政治献金や不正支出が発覚し，1977年に「海外不正行為防止法」が制定されました。そこでは，賄賂禁止規定に加え，会計と内部統制に関する規定がおかれました。

この法律は健全な内部会計統制が違法支出を防止する上で有効な抑止力になるという思想で作られています。その後の内部統制に関する議論を経て，1985年に，トレッドウェイ委員会（不正な財務報告全米委員会）が設立されました。この委員会の目的は，①不正な財務報告が財務報告の誠実性をどの程度損なうことになるのかの検討，②不正の発見における監査人の役割検討，③不正な財務報告を助長しあるいはその迅速な発展を妨げる企業構造特徴を明らかにする，の３点が主なもので，発足２年後の1987年に，「不正な財務報告—結論と勧告」が発表されました。

さらに，この報告書が勧告事項として提示した「内部統制の評価基準の策定」に応じるべく，1987年にトレッドウェイ委員会組織委員会（Committee of Sponsoring Organizations of the Treadway Commission，頭文字を取って，COSO と略称されています）が結成され，５年の歳月をかけ1992年に「内部統

制の統合的枠組み」という報告書（略称COSOレポート）が発表されました。現在，内部統制のフレームワークとして世界的な支持を得ているCOSOモデルは，この報告書で公表された内部統制のフレームワークです。

　米国ではその後，2001年10月に発覚したエンロンの不正会計事件，2002年6月に発覚したワールドコムの粉飾決算事件などから，2002年7月に企業改革法（Sarbanes‐Oxley Act：SOX法）が制定され，同法404条で，公表財務諸表に対する信頼性を確保するための内部統制の構築および評価に関する第一義的な義務と責任が経営責任者に課せられました。アメリカのSOX法適用においても，内部統制システム構築のフレームワークとしてCOSOモデルが基本となりました。2004年9月にはERM（Enterprize Risk Management）の概念を取り入れたCOSO2が発表され，内部統制とリスクマネジメントの融合が試みられています。

　日本でも2006年5月に施行された会社法，2006年6月に公布された金融商品取引法（J‐SOX）で，企業経営において内部統制が要求されることになりました。

　金融庁によると「内部統制は，4つの目的が達成されるという合理的な保証を得るために，業務に組み込まれ，取締役会，経営者をはじめとする組織内のすべての者によって管理・監査を実施されるプロセスをいい，6つの基本的要素から構成される」と定義されています。具体的には通常，内部けん制と内部監査を通じて実施されます。その4つの目的と6つの基本的要素は以下に内部統制モデルで表現されています。

(1)　内部統制の4つの目的
①　業務の有効性および効率性
　事業活動の目的の達成のため，業務の有効性および効率性を高めることをいいます。

②　財務報告の信頼性
　財務諸表および財務諸表に重要な影響を及ぼす可能性のある情報の信頼性を確保することをいいます。

108 第Ⅰ部 海外事業を成功させる方法

③ 事業活動に関わる法令等の遵守

事業活動に関わる法令その他の規範の遵守を促進することをいいます。

④ 資産の保全

資産の取得，使用および処分が正当な手続および承認のもとに行われるよう資産の保全をすることをいいます。

⑵ 内部統制の 6 つの基本的要素

① 統制環境

統制環境とは，組織の気風を決定し，組織内のすべての者の統制に対する意識に影響を与えるとともに，他の基本的要素の基礎となるものをいいます。

② － 1 リスクの評価

リスクの評価とは，組織の目標の達成に影響を与える事象について，組織目標の達成を阻害する要因をリスクとして識別，分析および評価するプロセスをいいます。

② － 2 リスクへの対応

リスクの評価を受けて，当該リスクへの適切な対応をいいます。リスクへの対応に当たっては，評価されるリスクについて，その回避，低減，移転または需要等，適切な対応を選択することになります。

③ 統制活動

統制活動とは，経営者の命令および指示が適切に実行されることを確保するために定める方針および手続をいいます。

④ 情報と伝達

情報と伝達とは，必要な情報が識別，把握および処理され，組織内外および関係者相互に，正しく伝えられることを確保することをいいます。

⑤ モニタリング

モニタリングとは、内部統制が有効に機能していることを継続的に評価するプロセスをいいます。

⑥ IT（情報技術）への対応

ITへの対応とは、組織目標を達成するためにあらかじめ適切な方針および手続きを定め、業務の実施において組織の内外のITに対し適切に対応することをいいます。

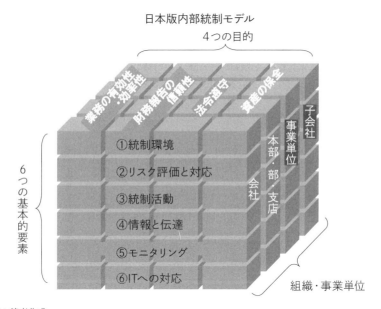

出所：筆者作成

4　中国における内部統制の基本的要素について

内部統制の6つの基本的要素を中国子会社にあてはめて解説します。

なお、IT（情報技術）への対応は、分野別監査を参照ください。

(1) 中国子会社における「統制環境」

統制環境は、他の内部統制の構成要素においても基礎となるものです。統制

110 第Ⅰ部 海外事業を成功させる方法

環境は，社風によって形成され，企業の構成員の内部統制に対する意識に影響を与えたり，経営者の内部統制に対する態度や姿勢が反映されるなど，内部統制の基盤となる最も重要な要素と言えます。

この点は，中国子会社においても同様です。経営理念，経営方針，倫理規定，経営組織の権限・職責，人事方針，経営者への監視機能などが統制環境の構成事項となりますが，これらの事項を中国に合った形でどう落とし込むかが統制環境の構築上，重要な点となります。

その場合に最も大切なことは，日本でも中国でも同様で，経営者の統制環境に対する姿勢です。中国人従業員には上司だから従うのではなく，能力が上だから上司に従うという意識があります。すなわち中国に派遣されている日本人総経理の統制環境・経営に対する真摯な態度について問われるのです。中国人従業員から見られているということを忘れてはなりません。

また，日本人社長（総経理）が中国子会社の統制環境を整えるために必要な前提条件は，中国のビジネス習慣，法務・会計・税務などの社会制度，中国語への習熟などです。一般的に日本から派遣された日本人社長（総経理）は，日本においても統制環境の整備に携わった経験が少ないため，以下のような統制環境上の問題を引き起こすことがあります。

- ●統制環境の整備に不可欠な経営理念・倫理規程に基づく社内の制度が設計・運用されない状態で日常の経営活動のみに専心する。
- ●中国人の担当者に出納会計決算事務処理を一任する。
- ●財務を含む各部門の管理者の能力，資質を見定めないままに管理者に任命する。
- ●日本の諸規程を安易にそのまま中国に適用する。
- ●中国でのビジネスリスクを事前に防止し，発見することが難しいため無意識の内に放置する。

---

(2) 中国子会社における「リスクの評価と対応」

中国における内部統制上，特に難しい点が経営リスクの評価と対応です（具体的な評価と対応については，第3講第2章の②と③を参照ください）。異なる言語，中国の独特の商習慣や考え方など，日本人では経営リスクを発見し難

く，その対応も後手後手に回りがちです。また中国の場合，倫理規程が守られないケースが多く，特に不正が多いのが現状です。これらの観点から，「リスクの評価と対応」においては内部統制環境の構築と経営者の不正に対する厳格な対応姿勢が問われます。

(3)　中国子会社における「統制活動」

　統制活動とは，経営者の命令・指示が適切に実行されることを確保するために定めた方針と手続きの総称です。具体的には，各担当者の権限および職責を明確にし，各担当者が権限および職責の範囲において適切に業務を遂行していく体制を整備することが重要です。その際，職務を複数の者の間で適切に分担または分離させることが必要です。第1章の**図表1-3-5**でも見たように，たとえば，取引の承認，取引の記録，資産の管理に関する職責をそれぞれ別の者に担当させることにより，担当者間で適切に相互けん制を働かせることが考えられます。

　適切に職務を分掌させることは，複数の業務を特定の者に専属的に任せると，急な離職などによって事業継続が困難になるという事態を防ぐことにつながります。さらに，権限および職責の分担や職務分掌を明確に定めることは，内部統制を可視化させ，不正または誤謬の発生をより困難にさせる効果も生じます。

　大企業であっても，中国進出時には，投資の規模が小さく，統制活動の基本をなす「職務分掌」すらないこともあります。また規程類があったとしても，日本の本社のものを形式的に中国語に訳しただけで，実態に合った運用をしていない場合が多いようです。

　これらの観点から，「統制活動」で重要な注意点をまとめると次の3点となります。

- ●統制活動全般に関する規程類が整備され，職務規定および統制すべき業務プロセスが適切に作成，実施されているかどうか。
- ●規程類を外部の会計士や弁護士などの専門家とその妥当性を検証しているかどうか。
- ●日本人総経理が規程類を理解し，運用に主体的に関与しているかどうか。

112　第Ⅰ部　海外事業を成功させる方法

⑷　中国子会社における「情報と伝達」

　中国では一般的に，組織内の横のコミュニケーションが円滑でないという特徴があり，自分で入手した情報は自分だけのものにするという傾向があります。また，伝達された情報がトップダウンによる情報伝達でない場合，従業員に軽視される傾向があります。したがって，意識的に「情報と伝達」の方法を考え，日本人総経理が積極的に関与し続けないと，経営情報を正確に把握できないという事態になりかねません。

　さらに，中国では「情報」と密接な関係を持つ法律，税務，会計制度などの変更が頻繁に行われ，かつ中国政府の諸機関内でも解釈の統一が見られないという特徴もあり，日常的に「情報」のアップデートが必要になります。

　また，「情報と伝達」という意味では，言葉の問題・文化の違いという中国の事情による中国人スタッフとのコミュニケーションのみならず，日本側で発生する本社の事業部制・縦割りによる情報の共有化不足や，本社・現地間の日本人同士のコミュニケーション不足という日本での組織上の問題も，「情報の伝達」を難しくさせる要因となることを意識する必要があります。

　これらの観点から「情報と伝達」において重要な注意点は次の３点です。

- ●内部統制に関する内外の重要な情報が，総経理および管理者，本社と現地間で適切に伝達され，判断される仕組みとして，コミュニケーション・ツール（各層の会議，掲示板，イントラネット，対外窓口など）が整備されているかどうか。
- ●弁護士，会計士，税務士との定期的な法および制度変更の内容確認を行っているかどうか。
- ●本社と現地間におけるコミュニケーションが適切かどうか。

⑸　中国子会社における「モニタリング」

　内部統制が円滑に機能しているか否かを継続的に評価するプロセスがモニタリングです。具体的なモニタリングの方法は，第３講の**図表１-３-２**，**１-３-３**，**１-３-４**を参照してください。なお中国における主な「日常的モニタリング」の阻害要因は以下のとおりです。

第 3 講　海外直接投資後のマネジメント　　113

- ●十分なモニタリング能力を有するスタッフを集めることが難しい。
- ●組織内部における横の連携がとれない。
- ●日本人総経理が中国の会計制度や中国のビジネス習慣，中国語に成熟していないため，問題を事前に防止し発見することが非常に難しく，モニタリングすべきリスクの特定ができていない。

　また，このような「日常的モニタリング」の阻害要因の解決のために，定期的に本社の内部監査部門とともに往査による「モニタリング」を実施する必要があります。詳細は第3講第1章3と第2章3の内部監査の方法を参照してください。

114　第Ⅰ部　海外事業を成功させる方法

第3章　特に重要なマネジメント分野と方法

１　ガバナンスの構築について

１　ガバナンスの問題点

　海外に日本から赴任した日本人の現地社長や駐在員のガバナンス上の問題点で代表的なものは以下です。

(1)　通訳偏重による問題

　赴任地の言葉が不得手な日本人の現地社長や駐在員が陥りがちなことですが，通訳を偏重するあまり，通訳の地位が現地社長の知らない内に社内的に強くなってしまい，その通訳を中心に特定のメンバーが不正を働くようになることがあります。一般的には，以下のようなパターンがあります。

①　日本人の現地社長や駐在員が無意識に通訳に頼りすぎてしまい，主体性がなくなり，自己判断が必要な内容まで，通訳に相談するようになる。

②　常に日本人の現地社長や駐在員が頼ることから，知らないうちに社内における通訳の地位が高くなり，社内・社外の秩序が乱れる。たとえば，日本人の現地社長へのアポイントを取るのに，通訳を通して取るようになり，知らないうちに通訳が日本人の現地社長と同じような地位を占めてくるなどです。

　これ以外にも，通訳を中心とした人脈が横の連絡を使いながら不正を働くということがあります。また，最悪の場合，通訳の親族の雇用などを通して，会社を乗っ取られるということも発生します。

(2)　現地スタッフへの会計処理の丸投げによる問題

　海外子会社では，日本と比較して会計に関する業務プロセス不正が多く発生

します。日本から海外に派遣される日本人の現地社長の前職が生産や販売方面の方が多いためか，会計知識がなく，会計処理を現地スタッフに任せっぱなしで自分は一切管理をしないという傾向があります。このことが会計上の不正リスクを生む背景となることがあります。

(3) 労働組合の活用不足

進出先の国の政策により，労働組合の設置が義務付けられることがあります。たとえば，中国では2023年の労働契約法で，「工会（組合）」の設置がその運営上必要となりました。

中国の工会法で認められた「工会」は，労働組合のことを指します。ただし，工会の役割は，日本の労働組合とは異なり，従業員間の親睦，学習の機会提供，生産性向上のための支援，転職のための再教育などを通じて，従業員の福祉の向上に貢献することが基本的な役割となります。したがって，日本の会社組織でいう人事部福祉課や厚生課の役割のようなイメージで捉え，労務管理の重要なパートナーととらえるほうが実態に近いと言えます。

現地の日本人の経営者の中には，この辺りを理解せずに，日本の労働組合のような経営者対中国人労働者の対立構造と勘違いして，従業員との間で摩擦を起こすケースがあります。これは，日本の経営慣行と常識をそのまま現地経営に安易に適応したもので，経営管理上の大きなリスクとなります。各国の事情を充分に把握して，労働組合を積極的に活用することも労務管理上重要です。

今見てきたガバナンス上の問題点は，日本から派遣された日本人の社長や駐在員が海外子会社の重要ポストを独占し経営をコントロールし，ガバナンスを行おうとしていることに起因しています。

(4) 「日本人派遣社員依存型のガバナンス方式」の限界

通常，約3年程度で転勤を繰り返す日本人派遣者が，3年間という短期間に，進出国の社会特性，多様な人脈，地域文化の違い，的確な消費者対応，迅速な広報などさまざまなことを販売戦略としてとらえ，ガバナンスを行うのは，至難の業と言わざるを得ません。物作りを中心に事業を展開し，コスト，品質，納期さえ守っていれば日本の親会社がすべて買い取ってくれる時代は良かった

のですが，今後，現地市場で商品やサービスの販売をさらに推進して行く場合には，「日本人派遣社員依存型のガバナンス方式」では限界に近づきつつあると言えます。

2　ガバナンス制度設計上の注意点について

　ガバナンスの制度を設計するにあたり，最も重要な点は，経営理念の明示です。すなわち，進出国における会社の存在理由の明示になります。会社を何のためにこの国に進出してきたのか，この会社で働く目的は何なのか，などミッションを明示し，従業員と会社が向かうべきベクトルを合わせるのが経営理念です。経営理念の実現のためにガバナンスが必要があることを従業員全員に自覚してもらうことがガバナンスの第一歩です。

　その上で以下の(1)〜(4)に注意する必要があります。

(1)　権限委譲の明示と責任範囲の決定

　日本と違い変化の激しい新興国を相手にする場合，本社に稟議を挙げて意思決定を仰ぐなどという体制では競争に打ち勝つことはできません。現地の経営責任者が自分で意思決定することが可能なように，権限委譲とその責任範囲を明示する必要があります。現地の経営陣が経営しやすい環境を作ることと，その権限に応じて現地の経営責任者に経営責任を負ってもらうガバナンスシステムは，わかりやすい権限委譲の範囲の明示にあります。

(2)　経営の目標数値の設定とコミットメント

　権限の委譲とともに重要な事は，現地経営をどのように経営するのかについて，本社・現地で経営目標数値を合意し，現地の経営陣がそれにコミットメントするということです。日本の企業の中には，この経営目標数値の明示までは実行する企業がありますが，現地経営陣が経営目標数値をコミットメントした途端に，本社がすべてを現地任せにしてしまうことが往々にして起こります。これでは，本社の協力なくしては，経営目標数値を決めても現地の経営が上手く行くはずがありません。経営目標数値を決める場合には，その目標の達成のために，お互いにやるべきことを有償・無償も含め事前に本社・現地間で合意

しておく必要があります。

(3) 公平な経営評価システムの構築

経営目標数値達成の結果を経て，現地経営陣への評価を行う場合，本社と現地との間で評価の判断基準が異なり，評価に不満がのこり，それが原因で現地経営陣が全員一度に退陣するということも起こりえます。特に，現地雇用の経営者の場合，自分の評価に対しては非常に厳しい面があり，当然のように自己主張をして来ます。したがって，お互いに交渉ではなく，客観的な事実で評価できるような評価システムの構築が必要です。

ただし，中小企業の場合で，評価システムの構築が難しい場合には最終利益の何割をインセンティブで渡すというような取り決めも有効と思われます。その場合にも最終利益の数字が正しいかどうかの評価がまず必要な事は言うまでもありません。

(4) 経営モニタリング体制の確立

現地経営のモニタリングの方法は第3講第2章のとおりです。海外で発生する経営リスクには日本と比べて損害の額が大きいという特徴があります。多少のモニタリングコストは出し惜しみせず，定期的に外部の専門家も入れた監査を行うほうが結果的に損害が少なくなるケースが多く見受けられます。

3 欧米系企業のガバナンスの特徴について

参考までに欧米系企業の海外子会社におけるガバナンスの特徴は以下のとおりです。

(1) 進んでいる「人」の現地化

欧米系の企業の管理スタイルの特徴は経営トップの現地化にあります。通常，本社およびグループが共通してもつ経営理念，経営方針などを理解したCEOに本社経験を経た現地人を経営トップに任命し，CFOに本社派遣の役員を任命するケースが多く，経営責任は現地人の経営陣に，財務管理を本社派遣の役員が行い財務をしっかりと把握し管理するという役割分担がされるケースが多

118　第Ⅰ部　海外事業を成功させる方法

いようです。

(2)　ガバナンス運営上の特徴

①　人事権について

　現地トップや経営陣の人事権は本社が持っていますが，現地の上級管理職などの人事権は現地に委譲している場合が多いようです。現地の経営陣が経営しやすい環境を作るためには，現地の幹部への人事権の委譲が必要であることを十分認識しているようです。

②　業績の目標設定

　通常，欧米企業では，売上高などの財務指標とマーケティング指標などの非財務指標の両面の指標を経営上の業績評価指標として決め，その目標を現地から本社に提出させ，本社にコミットメントしてもらいます。この方法の特徴としては，これらの業績評価指標が本社・現地双方で，明確に設定・合意されていることと，またケースに応じては，業績評価指標の実績を第三者機関を入れて公平に評価していることです。

　業績評価指標のうち，財務指標としては，総売上高以外に，売上高伸張率，予算達成率，粗利益率，総資産回転率，売掛金回収率，在庫回転率，流動比率などの具体的な財務指標を設定しています。また，非財務指標では，販売関係を中心に，シェアー伸び率（カテゴリー，ブランド別，地域別など），媒体別投資効率，顧客満足度，などの非財務指標を具体的に設定しています。

③　第三者機関による業績評価

　業績評価指標で，運営上重要なことは評価の公平性です。

　②でも触れましたが，欧米系企業の特徴としては，公平性・納得性の観点から，その評価を本社のみならず，現地の会計師事務所など第三者機関が第三者的に評価してもらうケースがある点です。評価の期間も四半期・半年・1年と明示することでお互いに緊張感を持ちガバナンスを行っています。

4 具体的な事例による考察

(1) 欧米の中小企業ガバナンス事例

　筆者が実施した欧米の中小企業の調査事例のヒアリングをもとに，欧米の中国子会社へのガバナンス事例を参考として挙げてみます。

図表 1 - 3 -19　欧米企業の事例

国籍 項目	イタリア系企業	フランス系企業	米国系企業
業種	レストラン	高圧スイッチの製造	ソフトウェア開発
資本金	40万ユーロ	1,000万元	250万米国ドル
状況	親会社はイタリアで外食の店舗を運営・展開する株式会社。上海に4年前に進出。会社の設立と日常の運営・管理は，イタリアで採用した元中国人留学生に一任。個人投資家。	ハーバードのMBAを卒業した中国人を経営者として任命。彼が会社制度などを整備。年間売り上げも順調に伸びている。給料は月4～5万元固定に年末業績連動で，平均30万元のボーナスを得ている。	現地経営陣は日本人総経理と中国人の部長で運営。中国人の部長は元日系企業の総務部長経験者で会社の諸規定などの整備を充実させている。日本人総経理は技術者。資本は米国資本。
現地経営者に対するガバナンス	なし。	しっかりと経営をさせるインセンティブとして業績給のボーナスを支給。この結果経営が上手く行われているものと思われる。	業績連動のボーナスを経営陣に保証している。
モニタリングの有無	なし。	あり。フランスの本社からの監査を実施。	あり。ロスの本社からの監査を実施。
その他	倒産すると思われる。	順調に発展。	順調に発展。支店を増やす予定。

　イタリア系の中小企業のように，言葉の面のみから中国人留学生を現地経営者として抜擢し，経営を一任というパターンは日系の中小企業にも良く見られます。このようなやり方では，国籍は関係なくどこの国の企業でも上手く行かないことがわかります。

120 第Ⅰ部 海外事業を成功させる方法

　一方，フランス系と米国系企業のガバナンスでは，自国から経営者を派遣することなく，経営者に現地事情を良くわかっている中国人等に経営を行わせて，金銭的なインセンティブを与えることで事業の発展を担保させるという手法です。また，不正が起こらないように必ず，本社による監査を行っている点が重要な特徴です。

　日系企業の場合，現地の経営者の給与を本社の給与規定にあわせるなどの日本の事情が優先され，給与面でインセンティブを与えずに，経営者として雇った現地中国人経営者にすぐに辞められてしまうというケースがあります。中国では，フランス系と米国系企業の例でみたガバナンス方式のように，「4現主義」（日本のメーカーのいう3現主義（現場，現物，現実）に加えて「現金」）といわれる中国人に対して金銭的なインセンティブを与えることによりガバナンスを担保する方法も，子会社を経営上成功に導くためには有効です。参考にすべきと思われます。

(2)　中国の中小オーナー企業の事例（老板方式と弊害事例）

　「老板」というのは，中国語でオーナーを意味します。通常，中国の老板は，日本の中小企業のワンマンオーナー同様，会社に関するすべての権限を持ち，自分1人で会社をコントロールする経営管理手法を取ります。中国では，規模が小規模の場合，このやり方が最もシンプルかつ社員をコントロールする上で最良の手法とされています。

　今回の調査でも，現地で雇用されている中国人経営者が，すべての経費を事前申請若しくは社員個人で立替え後に精算という形で会社の出費をコントロールしている企業がありました。中国ではそれなりに実情に合った合理性のある方法と思われます。ただし，これは中国人の経営者であるが故に可能な方法であり，かつ，規模がある程度小さい場合にのみ有効な方法と言えます。

　日本人のオーナー経営者がこの手法を形だけ真似して，月に1回程度中国に出張し，その時だけ派遣した日本人駐在員に色々と注文を付けるだけでは，現地の経営管理秩序を乱すだけになります。「老板方式（ワンマンオーナー方式）」も実施にあたっては，注意が必要と言えます。

第3講　海外直接投資後のマネジメント　121

(3)　日本の長寿企業の知恵の利用

　日本には，創業100年以上という長寿企業が約5万社あると言われています。さらに全世界における創業200年以上の企業約7,000社の内，約3,000社が日本の企業と言われています。これらの長寿企業が有している企業観と経営理念には，以下に述べるような共通点がありますが，ここに海外子会社のガバナンスを考える上で良いヒントが隠されています。

　日本の長寿企業の特徴には以下があります[2]。

---

①　ステークホルダー重視の経営

　ビジネスを単なる金儲けで考えず，社会的に意義のある事業であると考え，「ステークホルダー重視の経営」を実践しています。ただし，そのステークホルダーの優先順位は，顧客，取引先，従業員，最後に株主である自分が来るという順位で，先ずは「公」と「従業員」に対して積極的に貢献をしたいという考え方が特徴です。

②　長期的視点の経営

　長寿企業の経営者の多くは，家業は代々引き継ぐもので，自分の所有物ではなく，伝承を重視するために，長期視点で経営を行い，信用と長期的繁栄の象徴である暖簾を守ることを重視しています。この思想には，家の思想，または，儒教の「考」の考え方が大きな影響を与えています。考とは単に親を敬い，先祖を崇拝するだけでなく，子孫を産み，子孫に拝されることも含まれ，自ずと企業の永続性（ゴーイング・コンサーン）と長期的な視点に立った考えで企業経営がなされています。

③　人財重視

　従業員は単なる部品ではなく，成長の主体であり，従業員と家業が一体となって繁栄を目指すために，社員教育による人財化を重視しています。また，コーポレートガバナンスの面では，多くの長寿企業で経営トップとして資質や意欲を欠く者を排除する仕組みが考えられ（後継者の見定め，帝王学の実施，親族会議の場所での失格者の排除など），所有と経営の分離を行う仕組みがとられています。

2　舩橋晴雄『新日本永代蔵』（日経BP社，2003年）

122 第Ⅰ部 海外事業を成功させる方法

④ 革新を目指す姿勢

「脚下照顧による現状否認」（ミツカン），「不易流行」（小西酒造），「老舗の新店」（チョーギン）など，表現はさまざまですが，その思いは，自らを環境の変化に合わせて変えることで環境変化に対応し，長く生き抜く事を目指しています。

⑤ 質素倹約

企業経営にあたっては，当主が率先して質素な生活を励行し，お金の節約を行っています。

出所：舟橋晴雄『新日本永代蔵』（日経 BP 社，2003年）

　これらの特徴の中で，海外事業成功においても参考とすべき点は，日本の長寿企業の特徴の１つである「多くの長寿企業で経営トップとして資質や意欲を欠く者を排除する仕組みが考えられ（後継者の見定め，帝王学の実施，親族会議の場所での失格者の排除など），所有と経営の分離を行う仕組みがとられている」という人財重視の点です。

　繰り返しになりますが，企業の経営を安定化させるためには，日本人をただ送り込むよりも経営資質や意欲を持った現地人の経営者の登用が重要となります。

　先程のフランス系と米国系企業のガバナンス事例でも，所有者側が，資質や意欲を持った中国人経営者に「金銭的なインセンティブ」を明確に与え，さらにその「金銭的なインセンティブ」を中国人経営者の経営努力（利益）で賄うことで，「所有者と経営者」双方にとりメリットが担保されるシステムになっています。

　また日本の長寿企業の特徴である「優秀な経営者の雇用」を海外子会社に適用する場合も，海外ではフランス系と米国系企業の事例同様，明確な「金銭的なインセンティブ」を付与することが重要です。この「金銭的なインセンティブ」がない場合には，折角雇用した優秀な経営者がすぐに辞める，給料が少ないために不満を持ち，任命した現地雇用の経営者に会社を私物化されるといったリスクが高くなる可能性があります。

第3講　海外直接投資後のマネジメント　123

(4)　現地に根付く企業の知恵（深圳日系企業事例－内部経営会議体制）

　第2章④で紹介したように，中小企業の中にも，日本の長寿企業の知恵である「人財重視」の観点で経営を実施している企業があります。従業員を単なる部品ではなく，成長の主体と捉え，従業員と会社が一体となって繁栄を目指すために，よく話し合うための場である「発展委員会」という社内組織を設けています。会社の実情に即して，お互いが納得できる形で経営に参画させための社内組織を設置し全員参加型の経営を行っています。中国に根付くための日本の長寿企業の知恵の活用版と言えます。

② 労務管理について

　海外事業経営で最も難しいのが労務管理です。労務管理の方法を間違えると，従業員によるサボタージュや，ストライキなどの労務リスクが発生することがあります。

　ここでは，海外で多くのワーカーを労務管理する必要のある製造業を念頭に，日本人の経営者が行うべき，労務リスク低減のための労務管理の注意点について述べていきます。

　なお，これから述べる労務管理の基本原則はどの分野においても応用が利くものですので，自社が他の業種である場合には製造業の業種の特殊性を外して読んで頂けたらと思います。

1　日常の労務管理上の注意点

(1)　労務管理の視点

　海外に赴任した日本人経営者に，海外子会社は自分の会社であるというオーナー経営者と同様の意識が求められますが，その意識の下，日常の労務管理には以下のような視点が求められます。

① 進出国の政策，法規の改定の方向性などを常に補足しマクロ的視点で捉える。

② マクロ的視点を持って，社内制度，規定の制定を行い文書化を図る。

③ 給与，昇給，役職，昇格の最終判断を公平に行う。

④　地元政府，行政部門との交流をはかる。

⑤　現場の変化（温度）を感じ取る現場センサー力を備える。

⑥　右腕となる現地スタッフを人財に育成する。（人罪→人材→人財）

⑦　部下を知る。主任，係長など現場のキーとなる人材の顔と名前の特徴などを掌握する。

⑧　日本人駐在員を律する。

　　新興国で発生する労働紛争では，日本人出向者の給与が高いことが反発の一因と報道されています。海外では，従業員から，日本人経営者の仕事への取組み姿勢，真剣度は何時も見られていると認識する必要があります。日本で生活する以上に自らを律しなければなりません。腰かけ姿勢は見破られ信用をなくします。また日常的にも，進出国の従業員から日本人駐在員の仕事のパフォーマンス，昼夜の言動などで不満がたまらないように厳しく対応する必要があります。

⑨　労務クライシスの発生を想定した対策を実行する。

　　日本では経験の少ないサボタージュや，ストライキなどの労務クライシスが海外ではおこります。したがって，その対策方針，ケーススタディ，連絡ルートの確認など，想定される発生リスクに従ってシミュレーションを本社とともに行う必要があります。

⑩　本社とのコミュニケーション

　　日頃から本社には，労働事情，自社の近隣で発生している問題，自身が実行しているリスク低減の対策について報告する必要があります。ストライキなどの問題発生時にはこれらの報告の蓄積が本社への報告の基盤となります。残念ながら，労務クライシス発生時，その対応に専念しなくてはならないにもかかわらず本社への報告に時間をとられ，十分な現場対応ができないケースを見受けることがあります。このような事態にならないように日頃から本社との間でリスクを想定したコミュニケーションをしておく必要があります。

⑪　具体的な仕掛け作り

　　企業の階層別（管理職・事務職・工員）の従業員満足度アンケートを採るお手伝いをすることがありますが，その調査結果からは以下のような社内コミュニケーションの問題点が出てきています。

　　　　　　　　　　　　　　　第3講　海外直接投資後のマネジメント　　125

- ・日本人はいつも仕事上の指示・命令だけであまり普段のコミュニケーションがない。
- ・自分から挨拶しても無視されることがある。
- ・日本人はいつも自分たちだけで食事に行っている。
- ・ISO などのプロジェクトについてばかり言われる。
- ・経営陣から会社の方針を聞いたことがない。
- ・強圧的で怖い。

　原因は日本人側のコミュニケーションの問題です。まずは日本人の方から相手の懐に飛び込む勇気が必要です。日本での勤務でも，上司から，「最近，顔色が悪いな。無理するなよ」，「お子さんは元気になった？」などと，声をかけられ勇気付けられたことがあったと思いますが，「人間的な触れ合い」が大切なのは海外でも一緒です。このような日本的経営の良さである気配りを実際の態度で表すことを忘れないようにする必要があります。

　また，業務命令は，現地従業員とのコミュニケーションではありません。従業員の数が多い日系製造企業の場合は特にそうですが，以下の(2)で述べる現場の温度変化に気づく具体的な仕掛けを日本人社長が率先して作る必要があります。

(2)　具体的な仕掛けづくり

①　座談会・茶話会

　ある企業では，2カ月に1度全社で部長以上とオペレーターを中心として現場従業員が直接対話する機会を設けています。現地日本人社長に日頃の不満・不安を直接伝える座談会です。ただし，この種の座談会は，いきなり設けて好きなことを言えと言っても誰も何も発言しませんので，労働組合のような従業員を代表する機関の有効活用が重要になります。重要な事は不安，不満などの従業員の声をを聞いた後，対策すべきできることはただちに対策し，その結果を従業員にフィードバックをすることです。これを繰り返すことで「会社は話を聞いてくれる。我々に関心を持ってくれている」という認識を従業員が持つようになり，やがては，会社に対する信頼につながることになります。

126　第Ⅰ部　海外事業を成功させる方法

　さらに，この土壌ができれば，従業員の代表者が会社のトップと対談すると
きにも，本音に近い話ができるようになります。最初の段階では，「寮の部屋
の問題，携帯電話が盗まれたなど」個人の生活に直結する問題が話題の大半と
なりますが，継続してそれを実行していくうちに，仕事上の改善提案なども話
題として上げられるようになります。その段階で，参加者をオペレーター，ラ
インリーダーと階層別に分けて実行すると，それぞれの階層が抱える課題がさ
らに明確になります。

②　食事会での積極的会話

　コミュニケーションを促す仕掛けで重要なのが食事会です。食事会はコミュ
ニケーションにはは欠かせないもので，従業員も楽しみにして参加してくれま
す。出席率は概ね100％です。このような機会を上手く使うことが重要です。
　食事会での有効活用例としては，①自己紹介をしてもらい手帳などに名前を
書きながら顔と人柄を覚えます。このあとは，名札などを首から下げてもらい
社長自らが社員の名前を呼んで歓談を勧めます。②子供のいる社員には，子供
を話題にすると携帯電話などに保存した写真を喜んで見せてくれ，盛り上がり
ます。③また，お互いの国の言葉を教え合うような筆談による文化の交流など
もあります。
　このような食事会は2時間程度の短い時間でも，会社内部の友人関係，個人
の人柄，リーダーシップは誰にあるかなど知る良い機会となり，労務管理に必
要な生きた情報となります。

③　現場温度の定点観測

　人は，一般的に人前では本音を出しません。そこで，個人的な本音の意見を
発表できる場として「意見箱」を設置している企業は多くあります。ただ，残
念ながらうまく機能していないのが現状です。システム上問題がないかの点検
が必要となります。
　さらに，意見収集としてアンケートの実施，社内報を掲示板に貼り出して反
応を知るなど各企業で工夫が見られます。
　中国のある部品加工企業の班長さんに，人が離職する理由を聞いたところ，

第1位は給与，第2位は食堂の食事，第3位は仕事がきつい，でした。中国人は「食へのこだわり」が強く，食事の質が悪いことは労働生産性にも大きく影響します。

この「食へのこだわり」を福利厚生の面から従業員参加型で取り組んでいる日系企業があります。中国人においしい食事を提供して喜んでもらった上で，環境対策から残飯の量を減らすために，労務担当部門が定期的に従業員に対してアイデアを出してもらうためのアンケート調査をしています。その結果を食堂に貼り出し，食堂を管理する業者に示して質の向上を図っています。

また，ある企業では，社長が定期的に工場敷地内にある宿舎を見て回り，宿舎で不満がないかの定点観測をしています。

このように，賃金以外の従業員の希望をていねいに集め，その希望をかなえる地道な活動が，労務クライシス防止の観点からも非常に重要です。

④　朝夕の挨拶

最近は日本でも朝夕の挨拶が軽視される傾向があります。時代が変わった，世代が違うから等の理由は挙げられますが，朝の気持ち良い挨拶は会社に活力を与える一番手軽な手法です。「你好！」でも「good morning！」でも「おはようございます」でも良いので，1日のコミュニケーションの始まりを大事にすべきです。日本人は，恥ずかしがり屋で内弁慶な方が多く声が小さく弱々しく挨拶されることがありますが，現地スタッフに負けない大きな声を出すほうが好まれます。

ある日本企業では，部長職以上の日本人および現地人幹部数人が会社の正門に立ち，毎週日を決めて入場してくる従業員に挨拶をしています。これも良いコミュニケーションの方法と言えます。

⑤　報告者には最優先対応

日本人は，現地スタッフに「ほうれんそう（報告，連絡，相談）」を良く教えますが，社長のところに報告に来た現地人スタッフに対し，無意識のうちに，「いま忙しいから資料はあとで見るから」と資料を置いて帰らせたり，長電話でスタッフを待たせたりしたケースがないか自省する必要があります。もし自

分が「ほうれんそう（報告，連絡，相談」」を学ばせられた現地スタッフの立場ならどう思うでしょう。こんな思いをさせないためにも，笑顔で迎えることが必要です。電話中であろうと仕事中であろうと目の前の人が最優先です。報告を受けるときは，自分のデスクの前に椅子をおいて，座らせて目線を同じ高さにすることで相手に落ち着きを与えることも工夫の1つです。

人は見られている，認められていると思う気持ちだけで成長します。日頃のコミュニケーションを通して人は育つのは日本でも海外でも一緒です。

⑥ 現地語会話の修得

片言でも良いのですが，現地語で会話ができれば，現地従業員の見る目が変わります。時間，勤務場所などの条件が許されれば是非現地語会話の習得をお勧めします。現地の日本人社長のそうした地道な努力が現地従業員とのコミュニケーションを良くする秘訣と言えます。

2 労務リスク対応

(1) 労務リスク対応

日常的な労務管理の注意点を述べましたが，労務管理が上手くいかず，労務クライシスに発展することがあります。特に，賃金と賞与支給の時などにその対応を間違えると労務クライシスにむすびつくことがあります。

海外では，従業員同士が気軽に給与明細表を見せ合います。したがって日頃，仕事の質量で自信がある人が，見せ合った同僚と差が少ない場合や，前回と比べ逆転している場合，大きな不満を持つことになります。したがって賃金改定の時期をむかえる前には，職場巡視の回数を増やす，あるいは労務担当者と現場を回るなどして，職場の雰囲気・温度を知る必要があります。何か異変を感じたら，労務担当者と（現場であれば）班長とで問題の所在をはっきりさせ，迅速に事前対応をすべきです。

また，賃金改定時の会社側の対応がまずくて，労務クライシスに結び付くことがないように，賃金改定時には以下の準備と対応が必要です。

第 3 講　海外直接投資後のマネジメント　　129

①　改定案の周到な事前準備

　改定のドラフトの段階で綿密な試算をし，可能であれば個人別に試算し賃金改定で不合理性が出ないことを確認しておきます。また，従業員から不満が出ることが予測される事項については，Q&Aを準備して人事労務部門担当者がその場で回答できるように教育しておく必要があります。どんなに高給取りでも自分の給料は安いという意識の人は必ずいます。そこで，日常から自社の給与が他社（特に近隣の同業他社など）と比較してどのあたりの水準なのかを確認し，賃金の改定幅も自社がどの程度の水準なのかを確認しておくことが必要です。

　給与情報は，人材コンサルタント会社が保有するデータを購入することが最もたやすいですが，そこまで費用をかけられない場合，自社で情報を入手する方法があります。近隣の会社や同業他社の関係者と人事担当者が良い関係をつくり給与情報などを聞き出す方法です。実際海外では，初対面の人に対してさえ「いくら給与をもらっているのか？」という質問するくらい，誰がどの程度の給与をもらっているのかという情報に対しての関心は高く，当たり前のように誰でも知っています。この事はもちろん社内でも同様で，誰がいくら昇給したのかなどという情報は筒抜けです。したがって，他社の人事担当者同士の情報交換で客観性を確かめた上で，給与，評価に関するルールが明確で公明正大であることを会社側は示す必要があります。人治的な情実人事が横行していると誤解されないように，客観的なデータをベースに理論武装をして置く必要があります。

②　社内への公開順序

　経営幹部で賃金改定などを検討した後は労働組合への情報開示・相談が最初のステップとなります。組合への説明で問題がなければ，続いて課長・係長クラス（必要により班長まで）に説明し，最後に一般従業員へ伝えることになります。重要なことは，課長・係長クラスへの説明を従業員よりも優先させることです。会社が職制を重視している姿勢を，従業員にも示せるという利点や，仮に組合と課長・係長クラスの意見が異なる場合でも，一般従業員に説明する前に修正できる余地を残しておくことが可能となります。なお，説明プロセス

には，必ず現地の人事労務担当者と部長または課長などの管理職が直接部下に説明する必要があります。現地人同士のほうが日本人に伝えにくいことも本音も出しやすい事から，現地従業員の意見もある程度スムーズに集約し，合意が得やすくなるメリットがあります。

③　問題発生時の対応

　何らかの問題が派生した場合には，迅速対応が基本です。火種が小さければ，社長判断で即時対処すべきです。日本本社にお伺いを立てて，時間がいたずらに経過すれば，大きなクライシスになる可能性が高まりますので，注意が必要です。

　労務クライシスを起こさないために最も重要な要素は日常的なスムーズなコミュニケーションです。コミュニケーションを良くするためには現地の事情に合ったさまざまな工夫が必要です。とくに会社の規模が大きくなると日本人による労務管理だけでは限界ですので，優秀な現地の人事・労務担当者の活用が求められます。

③　人事制度

　日本の企業には「ガラスの天井がある」と海外でよく言われます。役員や社長には日本の本社からの駐在員がなり，ローカル社員は長く勤めてもせいぜい部長止まりでキャリアに限界があるという意味です。「ガラスの天井があるイメージがあるために優秀な人材が集まらない」⇒「したがって，人材の育成が上手く行かない」⇒「育成が進まず人財がいないために，日本人駐在員のマネジメントが不可欠」⇒「現地化が進まない」⇒「ガラスの天井があるイメージの定着で，優秀な人材が集まらない」という「負の循環」に日本の企業はならないように人事制度を確立する必要があります。

1　人事制度とは

　一般的に企業の人事制度は資格制度，評価制度，報奨制度によって成り立っ

ています。海外でこの3つの制度を設計する上でキーワードになるのが,「対外的な競争力」と「納得・公平・透明性」です。

(1) 人事制度設計の考え方

海外ではさまざまな国籍の企業と競争する必要があります。そのような社会では,日本的人事・労務管理の特徴である出退勤管理（遅刻・早退・無断欠勤に対する厳格な対応）の重視,個人の成果や能力よりも規律意識,精勤（皆勤）などの勤勉さ,ルールの順守,チームワークの良さなどの重視,昇給や賞与にあまり差をつけずに一律に近い形で支給する「日本的人事・労務管理型」の人事制度だけでは十分でなくなりつつあります。人事制度の現地化の推進が求められています。

この人事制度設計の現地化は,競業企業の給与水準に対して競争力があり,評価の納得・公平・透明性を持ち,かつ社員がインセンティブを感じ,最終的に会社の総賃金支給額がコントロールされている制度です。

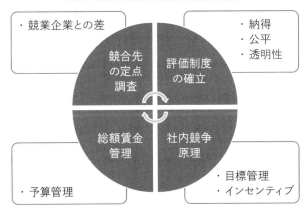

図表1-3-20　人事制度の設計原則

① 納得・公平・透明性の確保

人事制度では,給与水準の納得性がまず問われます。「隣の日系企業で同じような仕事をしている人は私よりも多く貰ってます」と従業員に言われた場合,会社は「自分の会社は標準的な給料からいって業界や地域の中でどの位置にあ

り，その情報はこのように解釈できる」を説明する必要があります。そのためにも，同じような日系企業で給与データをサンプリングし，工員の場合，係長クラスはいくらという事をマーキングし，自分の会社の給与レベルを分析しておく必要があります。理由が明確でなく，少しでも差がつくと，従業員に与えるリスクは相当に大きいと考えるべきでしょう。

また，人事評価でも公平が要求されます。製造系では班長クラスに工員の人事評価をさせることが多いと思いますが，まずは，班長クラスに対する十分な人事評価の教育と訓練が必要になります。

人事評価が公平と従業員に認識されないと，会社はえこひいきによる「人治の放置」をしていると思われます。昇給やボーナス査定の妥当性は何にあるのか，可能であれば班長クラス以上にはつまびらかにする必要があります。評価基準を管理職で共有化し，透明性を持って人事評価をすることが「私は会社のためにこんなにやっているのを会社はちゃんと認めてくれている」という納得感につなげることができます。

②　競争原理の導入

現地のローカル企業の中には，業績評価に100％出来高制度を採用しているケースがあります。また，日本の衣料品製造企業で，ラインごとに標準生産数を決め標準を超えると割増賃金を支給するなどの工夫をしている例もあります。その企業では，従業員は昼食後すぐにミシンに戻るほどで，日本の常識では考えられないケースと言えます。日本に比べ賃金が安い国ではワーカーの多くは，このように競争して高い給料を取りたいと考えているケースが多いと思われます。したがって，日本的な一律賃上げは好ましいことではありません。この努力をすれば賃金が増えるという競争原理を反映し，評価制度の業績評価に出来高制を取り入れて賃金を決定する工夫も必要です。

③　人事制度の開示の問題

海外の従業員は給与を含む処遇をお互い見せ合うことが一般的と述べましたが，だからと言って会社として人事制度をすべてオープンにする必要はありません。変な「噂」が立たないように，会社としてオープンにすべき点，すべき

ではない点をはっきりさせる必要があります。人事制度の基本的な考え方はオープンにしっかりと伝え，資格別の具体的な金額や昇給の具体的な計算方式，将来の経済変動によって変動しそうな部分はオープンにしない対応や，[1]ガバナンスの構築についてで述べた深圳日系企業事例のような「内部経営会議」を通じて現地事情を加味しながら，徐々にオープンにしていくなどの工夫が求められます。

2　人事制度設計

　会社の経営理念に基づき設計される人事制度は，資格制度，評価制度，報酬制度で構成されます。

(1)　資格制度

　資格制度は元々「役職」を示す事を目的としてできた制度です。その後，欧米では職務（job）による資格と，日本では職務に職務遂行能力を加えた職能資格制度ができ，この2つの流れが世界の人事制度の潮流となりました。

　欧米では1職務1賃金（one job-one wage の原則）が基本で，「同一労働同一賃金」の考え方に近いものがあります。しかし，職務の階層（職務等級）が100近くに増えすぎてしまう等の欠点がありました。また，日本ではポストや職務よりも「人」の能力の成長の可能性を重視し，職務遂行能力（職能）を制度に採り入れました。しかし，「職能」の基準が抽象的なために，結局運用において，年功序列的な昇格人事となり，高齢化により人件費を圧迫をするという事態に陥りました。最近では，この職務と職能のそれぞれの良い点を採用し，試行錯誤をし，多様化しているのが現状です。

　日本でも最近「ジョブ型」と言われ，職務を重視する傾向がありますが，人財の育成と定着という意味や人間味のある組織作りという意味では，日本企業の「人の能力の成長」を大切にする考え方は，海外でも十分通用します。したがって，資格制度においても，一般の工具には「職務」の適用割合を増やし，幹部候補生には「職能」の適用割合を増やすなどの工夫で他国の企業とは異なる日本企業の良さを取り入れることが求められます。

(2) 評価制度

評価制度は社員の「業績」と「能力」の両方を評価するものです。「業績評価」は過去への評価、「能力評価」は将来への期待評価とも言えます。

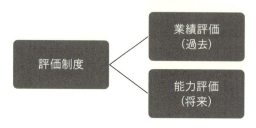

図表1-3-21　評価制度

人事制度のキーワードである「納得・公平・透明性」と「競争原理の導入」を考慮すると、業績で成果を出した従業員が高い給与を受ける制度の構築が一義的に必要になります。ここで良く使われるのが、目標管理制度です。

通常、目標管理制度は、自分と上司とで次年度は何を実行するのかを合意し、業績目標を目標数値中心にコミットし、年度が終了するときに、年初に掲げた目標と成果について上司と面談を通じて評価する制度です。その後、その評価を部門ごとに公表し、部門横断的に評価確認をします。ただし一般的に、部門ごとの評価は各部門の部長によってまちまちになりがちです。したがって、会社としての最終決定は「納得・公平・透明性」の観点で経営責任者が行う必要があります。

社長の決済に納得性を確保するためには、社長自らが日頃から従業員と直接対話をし、信頼を得、従業員1人ひとりを良く見ておく必要があります。人事制度を生かすも殺すも、社長の日常の人事・労務管理に対する姿勢にかかっています。人事評価制度とは、即ち、経営者が目指している理念に基づく会社の方向性を評価制度という機軸で従業員に語りかけることに他なりません。

多くのグローバルサウスの国では、自国労働者の働く場を確保するために労働法を施行する動きがあります。グローバルサウスの国への進出では、従業員の解雇は難しく、雇用期間が長くなることが充分予想されます。したがって、長期雇用に耐えうる「人」の採用と育成のための教育が、今まで以上に重要と

第3講　海外直接投資後のマネジメント　135

なります。目標管理制度による「業績評価」のみでは，**図表12-3-22**のように最終成果しか評価できないという欠陥があります。

　今後は「能力評価」による「将来への成長・将来価値」を評価し，潜在能力を開花させるために採用の段階と雇用後の育成のための教育プログラムも充実させていく必要があります。

図表1-3-22　業績評価内容

| 潜在能力
（採用と育成・
教育対応） | 行動・能力
・専門性
（能力評価） | 経緯
中間プロセス | 最終成果
（業績評価） |

(3)　報奨処遇制度

　報奨処遇は，一般的に金銭報酬と非金銭報酬に分かれます。金銭報酬は「モチベーションの衛生要因」と言われ，非金銭報酬は「モチベーションの促進要因」と分類されています[3]。

　ワーカーにとっては，まずは「サラリー」が重要ですが，グローバルサウスの国では，国の経済発展とともに，ワーカーも金銭報酬と非金銭報酬の双方を求めてくる時代になっていきます。したがって，自社の経営理念と事業計画に基づき，金銭報酬と非金銭報酬のあり方を，現地社長がメッセージとして従業員に説明する必要があります（**図表1-3-23**）。

3　衛生要因は「それらの要素が整備されていないとモチベーションダウンにつながる，しかし，それが整備されたからと言ってモチベーションが上がるわけではない」というものです。衛生要因はマズローの欲求階層説の「生理的欲求」「安全・安定欲求」と「社会的欲求」の一部の欲求を満たすもので具体的には，「会社の政策と管理方式」「監督」「給与」「対人関係」「作業条件」などが実施項目となります。一方「それらの要素を整備するとモチベーションが上がる」ものを「モチベーションの促進要因」といい，働きがい，良い職場環境などにつながります。

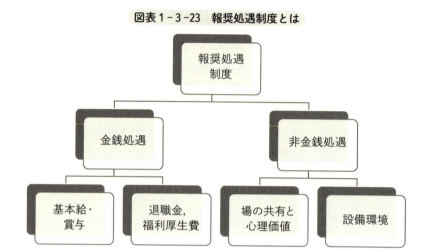

図表 1-3-23　報奨処遇制度とは

(4) その他人事制度設計上のポイント

① ローテーションの活用による多能工化

　一般的にグローバルサウスのような新興国ではインフレによる最低賃金の速いスピードでの上昇が予想されます。したがって，総人件費を抑制するために，少数精鋭主義と多能化の推進を図る人事制度を考えておく必要があります。日本的雇用慣行の活用であるローテーションによる多能化などで一人あたりの労働効率を上げる施策です。

　現地のワーカーは通常ローテーションを拒否する傾向があります。したがって，採用条件としてローテーションの事前同意を求める，ローテーションの意義の事前説明，教育プログラム整備などが重要となります。グローバルサウスの人件費は常に速いスピードで上昇するという認識を持ち，人材から人財への戦力化が求められます。

② 柔軟性をもった人事制度

　人事制度は国の経済成長の段階に応じて，柔軟に設計する必要があります。

　経済成長が始まったばかりの国では，給料の上昇率に人事制度の重点を置く，経済成長が安定期に入った場合には，労働生産性を考えた教育プログラムに人事制度の重点を置く，ある程度の経済水準以上になったときには，福利厚生を

重点に置くなどです。

　グローバルサウスのような新興国資本の民間企業はそのあたりを柔軟に上手に賃金制度に活かしている企業が多くあります。その現地企業の人事制度を検討し，良い部分を自社に採用するなどの柔軟性，ローカル化はこれからさらに重要となっていくと思われます。

④　重要な人事プロセス

　海外事業を成功に導くのは国内同様，社内人財の存在です。したがって，自社の経営理念，事業戦略および事業計画の遂行能力を兼ね備えた人材が採用でき，さらに人財として育成できるかが，事業の成功の大きな要因となります。一方で，外資企業の進出が盛んなグローバルサウスの国では，いわゆる給料の高い企業を求めてせっかく育てた人財の離職率が高くなり，「その人財に代わる候補の人材獲得が難しい」という課題があります。

　この課題の解決には，採用される側の目線で考えることが重要です。職務内容，求人要件，雇用条件の明示，書類選考，面接，採用後のフォローと育成にいたるまでの人事プロセスが一貫して，「採用される側」の目線であるかどうかが重要となります。

1　採用

(1)　職務内容について

　海外の人材は，キャリア観として，自己の専門分野へのこだわりを強く持っています。したがって，日本のように採用において，採用後に新人を部署や職務を振り分けるという方法は馴染みません。海外では「社内での昇格，昇進」でキャリアアップを図る終身雇用型ではなく，専門分野に応じ，自己の市場価値を高め，転職を繰り返しながらキャリアアップを図る社会です。キャリアアップの方法も，同一職種での転職が多く，高い専門性を追及していくことで人財としての市場価値を高めていくという特徴があります。

　したがって，採用時においては「採用時の職務内容」の明確化が非常に重要になります。「採用時の職務内容」が明確でないと苦労して採用をしても，「話が違う」「やりたい仕事ではない」などの理由で簡単に転職してしまいます。

138 第Ⅰ部 海外事業を成功させる方法

　また，職務内容の設定においては，「営業に向いた元気で明るい男性を採用したい」といったイメージに基づく，人物像（求人要件）ではなく，採用後，「具体的に何をしてもらうのか」という職務内容の具体化，明確化が重要ポイントです。そのためには，自社はどういう会社なのか，何を目指しているのかという経営理念・企業像の明示とともに，組織図，職種，職位を明確にする必要があります。

① 組織図
　採用時は事業を推進するための具体的な組織図を提示する必要があります。その組織図に基づき，入社後の組織上の職務の位置付けを明示し，上司は誰か（レポートライン），業務の責任範囲や管理責任や守備範囲を明確にし，納得してもらう必要があります。

② 職種
　事業の立ち上げ時や，小規模で事業を開始する場合には，職種を明確にすることは難しいのが実情です。また，職種が明確に定まらず，組織も確定できない場合もあります。しかし，その場合でも，事業の将来性を含め，入社後のキャリアパスや具体的な職務内容について相互の十分なコミュニケーションを行うことで，現状および将来ビジョンを採用時には共有しておく必要があります。

③ 職位
　海外の従業員は職位（ポジション）に対して非常に敏感です。職位は社会的地位と報酬を意味します。特に高級人材を採用する場合には，社会的地位と実質的報酬を示す職位は重要です。ただし，安易に職位を設定すると雇用コストの増大や組織の混乱を招く原因になりますので，職位の設定は賃金とのバランスを考えながら行う必要があります。

(2) 求人要件について
　「何をしてほしいか」という職務内容を明確にした後は，そのために，「どん

な人材が必要か」という求人要件の設定になります。具体的な求人要件の設定では「業務責任範囲」に沿った必要な能力，スキルの洗い出しが最初の一歩となります。その後，この要件を満たすことができる人材獲得の可能性や，人材市場の調達状況を考慮して，雇用条件を決定することになります。一般的に，求人要件には，専門スキル，資格，関連業務での経験，業務実績，年齢，性別，語学能力，国籍，戸籍，性格，思想スタイルなどが挙げられます。しかし，これらの条件をすべて満たす人材はなかなか見つからないのが現状です。したがって，最低限必要な条件は何か，優先順位が高い条件は何かを明確にしていくことが必要です。

(3) 雇用条件について

　求人要件を決めた後は，求人要件に合致した雇用条件（主には具体的な処遇）の設定となります。その設定された具体的な処遇が市場価値に即しているのか，また，採用される側にとってその条件が魅力的かどうかを検討します。雇用条件としては通常，報酬，昇給昇格，福利厚生，手当て，労働時間，休暇，試用期間，その他インセンティブなどが要素として挙げられます。これら雇用条件の中でも，「報酬」は最も重要な項目です。「報酬」の水準が市場価値と大きく乖離している場合には，人材の調達が困難になります。

　また，最近の新興国の学生意識を見ると，企業を選ぶ選択基準として，報酬以外に，長期的観点から見た教育訓練の機会の有無，住宅問題，労働時間のフレックス制度などが重視されはじめています。さらに，企業のブランド力も重視され出しており，業界内の企業影響力の有無，製品開発力と発展性，社長の個性など総合的な評価が重視され出しています。このような労働者の意識変化も考慮しながら，報酬以外に魅力的な条件を整えることが良い人材の獲得に結びつくことになります。

　雇用条件の設定上，海外の特徴として忘れてはならない点が，同じ国でも，地域により賃金レベルが大きく異なるという点です。また，同職種における企業間の移動でキャリアアップすることが一般的な海外では，職種が同じでも賃金相場が顕著に異なることがあります。自社が欲する人材を何処の地域から採用するのか，どの職種につかせようとするのかによって，同一の会社であって

も雇用条件を変えないと優秀な人材を採用できないことがあります。雇用条件を考える場合に，日本のように画一的に，平均的にという考え方ではないと考えたほうが良いでしょう。

(4)　書類選考

応募時の書類選考で最も重要なのが，履歴書審査です。さまざまな個人情報が記載された履歴書は，採用担当者が十分な知識を持って慎重に選別すれば，採用成功の大きな鍵となります。

では，応募してきた履歴書をどのような基準で選抜していけばいいのでしょうか。履歴書の審査ポイントを見ていきましょう。

①　出身地はどこか

税関，通関，物流関連など職種によっては，地元出身者が役所対応などで有利に仕事を進めることがありますので，職種と出身地を考慮する必要があります。

②　家庭環境

大手国営企業の幹部や医者，大学教授などの子弟で学歴が低い場合は，本人に何か問題がある場合がありますので，チェックすることが必要です。また，逆にあまりに両親の社会的地位が低く，本人の学歴も低い場合は，感覚的に外資系企業の風土に合わないことが多いので敬遠したほうが無難な場合が多いようです。

③　学歴

まずは，自社が進出している国の学校制度を知る必要があります。

たとえば，中国の義務教育は小学校と初級中学の９年間で，日本と同じく「６・３制」が主体です。初級中学を卒業後，高等中学（日本の高等学校に相当），中等専門学校，技術労働学校，農業中学・職業中学といった課程に進学します。高等中学卒業後は高等教育になり，大学（日本の４年制の大学に相当），専科学校，短期職業大学の３つがあります。大学は「本科」または「大

本」と称され，卒業後学士の学位が与えられます。中国政府の方針で，高学歴人材育成のため，教育制度の充実が図られ，大学卒業者は年々増加していますが，大学はまだ狭き門であり，特に地方出身者には都市部の一流大学は難関です。したがって，大学の本科（4年制）卒業の応募者の基礎能力，専門性はかなり高いと推測されます。各国の学校制度を研究し，採用時の指標と考えたほうがよいでしょう。

> **コラム　留学学歴，地元高での学歴**
>
> 　海外の大学の学位以上の場合はそれなりの評価ができますが，海外の学歴より，現地での学歴のほうが本人の実力として評価できます。たとえば，現在の中国では，富裕層が増加しており，高校卒業後，直接海外に留学するケースが増加していますので，海外に留学しただけで人材を評価する事は若干リスクが伴います。海外留学組であっても基礎学力のチェックが必要となるでしょう。

④　職務経歴

　海外は日本と異なり，自己の市場価値の向上に努め，転職を繰り返しながらキャリアアップを図る社会です。基本的には同一職種での転職が多く，高い専門性を追求していくことで自身の市場価値を高めます。20代の若手の場合，2～3年での転職サイクルが多く，優秀で向上心の高い人材ほど，現在の職場で学ぶべきものがないと簡単に転職をしてしまう傾向があります。海外では，必ずしも転職を否定的に見るべきではありませんが，職務内容や転職に際してブランクがある場合は詳細に見る必要があります。

　具体的には，まず，転職の回数自体に評価を置くのではなく，転職ごとに，企業規模，ポジションを考慮した上で職責が重くなっているかどうか，職務内容に一貫性はあるのかどうかが重要なチェックポイントです。

　また，転職に関する職歴を判断する際に，在籍期間について年月日まで記入しているか，時系列に並べた場合，ブランクがないかどうかをチェックする必要があります。ブランクがあった場合や職務経歴が不明の場合，面接時に必ず本人に確認をする必要があります。職務経歴は履歴書選抜の最重要チェック項目であり，必ず本人との面談で，詳細について確認し，正しく把握することが大切です。

142　第Ⅰ部　海外事業を成功させる方法

⑸　面接のポイント

①　面接の目的を明確に

　現地人社員の採用面接では，どの言葉を使って面接を実施するのが良いのでしょうか。注意すべき点は，面接の目的は会話力チェックではなく，求職者の本当の姿を把握することが目的だということです。したがって，コミュニケーション手段としては，面接担当者と求職者が最もコミュニケーションが取りやすい言語を選ぶか，または面接官の1人として十分信頼のおける関係者を通訳とすることが必要です。面接が当初の意図に反して，外国語会話力チェックにすり替わらないように意識することが必要となります。

②　面接時のコミュニケーション手段

　日本人が面接官を行う場合，かなり現地語が話せたとしても，やはり信頼できる現地スタッフを立ち会わせるほうが良いと思われます。理由としては，外国人では，その国の言葉は理解できても，その裏の意味，本当のニュアンスまでは必ずしも理解できない場合が多くあるからです。なお，求職者の日本語能力が高い場合には，業務上でも日本語が必要なポジションであれば，面接を日本語で実施するほうがよいでしょう。

　しかし，この場合も面接官に現地スタッフを交え，必ず現地語による面接も加えるべきです。求職者がいかに流暢な日本語を話せたとしても，外国語を話す時には，その人本来の姿が現れるとは限りません。母国語を通して現れる本来の人物像と，外国語を通して現れるイメージに大きなギャップがあることは珍しくありません。なお，お互いに外国語しか共通言語がない場合には，面接官，応募者ともにかなり流暢な外国語レベルであったとしても，短時間の面接で求職者本来の姿を把握することは，かなり難しいと言えます。やはり，現地スタッフまたは信頼できる関係者を交え，面接すべきでしょう。

③　面接時の配慮事項

●　提出書類に関して

　一般的に面接の時に身分証明書のコピー，卒業証明書，成績証明書，資格証明書などの書類を面接の時に提出してもらいます。これらの証明書については，

第3講 海外直接投資後のマネジメント 143

国によっては本物かどうかの真偽事前確認が必要な場合があります。

- **積極性，売り込み姿勢への評価**

海外では日本と比較して，自己評価が高い傾向があります。そのため，売込みが強く，日本人面接官には，「自己主張が強すぎる」という印象を持つことが良くあります。職務内容を基に，現地スタッフとしての現地での交渉力を必要とするのであれば，現地社会で太刀打ちできる資質かどうかを見極めることが重要です。日本ではあまり評価されませんが，海外では，「自己主張が強すぎる」ということが状況に応じて良いケースも多々あります。

また，面接の際，驚くほど「自己評価」を高く主張することが多くあります。自分は勤勉です，責任感が強いです，頑張り屋です，などの自己肯定の意見はすらすら出ますが，その場合には欠点は？　と聞くと急に答えに窮する場合があります。自己を客観的に良い点，悪い点の両方から見られる謙虚さがあるかどうかを採用基準に加えることも重要です。

⑹　採用決定後のフォローアップ

採用決定後のフォローアップも重要です。

①　リファレンスチェック

内定前の人材に対し，経歴やパフォーマンスについて以前の職場へ確認する方法をリファレンスチェックといいます。最近では，特に上位の職位の人材採用時にリファレンスチェックを行う企業が増えています。通常，本人の承諾を得た後に，前職の関係者へ問い合わせを行います。上位の管理職の採用にあたっては，通常のリファレンスチェックだけではなく，有料の調査会社を介し，より詳細な身元調査を実施したほうが良い場合もあります。また，身元調査の他に，前職の雇用者からの推薦状も提出させ参考にすることも有効です。

②　雇用条件の確認

採用を決定した場合は，必ず，双方書面で詳細条件を確認することが必要です。また非合格者への通知も，企業の信用，イメージ保持などから考えて誠実

144　第Ⅰ部　海外事業を成功させる方法

に対応しておいたほうが良いでしょう。採用通知を確認した後，勤務開始まで
の期間が長い場合には，入社前の集合研修や定期的なフォローを続けることが
必要です。内定の辞退を防ぐとともに，フォローの期間に適性を見極めていく
ことが可能となります。

③　身体検査

　身体検査を実施し健康状態を確認することが重要です。職務に耐えられるか
どうかについて健康状態は非常に重要です。診断書の提出を内定者に任せると
偽の診断書を提出されることもありますので，企業の指定した病院で検査を受
けさせ，確実な検査を実施することが重要です。

2　育成

　採用後に重要な事は人材育成による人材の人財化とその定着です。具体的に
「人材育成」の方法を見ていきましょう。

⑴　組織論から見た組織の特性

　日本でも海外でも，組織論では2－6－2の法則が一般的にあてはまります
（図表1－3－24参照）。組織ができたばかりはAの状態，つまりまとまりの程度
はいろいろですが，見かけ上1つにまとまっています。しかし，日が経つとB
状態，つまり3つのグループに分かれていきます。意欲的なグループ（20%），
普通のグループ（60%），不満グループ（20%）です。さらに，時が経つにつれ，
会社として何も活性化の手を打たないでいると普通のグループが不満グループ
側に迎合するようになり，意欲的なグループは会社の態度に不満を持ち，意欲
が減退し場合によっては離職を始めます。これが，組織崩壊のC状態です。

　この組織の法則を意識して，いろいろな仕掛けをして活性化を図っていかな
ければなりません。

図表1-3-24　2-6-2の法則

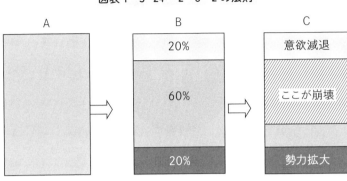

出所：筆者作成

　意欲的なグループに対しては，彼らの持つ意欲を維持させることが重要です。また，普通のグループが意欲的なグループにベクトルを合わせるような施策を考えることも重要です。そのために階層別教育計画を立てて，継続的な教育が必要になります。教育による人づくりは社長自らが講師となって実行する意欲が大切です。次に，意欲的なグループの中から，リーダーを育て，会社との一体感を持たせることが必要です。

　さらに，不満グループは，次のような手を尽くして極力排除する努力も必要になります。

---

① 面接時に現地の人事担当者に応募者に「人柄の良さ」が感じられるかの判断をさせ，その意見を尊重すること
② 試用期間中に排除できるように本採用前・試用期間の評価を強化すること
③ 入社後は，日頃からこのグループに対する労務管理をしっかりすること

　入社後は，日常的に就業態度，仕事の質と量の把握などを客観的データとして蓄積した上で，労働契約の解除をしないと，不当解雇と報告されるケースもありますので，第三者的な証拠を残すなどの労務管理が求められます。

(2) 日本の会社組織と海外の違い

日本の会社組織では、社長から部課長、スタッフ、ワーカー者がきれいなピラミッドを形成しています。これは民主的な企業内組合が結成されたあと、従業員と企業が企業の繁栄という同じ価値観の共有を通じて完成されたものです（図表1-3-25）。

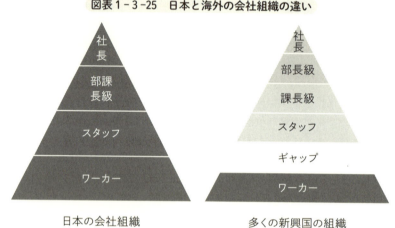

図表1-3-25　日本と海外の会社組織の違い

日本の会社組織　　　　多くの新興国の組織

一方、海外の場合は社長からスタッフまでの階層とワーカーの間には大きなギャップが存在している場合が一般的です。この組織内ギャップは、欧米企業ではよく見られるもので、タスクが明確であれば効率的組織運営が可能ですが、工員層から職場における不満などが管理職に上がりにくい場合、労務リスクが高まる可能性があります。

したがって、特にワーカーの採用後は、社長の強いリーダーシップと意欲あるグループでこのギャップを減少させる努力が重要です。ギャップはコミュニケーション不足に結びつき、コミュニケーション不足からくる疑心暗鬼による不信が蓄積し、労務クライシスに結びつくリスク要因となります。

(3) リーダーの育成

会社組織のギャップの解消には、日本人経営者の強力な右腕となる現地スタッフのリーダーの存在が重要です。そのリーダーの育成は、人事・労務管理

では最重要課題と言えるでしょう。

①リーダー候補の選別

　社長は現場の巡視を積極的に行わなければなりません。生産現場全般だけでなく，リーダー候補の品定めの視点から，管理部門，現場事務所など全工程を見て歩き，誰の統率下にある職場にまとまりがあり，経営への寄与が高いかを判断する必要があります。その上で，会議での発言，態度や仕事を離れた食事会での仲間との交流などを通じて観察し，バランスが良い人財の候補は誰かを見極め，時に声を掛けて候補者の対応を実際にみることも必要です。

　この問題意識を持って巡視を3カ月も行えば，候補者の絞り込みは可能です。その後，日本人スタッフや現地リーダー候補の上司となる上司，人事部との意見交換を経て，教育対象者を複数人選定します。

②教育方針立案

　現地スタッフのリーダーは，最終的には幹部候補生となりますので，その育成に関しては，会社をどの様に発展させていくかを最も熟知している社長自らが教育方針と教育計画の骨子を立て，その後，人事部のスタッフが肉付けしていくという方法で教育計画を立案します。教育は月1回程度，最低でも6カ月は継続的に実施することが必要です。

③教育の実践と評価

　教育の場には，社長が必ず参加し，部下の能力向上程度を自分で把握する必要があります。また，社長が得意とする分野では，自身が講師役となって従業員に対して，教育意欲を示すべきです。

　教育の効果による能力向上の評価は，日本人と現地スタッフで，評価に違いが出るのことがあります。一般的に，日本人の評価では，真面目な態度で研修にのぞんだ性格の良い社員＝良くやっている人，となることが多いようです。一方，海外では，教育効果に加えて周囲の人からの評価が高くなければ現地のスタッフから評価されないことが多いようです。この点は日本人にはわかりにくいところですので，リーダー候補の選別や教育，人事考課にあたっては，人

148　第Ⅰ部　海外事業を成功させる方法

事担当の現地スタッフと良く調整し，彼らの評価を加味しながら現地に合った評価をする必要があります。

④リーダーには然るべきポストを与える

リーダーとして選んだ後には然るべきポストを与えることが大切です。正式なポストに就いていないと，他の現地スタッフがリーダーの命令・指示には従いません。会社はリーダーとして任命した場合には，リーダーのポストを与え，その立場を守ることが必要です。

①から④まで行ってはじめてリーダーが育つことになります。社長は従業員を育てる事を最重要課題に挙げ，3〜4年はかけるつもりで中長期的に取り組む必要があります。「企業は人なり」は万国共通の原則です。

3　人事制度・労務管理の PDCA

変化の激しい海外の人事制度，労務管理は常に見直し，進歩させていく必要があります。，**図表1-3-26**にある質問を用いて定期的に会社組織内の状況をとらえ，日々改善を行っていくことが重要です。以下を参考にご自身の会社にあった質問票を作成し，従業員の定期的な意見聴取を行い，人事制度・労務管理の見直し，経営理念に合致した組織改善へとつなげていくことが重要です。

図表1-3-26　社内意識調査質問票

番号		質問			1	2	3	4	無回答
					はい	いいえ	−	−	−
①	1	あなたは会社の方針，目標について説明を受けましたか？	管理職	事務					
				技術					
				生産					
				全社					
			一般職	事務					
				技術					
				生産					
				全社					

①	2	あなたの会社は「将来の目標に向かっての取組（事業開発や人材投資等）」が積極的になされていると思いますか？	管理職	事務	とても積極的	積極的	あまり積極的でない	消極的	未回答
				技術					
				生産					
				全社					
			一般職	事務					
				技術					
				生産					
				全社					
①	3	あなたの会社の商品，技術やサービスは競争力があると思いますか？	管理職	事務	とても競争力あり	競争力あり	あまり競争力なし	競争力はない	未回答
				技術					
				生産					
				全社					
			一般職	事務					
				技術					
				生産					
				全社					
①	4	あなたの会社の「企業イメージ」は魅力的なものだと思いますか？	管理職	事務	とても魅力的	魅力的	あまり魅力的でない	あまり魅力的でない	未回答
				技術					
				生産					
				全社					
			一般職	事務					
				技術					
				生産					
				全社					
①	5	あなたはあなたの企業に誇りを感じていますか？	管理職	事務	とても感じる	感じる	あまり感じない	感じない	未回答
				技術					
				生産					
				全社					
			一般職	事務					
				技術					
				生産					
				全社					

②	6	上司との信頼関係 あなたは良く上司に職場の問題点 を相談していますか？	管理職		とても相談 している	相談 している	あまり相談 していない	相談 していない	未回答
				事務					
				技術					
				生産					
				全社					
			一般職	事務					
				技術					
				生産					
				全社					

②	7	部下との信頼関係 あなたは部下の相談事に対応して あげていますか？	管理職		とても良く 対応している	対応 している	あまり対応 していない	対応して いない	未回答
				事務					
				技術					
				生産					
				全社					
			一般職	事務					
				技術					
				生産					
				全社					

②	8	あなたの職場は何か問題が発生 したら積極的に解決しようという 雰囲気がありますか？	管理職		十分ある	ある	あまりない	ない	未回答
				事務					
				技術					
				生産					
				全社					
			一般職	事務					
				技術					
				生産					
				全社					

②	9	あなたの部下はあなたの指示を しっかり守っていますか？	管理職		とても 守っている	守っている	あまり 守らない	守らない	未回答
				事務					
				技術					
				生産					
				全社					
			一般職	事務					
				技術					
				生産					
				全社					

第3講　海外直接投資後のマネジメント　151

					とてもうまくとれている	とれている	あまりとれていない	とれていない	未回答
②	10	あなたの職場では部門間の連携がうまくとれていますか？	管理職	事務					
				技術					
				生産					
				全社					
			一般職	事務					
				技術					
				生産					
				全社					

					とても明確	明確	あまり明確ではない	不明確	未回答
③	11	あなたの会社の組織は明確になっていますか？	管理職	事務					
				技術					
				生産					
				全社					
			一般職	事務					
				技術					
				生産					
				全社					

					はい	いいえ			未回答
③	12	あなたはコンプライアンス教育を受けましたか？	管理職	事務					
				技術					
				生産					
				全社					
			一般職	事務					
				技術					
				生産					
				全社					

					正しい	間違い			未回答
③	13	コンプライアンスは，従業員自身の生活を守るとともに，企業の危機管理に関わる大事な問題と理解していますか？	管理職	事務					
				技術					
				生産					
				全社					
			一般職	事務					
				技術					
				生産					
				全社					

③	14	あなたの部下は報告・連絡・相談は適切になされていると思いますか？	管理職		適切になされている	なされている	あまりなされていない	なされていない	未回答
				事務					
				技術					
				生産					
				全社					
			一般職	事務					
				技術					
				生産					
				全社					

③	15	あなたは上司から業務命令で，ちょっと法律違反の恐れのある仕事を頼まれました。どうしますか？	管理職		仕事だから引き受ける	法律上の問題点を質問する	断固断る	無視する	未回答
				事務					
				技術					
				生産					
				全社					
			一般職	事務					
				技術					
				生産					
				全社					

③	16	あなたの職場は仕事の標準化，システム化，見える化がなされていますか？	管理職		十分になされている	なされている	あまりなされていない	なされていない	未回答
				事務					
				技術					
				生産					
				全社					
			一般職	事務					
				技術					
				生産					
				全社					

④	17	あなたは管理者，監督者としての仕事上の権限は明確になっていますか？	管理職		とても明確	明確	あまり明確ではない	不明確	未回答
				事務					
				技術					
				生産					
				全社					
			一般職	事務					
				技術					
				生産					
				全社					

④ 18 上司から権限委譲は適切になされていると思いますか？

		とても適切	適切	あまり適切ではない	適切でない	未回答
管理職	事務					
	技術					
	生産					
	全社					
一般職	事務					
	技術					
	生産					
	全社					

④ 19 あなたは会社内で従業員の不正を見たり聞いたりしたことがありますか？

		はい	いいえ			未回答
管理職	事務					
	技術					
	生産					
	全社					
一般職	事務					
	技術					
	生産					
	全社					

④ 20 あなたは会社内の不正を知った場合，どうしますか？（複数回答）

		上司に報告	同僚に相談	自ら注意	なにもしない	未回答
管理職	事務					
	技術					
	生産					
	全社					
一般職	事務					
	技術					
	生産					
	全社					

⑤ 21 あなたの会社は教育研修に積極的に取り組んでいますか？

		とても積極的	積極的	あまり積極的でない	消極的	未回答
管理職	事務					
	技術					
	生産					
	全社					
一般職	事務					
	技術					
	生産					
	全社					

154　第Ⅰ部　海外事業を成功させる方法

					とても役立っている	役立っている	あまり役立っていない	役立っていない	未回答
⑤	22	教育研修はあなたにとって役立ちましたか？	管理職	事務					
				技術					
				生産					
				全社					
			一般職	事務					
				技術					
				生産					
				全社					
					十分に把握し指導している	把握し指導もしている	あまり把握も指導もしていない	把握も指導もしていない	未回答
⑤	23	あなたはあなたの部下の仕事の進捗状況を把握し適切な指導をしていますか？	管理職	事務					
				技術					
				生産					
				全社					
			一般職	事務					
				技術					
				生産					
				全社					
					十分に行ってくれる	行ってくれる	あまり行ってくれない	行ってくれない	未回答
⑤	24	上司はあなたの仕事に対し適切な助言や指導を行ってくれますか？	管理職	事務					
				技術					
				生産					
				全社					
			一般職	事務					
				技術					
				生産					
				全社					
					とても適切に行われている	適切に行われている	あまり適切には行われてはいない	適切で行われてはいない	未回答
⑥	25	あなたの職場ではミーティングなどのコミュニケーションが適切に行われていますか？	管理職	事務					
				技術					
				生産					
				全社					
			一般職	事務					
				技術					
				生産					
				全社					

第3講　海外直接投資後のマネジメント　155

					とても良く理解している	理解している	あまり理解していない	理解していない	未回答
⑥	26	日本人経営層は良く職場巡視を行い，理解していると思いますか？	管理職	事務					
				技術					
				生産					
				全社					
			一般職	事務					
				技術					
				生産					
				全社					

					とてもうまくなされている	うまくなされている	あまりうまくなされていない	なされていない	未回答
⑥	27	日本人経営層とのコミュニケーションが適切に行われていますか？	管理職	事務					
				技術					
				生産					
				全社					
			一般職	事務					
				技術					
				生産					
				全社					

					とてもうまくなされている	うまくなされている	あまりうまくなされていない	なされていない	未回答
⑥	28	通訳を介したコミュニケーションは適切に行われていると思いますか？	管理職	事務					
				技術					
				生産					
				全社					
			一般職	事務					
				技術					
				生産					
				全社					

					とてもよくなされている	うまくいっている	あまりうまくいっていない	うまくいっていない	未回答
⑥	29	社内の人間関係はうまく行っていますか？	管理職	事務					
				技術					
				生産					
				全社					
			一般職	事務					
				技術					
				生産					
				全社					

156　第Ⅰ部　海外事業を成功させる方法

				十分ある	ある	あまりない	ない	未回答
⑥	30	社員が会社の不平不満や改善提案を積極的に出せる雰囲気はありますか？	管理職 事務					
			管理職 技術					
			管理職 生産					
			管理職 全社					
			一般職 事務					
			一般職 技術					
			一般職 生産					
			一般職 全社					

				総経理	部長	課長	同僚	未回答
⑥	31	あなたは仕事で困ったときには誰に相談していますか？	管理職 事務					
			管理職 技術					
			管理職 生産					
			管理職 全社					
			一般職 事務					
			一般職 技術					
			一般職 生産					
			一般職 全社					

				大いにある	たまにある	ほとんどない	まったくない	未回答
⑥	32	食事会で日本人幹部との交流がありますか？	管理職 事務					
			管理職 技術					
			管理職 生産					
			管理職 全社					
			一般職 事務					
			一般職 技術					
			一般職 生産					
			一般職 全社					

				強く流れている	流れている	あまり流れていない	流れていない	未回答
⑦	33	あなたの会社は人を大切にするという思想が流れていると思いますか？	管理職 事務					
			管理職 技術					
			管理職 生産					
			管理職 全社					
			一般職 事務					
			一般職 技術					
			一般職 生産					
			一般職 全社					

第3講　海外直接投資後のマネジメント　　157

⑦	34	あなたの会社は社員ときちんと「労働契約」を結んでいますか？	管理職		結んでいる	結んでいない			未回答
				事務					
				技術					
				生産					
				全社					
			一般職	事務					
				技術					
				生産					
				全社					

⑦	35	「就業規則」の内容は妥当性のあるものだと思いますか？	管理職		とても妥当性がある	妥当性がある	あまり妥当性がない	妥当性がない	未回答
				事務					
				技術					
				生産					
				全社					
			一般職	事務					
				技術					
				生産					
				全社					

⑦	36	あなたは会社の「給与規定」を知っていますか？	管理職		知っている	知らない			未回答
				事務					
				技術					
				生産					
				全社					
			一般職	事務					
				技術					
				生産					
				全社					

⑦	37	「人事考課制度」は適切な運用がなされていると思いますか？	管理職		十分になされている	なされている	あまりなされていない	なされていない	未回答
				事務					
				技術					
				生産					
				全社					
			一般職	事務					
				技術					
				生産					
				全社					

⑦	38	あなたにとって，日本人出向者，出張者は相談にのってくれますか？	管理職		大変良い相談相手	相談相手	あまり良い相談相手でない	相談相手でない	未回答
				事務					
				技術					
				生産					
				全社					
		あなたにとって，工会は良い相談相手ですか？	一般職	事務					
				技術					
				生産					
				全社					

⑦	39	労働時間は適正であると思いますか？	管理職		とても適正	適正	あまり適正でない	不適正	未回答
				事務					
				技術					
				生産					
				全社					
			一般職	事務					
				技術					
				生産					
				全社					

⑦	40	決められた時間には，きちんと休憩できていますか？	管理職		十分できている	できている	あまりできていない	できていない	未回答
				事務					
				技術					
				生産					
				全社					
			一般職	事務					
				技術					
				生産					
				全社					

⑦	41	あなたは会社の福利厚生に満足していますか？	管理職		十分満足している	満足している	あまり満足していない	不満	未回答
				事務					
				技術					
				生産					
				全社					
			一般職	事務					
				技術					
				生産					
				全社					

第3講 海外直接投資後のマネジメント 159

⑧ 42 あなたの職場には設備面で働きやすい環境が整っていると思いますか？

		十分に整っている	整っている	あまり整っていない	整っていない	未回答
管理職	事務					
	技術					
	生産					
	全社					
一般職	事務					
	技術					
	生産					
	全社					

⑧ 43 あなたの職場は安全・衛生・健康管理について十分な配慮がなされていますか？

		十分になされている	なされている	あまりなされていない	なされていない	未回答
管理職	事務					
	技術					
	生産					
	全社					
一般職	事務					
	技術					
	生産					
	全社					

⑧ 44 労働災害が発生した場合，職場で安全衛生会議が開かれて事故原因の追求がなされていますか？

		十分になされている	なされている	あまりなされていない	なされていない	未回答
管理職	事務					
	技術					
	生産					
	全社					
一般職	事務					
	技術					
	生産					
	全社					

⑨ 45 あなたの会社では，社内ルールや決められたことが守られていますか？

		十分に守られている	守られている	あまり守られていない	守られていない	未回答
管理職	事務					
	技術					
	生産					
	全社					
一般職	事務					
	技術					
	生産					
	全社					

⑩ 46	あなたはこの会社に入社して良かったと思っていますか？	管理職		本当に良かったと思っている	良かったと思っている	あまり思っていない	思っていない	未回答
			事務					
			技術					
			生産					
			全社					
		一般職	事務					
			技術					
			生産					
			全社					

⑩ 47	あなたはこの会社に将来性があると思いますか？	管理職		大いにあると思う	あると思う	あまりないと思う	あると思わない	未回答
			事務					
			技術					
			生産					
			全社					
		一般職	事務					
			技術					
			生産					
			全社					

⑩ 48	あなたは管理者としてのプライドを感じていますか？	管理職		とても感じる	感じる	あまり感じない	感じない	未回答
			事務					
			技術					
			生産					
			全社					
		一般職	事務					
			技術					
			生産					
			全社					

⑩ 49	現在，他の部署やポジションへの異動を希望していますか？	管理職		異動を希望する	異動を希望しない			未回答
			事務					
			技術					
			生産					
			全社					
		一般職	事務					
			技術					
			生産					
			全社					

					ぜひ 働きたい	働きたい	あまり 思わない	思わない	未回答
⑩	50	あなたは今後も この会社で働きたいと 思いますか?	管理職	事務					
				技術					
				生産					
				全社					
			一般職	事務					
				技術					
				生産					
				全社					

⑤ 販売与信管理について

　海外において致命的に重要な事が与信管理です。海外では，日本と異なり，資金があっても，金を支払わない事を重視する傾向すらあります。債権回収ができずに，撤退，本社への影響などによる本社倒産などもあります。ここでは，海外での取引における心構え，与信限度額の設定と与信限度の管理，売掛債権履行管理規定等について見てみたいと思います。

1　海外での取引における心構え

　日本の文化が「他人への思いやり」を重視するのに対して，海外では「自分にとっての利益」を最優先する傾向があります。海外では周囲のことは一向にお構いなく，接客中であろうが公共交通機関の中であろうが，時間や場所を問わず携帯電話で大声でやり取りする場合に出合うことがあります。このような態度は，別の見方をすると，今のグローバルサウスを中心とする新興国の凄まじい発展を支える原動力になっているとも言えます。さらには，「自国にようやく到来した千載一遇の経済繁栄のチャンスを逃してなるものか」という現地ビジネスマンの強い決意とも読み取ることができます。

　このようなアクティブな海外企業と取引するに当たっての心構えを見ていきましょう。

162　第Ⅰ部　海外事業を成功させる方法

(1)　取引条件をあいまいにしない

　契約の概念が薄い日本では，取引価格や納入条件などをあいまいにしておき，実際の取引が始まる直前に，あうんの呼吸で折り合いを付けることがよくあります。しかし，ビジネス習慣が違う海外企業との取引では，決済条件，検収条件，納期，ペナルティなどの取引条件を引合いの段階から書面で明確にしておくことが重要です。

(2)　議論を避けてはならない

　「こう言っては，相手に失礼なのでは……」という遠慮や気遣いは，海外では何かを隠していると勘違いされ，却って逆効果になることがあります。思ったことや疑問点は真正面から切り出し，率直な議論をし，要求事項を明確にする，できないことや受け入れられないことははっきり断る，本当の手の内は最後まで見せない，といった交渉態度が求められます。日本では相手に対してはっきりと指摘すると根に持たれることがあります。しかし，海外のビジネスでは，一般的に，国民感情に抵触するような話題でない限り，お互いに自分の意見を表明して議論が白熱することのほうが，かえって親交を深める結果となることがあります。

(3)　結論の先延ばしをせず，イエス・ノーをはっきりする

　一定の時間の中でどれだけ儲けられるかという，経済的効率とスピードを重視する海外ビジネス社会では，「時はカネなり」という考え方が徹底されています。何回も結論を先延ばししたりするような取引先は，貴重な時間を無駄にする相手と考えられ敬遠されます。

　海外でのビジネスには素早い決断力が重要です。イエス，ノーをはっきり述べ，自分に有利な条件を主張して，不利なことは受け入れず，リスクが多いと感じたビジネスからはさっさと手を引くといったように，ビジネスライクに事を進めることが交渉で失敗しないコツです。

　「人に迷惑をかけないように」という美徳は，日本文化が世界に誇れるものです。しかし残念なことに，異文化同士が厳しい競争を繰り広げる国際ビジネスや国際政治の場においては，他人への思いやりを重視する伝統は日本人の国

際交渉力を弱める原因ともなっています。声高に自己主張し続けることで相手の譲歩を勝ち取ることが，国際交渉の基本的なテクニックです。国際ビジネスの場においては，日本文化独特の「周囲への気遣いモード」は一時的にスイッチ・オフし，「明確な自己主張モード」にスイッチ・オンして交渉の駆け引きに臨むことも重要です。

2 与信限度額の設定方法

次に，与信限度額をどのように決めるかを見てみます。与信限度額を決めるには，与信先の業種，資産内容，企業規模，当該与信取引で得られる期待利益，撤退可能な債権のシェア，相手先の倒産時の自社の体力などを合わせて設定がなされます。与信限度額の設定方法には通常，幾つかの方法があり，決め手はありません。代表的な方法は以下ですが，これらの方法を実情に合わせて各企業で組合せる必要があります。

(1) 得意先の支払い能力に基準を置く方法

① 運転資金基準法

販売先の正味運転資金（流動資産－流動負債）を基準とする。

② 正味資産基準法

販売先の正味資産（資産－負債）を基準とする。

③ 担保余力限度法

販売先の担保余力の60％から70％を限度とする。

④ 仕入れ債務基準法

販売先の仕入れ債務に対して，一定割合（20－30％）を限度とする。

(2) 得意先の販売能力に基準を置く方法

月商一割法：得意先の月商の一割とする方法。

(3) その他

① 段階的増額法

当初低めに設定して，段階的に増額する方法。

② 同種企業比較法

標準企業を選定して，これに比較増減させる方法。

③ 売掛能力一割法

自社の総売掛債権の一割を基準とする方法。

海外で，新規の取引を決定するには，原則として信用調査は当然の事，商談調査（販売先の経営者・幹部・従業員との面談の情報），聞き込み調査（販売先の元役員，元従業員，仕入先，販売先，業界，金融機関からの聞き込み），業界紙などのマスコミ情報収集など，広い範囲での非財務の情報収集も重要となります。なお，海外では，口コミ情報も重要な情報源となりますので，以下のような経営者の資質への評判に関する情報も収集する必要があります。

・同業者の評判

・従業員の定着率と評判

・取引先との関係と評判

・金融機関との取引状況と評判

信用調査の結果，取引開始に問題がなさそうであれば，次ページのような「新規取引開始申請書」で上司の承認を受けた上で，初めは少し低めに与信限度額を設定し，その後，相手先の支払等の状況に合わせて増額を検討します。

第3講　海外直接投資後のマネジメント　　165

【新規取引開始申請書（雛形）】

| | | 承認 | 承認 | 承認 | 承認 |

○年○月○日

担当者：

項　目	記載内容	備　考
企　業　名	■設立年月日：　　　　年　　月　　日	
登録場所	■ホームページ：	営業許可書住所
経営者資質への評判	情報入手先	
同業者の評判	情報入手先	
従業員の定着率と評判	情報入手先	
取引先との関係と評判	情報入手先	
金融機関からの評判	情報入手先銀行名	
信用調査結果綜合所見		
初回出荷予定日・見込み取引高・品　目		
支払い条件		
与信限度額		
担　保　等		
承　認	承認番号	

＊　上記の記入事項と同時に顧客信用調書を添付してください。

3 与信限度の管理

与信限度額を決めた後は，与信限度の管理です。一般的に与信限度額の決定と与信限度の管理は**図表１-３-27**の流れで運用されます。

図表１-３-27　与信限度額の管理の流れ

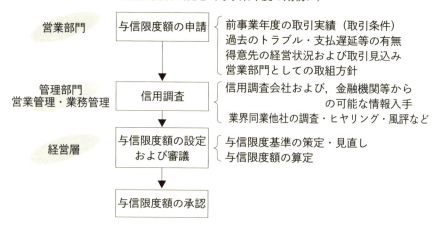

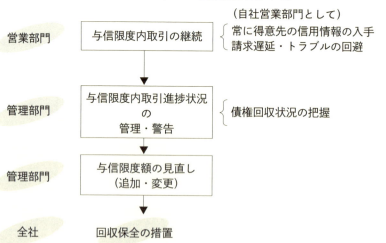

第3講　海外直接投資後のマネジメント　　167

　これらの，与信管理業務を実施するにあたっては，次のような「営業債権管理表」を顧客別に作成して，毎月日本人の社長自らが会議を主催して販売与信管理を厳しく行う姿勢が求められます。

営業債権管理表（雛形）
年　　月　　度

承認	承認	承認	承認

項　　目／顧　客　名	売掛金					受取手形・小切手				営業債権合計	与信限度	与信限度差額
	前月残	売上	返品値引き	入金	当月残	前月残	当月発生	当月落ち込み	当月残			
合　　計												

4　売掛債権履行管理規程

(1)　売掛債権履行管理規程策定の目的

　与信管理を進めるために重要なのが売掛債権の回収管理の方法の文書による明示です。それが，「売掛債権履行管理規程」です。「売掛債権履行管理規程」は，債権回収を行うための手順が書かれており，長期滞留債権や不良債権の発生を事前に防止することや，再発防止，債権の確実な回収に役立ちます。その内容は**図表1－3－28**のステップとなります。

(2) 売掛債権履行管理規程の内容

債権履行管理規程に書くべき内容は，ステップに応じて作成する必要があります。受注時，入金前，入金されない時のステップです。

図表1-3-28　債権履行のためのステップ

このステップに沿い，債権を履行するために何をすべきかを債権履行管理規程に手順を明記します。

〈ステップ1．受注時・入金前の対応〉

債権回収は，受注時・入金前に行う事項から始まります。

(i) 注文書または発注書を必ず発行してもらう

注文した，しないといった双方のくい違いから回収が遅れることがあります。次のような対応を規程に明記します。

① 専用の発注書またはそれに代わるものを発行してもらう。
② 電話によるオーダーの場合は，相手の氏名を必ず確認し，後日，発注書をもらう。
③ 少なくとも営業担当者はメモを残し，後日の証拠として残すようにする。

(ii) 売上計上を間違わない

同じ商品であってもすべての得意先に同じ価格で販売するとは限りません。販売した価格・数量等を間違って計上しないように複数人によるチェックが必要です。当たり前のことですが，うっかりミスによりクレームにつながり回収遅れの原因となることがありますので，心構えとして規程に明記する必要があります。

(ⅲ) 受領書を必ず受け取る

納品時の受領書は必ず受け取るようにします。万が一の時に効力を発揮します。

宅配便を利用する場合には，運送会社の受領書（送り状控え）を受け取り保管しておきます。もし，商品が未着と言われた場合は，納品先の受領印が押された送り状を先方に示すことで対処が可能となります。

(ⅳ) クレームはすぐに処理する

クレームが発生した場合にはすばやく処理します。クレームに執着し，回収が遅れる原因になる場合が多くあるものです。

(ⅴ) 返品，値引きの処理はすぐに行う

返品が発生したり，後日値引きをした場合には，売上の修正をすぐ行い，伝票にその理由を記載します。これを行わないと，請求金額が違うという理由で先方から支払をストップされることがあります。

(ⅵ) 請求書を確実に発行する

請求書の提出が遅れたために，売掛先の支払計画リストから外されることがあります。請求書は決まった様式で毎月一定日に必ず発行します。

(ⅶ) 取引先別の回収計画表を作成する

取引先毎に取引条件を明確にしておき，回収計画表を毎月作成し，入金予定者リストを作って営業担当者へ連絡します。

(ⅷ) 取引先の与信限度を必ず守る

取引先の与信限度オーバーは絶対に避けるようにします。

〈ステップ２．入金直近時の対応〉
（ⅰ）集金日前３日〜10日前に電話で支払いの確認

事前に支払予定を電話で確認するだけでも，かなりの回収確率が高まります。

170　第Ⅰ部　海外事業を成功させる方法

(ⅱ)　集金日には必ず訪問する

　特に，はじめての取引先には，決められた集金日に必ず訪問して集金を確実にするようにします。訪問しない場合，相手に支払わない理由を与えるだけでなく，支払いの優先順位を下げられてしまうことあるからです。

〈ステップ3．未入金への対応〉

(ⅰ)　入金日に状況をチェックする

　万が一入金日に請求金額が入金されていない場合は，至急連絡を取りその理由を聞きます。相手方に対して，当社は回収に対しきちっとした会社で，いいかげんな対応はできないというイメージを与えるためにも有効です。また，この時点で新規の出荷を停止を検討する必要があります。

(ⅱ)　支払い期日後3日以内：電話で督促

　支払期日後3日以内は，電話での督促を行います。電話の督促があれば，この時点でも60％が支払いに応じる場合があります。

(ⅲ)　支払い期日後2週間：電話と尋問書をファックス

　支払期日後2週間たっても支払いがない場合には，購買担当者ではなく，購買責任者に対して，電話連絡とともに催促状をファックスします。購買責任者から「急いでいるようだから支払ってやれ」と命令が出る可能性があります。

(ⅳ)　支払い期日後1カ月：第2の請求書と催促文書

　支払い期日後1カ月たっても支払われない場合には，購買責任者ではなく，担当役員あてに第2の請求書と以下のような催促状を書留で郵送します。売掛先の担当役員が知らない場合もありますので，支払い遅延の事実を相手の担当部門のトップに伝えることが必要です。

第3講　海外直接投資後のマネジメント　　171

催促状（雛形）

承認	承認	承認	承認

○△×□株式会社　　御中

○○部○○様

件名：○△×□未入金の件

```
○○株式会社
営業部長：○△×□
財務部長：○△×□
```

売掛金支払いのお願い

　前略　毎々お引き立てをいただき厚く御礼申し上げます。
　さて，　月　　日付（請求番号　　　　　　　）にてご請求いたしました売掛金
の支払いにつきまして，本日に至るまで入金されておりません。
貴社との契約では売掛金は，請求月の翌月末日毎に支払いくださることになっ
ております。弊社といたしましては経理の都合もありますので，至急ご調査の
うえご送金いただきますようお願い申し上げます。
税込合計金額：△000ドル（大写　　　　　　　）

	摘要	数量	単価	金額	備考
1					
2					
3					
4					
5					
6					
			合　　計	△000	

(ⅴ)　**支払い期日後2カ月：第3の請求書と催促文書**

　支払期日後2カ月たっても支払いがない場合には，担当の役員ではなく，経
営者にたいして，第3の請求書と督促文書を郵送する必要があります。2カ月
たってもこちらからトップにまでコンタクトしていなければ，回収は相当難し
くなると覚悟すべきでしょう。

(vi) 支払い期日後3カ月

支払期日後3カ月たっても支払いがない場合には，再度督促状に「専門の回収業者に依頼」または「法的手段に訴える」旨を明記して郵送する必要があります。その後も支払いがない場合には，「法的手段に訴える」時期と判断して問題ないと思われます。

このような(i)～(vi)のステップごとに必要なアクションを明示することで，新人の営業スタッフも自分が行うべきことが明確になり，不良債権の発生を少なくする効果が期待できます。また，定期的に作成済みの規程の勉強会や営業スタッフ全員による規程の改善活動なども有効な手段と言えます。

5 債権の時効

なお，債権確保には債権の時効も考慮して対応する必要があります。

(1) 売掛債権の時効（消滅時効）はいつか

基本的には，継続的に商品やサービスを提供しているような場合，ある期日で一度締めて，請求書を発行します。また継続的でない取引の場合でも，品物の引渡しなどの後，通常の請求締め日を待って請求書を発行するわけです。

債権発生の時点とは，裁判では，相手が商品などを受領したときとされていますが，一般的には請求書を発行した時点と考えられます。この債権の発生時点から時効という問題が絡んできます。この時効の期間は，日本では5年ですが，国によって異なります。債権先の国の法律上の時効を調べて対応する必要があります。

(2) 時効にならないようにするにはどうしたらいいか

債権が時効にならないようにする方法が「時効の中断」です。売掛債権では，時効になる前に改めて請求し，債権者に債権を再認識させる方法で時効の中断を図るのですが，このとき注意すべきことは，いつ時効の中断をしたかということを立証できる客観的な方法をとる必要があるということです。有効な方法としては，内容証明郵便によって請求する方法があります。

ただし，継続的に売り買いの取引が行われている場合においては，内容証明

郵便により時効の中断を図るということはまず考えられません。この場合，請求書の再発行で十分ですが，納品の都度相手が確かに商品を受け取ったことを証するための受領書は，重要な証拠書類となりますので，確実に入手しておく必要があります。

6 商業賄賂について

多くの日本企業が進出するグローバルサウスを中心とする新興国では，残念ながら，必ずと言っていいほど商業賄賂の話題が出ます。共産主義国家である中国やベトナムやインドネシアなどは，国をあげて贈収賄の取り締まりを強めていますが，なかなか根絶するのが難しいのが現状です。

商業賄賂を防ぐための法律は先進国をはじめ新興国側でも整備されてきており，コンプライアンスの観点からも日本企業は避けては通れません。以下，先進国および新興国の法規制や社内体制のあり方について見ていきます。

1 先進国の法規制動向

商業賄賂の法制化で最も古からあるのが，1977年に法制化された米国の「FCPA：Foreign Corrupt Practices Act」です。対象は，外国公務員への贈賄で，民間贈賄は直接の処罰の対象外です。特徴としては，公正競争（フェアーコンペティション）の精神に基づく域外適用です。したがって，日本の企業が途上国の公務員に米ドルで賄賂を支払った場合でも現状では，処罰の対象となります。ただし，米国企業のビジネスチャンスをなくすとして，2025年1月よりトランプ政権で見直しがはじまっています。

2011年には，英国でも「Bribery Act」が施行されています。公務員（外国を含む）および民間人に適用され，域外適用もなされます。また，効果的なコンプライアンス制度が処罰免除与件と明記とされており自助努力を重視しています。

日本では，不正競争防止法18条で外国人公務員に対する贈賄を規定しています。また，経産省「外国公務員贈賄防止指針」改定（2015年7月）で「企業が目標とすべき防止体制の在り方」の例示（贈賄防止体制の構築・運用にあたり留意すべき内容）し，経営トップの姿勢・メッセージの重要性，リスクベースアプローチ，贈賄リスクを踏まえた子会社における対応の必要性を訴えています。

174　第Ⅰ部　海外事業を成功させる方法

2　新興国の法規制動向

⑴　新興国の法規制の特徴

①　中国

　日本企業の進出の多い中国では，商業賄賂の取り締まりは厳しく，刑事罰と行政処罰の双方が課せられる点に特徴があります。また，収賄は死罪となる場合もあります。この背景には，「賄賂は政治犯罪で党を転覆させようという意図であるという共産党の認識がある」と言われています。

---

　①　腐敗は党の命運・一党独裁の拘わる問題であり，厳粛に対処の必要がある。
　②　賄賂などを行う腐敗分子はあくまで個別少数者に過ぎず，党員・公務員の絶対多数は人民の利益に奉仕している。
　③　一党独裁に反対する勢力に，その口実を与えない。共産党自らが，腐敗反対活動を行い，共産党への反体制派が不正反対を言うのは，「別有用心（下心がある）」で，不正反対は嘘である。彼らの本当の狙いは党の転覆である。

---

②　その他新興国の法規制

　中国以外にも，インドネシア，ベトナム，インド，フィリッピンなどのグローバル・サウスの新興国でも法整備がなされています。ただし，これらの国では法整備がなされているものの，法執行において解釈の余地がかなりあり，不透明な部分があります。日本からの進出が多いこれらの国での商業賄賂対策は，現地事情に詳しい弁護士などの専門家とともに本社・現地と一緒になり事前に規程も含め対策準備をする必要があります。

⑵　事例と対応について

①　C社事例

　ベトナムで実際にあったC社の事例から考えてみたいと思います。

　C社はベトナムハノイに工場を持ち，EPEとして会社を設立。C社のベトナムのハノイ子会社から「今年に入り，通関局局長から呼び出しがあり提出した報告書のデータが正しくない。部品の品種で90％以上が合わない。理由は何

か，理由書を出してほしい。」との連絡がありました。在庫表を再確認したところ，部品の廃棄もれ，棚卸の間違いなどが有り，税関局からは，1億円相当の罰金額が罰金を支払わないと税関のブラックリストにのり，今後輸入ができなくなる可能性が出ると伝えられました。その後，「局長の親友というZ社長から連絡があり，サポート契約が可能，サポート代として2,000万円くらいを考えてくれれば，領収書を発行し，問題は解決可能と話がありました。どうしたらよいでしょうか？」という相談が本社にありました。

② C社の対応

C社子会社からの相談に対し，本社側で検討し，この様なケースは新興国ではよくある話だと結論づけ，2,000万円の支払を認めました。子会社の社長は，本社承認のもと，領収書をもらい2,000万円を支払いました。

③ ベトナム当局の動き
・Z社長から税関と話して，貴社はブラックリストに載らないことになったと連絡が入りました。
・2週間後，別の税関部署から5日後に貴社に調査が入ると連絡が入り，C社は調査を防ぐために，その税関を訪問，お菓子と現金が入った袋を渡し調査をとめました。
・3週間後に有害廃棄物に関する調査に入る旨，環境局から連絡が入りました。
・その3週間後に，又，労働基準監督署から立ち入り調査の連絡が入りました。

④ 対応

新興国では似たようなことが実際起こります。この事例では，穏便に済ませようとして，かえって不利な状況を生み，言葉は悪いですが，腐敗した役人の「食いもの」となった事例です。事例からわかることは，絶対に商業賄賂を渡さないということです。

本社側もこの原則を貫くとともに，賄賂を渡さないことで，現地責任者の人

176　第Ⅰ部　海外事業を成功させる方法

事に不利が生じないルールを明確化しておく必要があります。

☑ 第Ⅰ部第3講　要点チェックリスト

1. 海外子会社のマネジメントの枠組み

- ☐ 任命した現地経営者および現地経営幹部は経営者としての能力を備えていますか？
- ☐ 現地で経営者を雇う場合は，前職での評判を確認していますか？
- ☐ 現地経営者は経営管理者としての任務を果たしていますか？

- ☐ 財務諸表に異常値が該当する項目はありますか？
- ☐ 異常値をもたらした原因を確認しその妥当性を検証していますか？
- ☐ CSA 管理をされていますか？

- ☐ 管理すべき KRI 指標を決めてますか？
- ☐ KRI の指標の推移を分析していますか？
- ☐ KRI の指標の数値，変動率に異常はありませんか？
- ☐ KRI の指標に異常がある場合には対策を打っていますか？
- ☐ 組織図によるけん制はなされていますか？
- ☐ 規定類によるけん制はなされていますか？

2. 海外子会社の具体的なマネジメント方法

- ☐ 不正のトライアングルについて理解されましたか？
- ☐ 内部監査の方法について理解できましたか？
- ☐ 内部統制システムの構築の方法について理解されましたか？

3. 重要なマネジメント分野とマネジメント方法

- ☐ 重要なマネジメント分野への理解とそのマネジメント方法について理解されましたか？

海外事業を成功させる
リスク管理

第1講

海外事業とリスクの関係

　ダボス会議で有名な World Economic Forum が毎年発表するグローバルリスク報告書で，これからの時代は「Crisis is the new normal―危機常態化の時代―」と発表されたのが2017年1月です。それに先立つ25年以上前の1991年に米陸軍戦略大学校から「VUCA」という軍事用語が発表されています。VUCA とは Volatility（不安定），Uncertainty（不確実性），Complexity（複雑性），Ambiguity（曖昧性）の頭文字をとったもので，一言で言えば，「これからは先が読めない時代」であるということです。

　これまで我々は，「時代の先を正確に読む」ことが求められてきましたが，現代は，その社会の複雑性，変動性の速さゆえに，先が読めないことを前提に行動し，障壁があった場合には，柔軟に対応し，スピード感をもってその障壁を乗り越え，回復し，前進する「レジリエンスの力」を組織全体で持つことが求められています。

　特に，2022年2月24日のロシアによるウクライナ軍事侵攻後2年以上経っても戦争が収束しない状況を目の当たりにし，第二次世界大戦後の米国を中心とする自由主義国家の価値観が今まで通りに通用せずに，先が読めない時代，既存のロジックや理性のみでは，対応しきれない場面が増えることを覚悟する必要があります。これからの時代は，予期せぬ紛争など，海外での出来事が直接的に日本の企業経営に影響を与え，大きなダメージを受けることが避けられなくなる可能性も否定できません。

　第Ⅱ部第1講では，これらの予期せぬ海外での出来事（リスク）をいかに管理して経営を行っていくかについて，海外事業とリスクの関係から見ていきます。

第1章　海外事業とリスク

1　正しいリスクの捉え方

　我々日本人は「リスク」と聞くと，自然災害，偶発事故，賠償責任など「損失」をイメージし，「リスク」を触れたくないものと忌避する傾向が強くあります。**図表2-1-1**のとおり，「リスク」は，事故発生の可能性を意味し，損失（ロス）を表す概念ではありません。

　「リスク」の前段階には，損失につながる事故を生むさまざまな要因である「ハザード」が存在します。「ハザード」を取り除くことができないと，事故発生の可能性である「リスク」が現実化し，実際に事故（ペリル）が起こることになります。その事故（ペリル）により発生した損失を「ロス」と考えるのが，「リスクの一連のプロセス」の捉え方です。したがって，日本人が「リスク」と聞いて思い浮かぶ「ロス」は「リスク」ではありません。「リスク」はあくまでも事故発生の可能性に過ぎません。事故発生のさまざまな要因（ハザード）を排除できれば，事故発生の可能性はコントロールでき，その結果ペリルやロスを生じさせないことができる，すなわち「我々は自分の意志で将来を変えることができる」という前向きな考えがリスク対応の本来の考え方です。

　また，「リスク」という語源には，イタリア古語で「勇気を持って試みる」，ラテン語では「岩山の間を航行する」，アラビア語では「明日への糧」というような「不確実性を認識し，その対処法を決定し，勇気を持って試み，果実を手中に収める」という意味が本来含まれています。そのため，特に欧米人は「リスクは損失（ロス）を発生させる単なる可能性に過ぎず，ハザードを取り除くことに傾注・努力を怠らなければ，ペリル，すなわちロス発生を防ぐことが可能」という考えに加えて「リスクは利益を生み出すチャンス。したがって，リスクマネジメントを適切に行いながら，積極的にリスクを取りに行く」という前向きな考えにリスクを昇華しています。利益を得るための手段として，リスクをビジネスへの応用として使っているのです。ハザードを取り除くことで

リスクをリターンに結び付け，新しい未来を創造するにはどうしたらよいか？という考えは，新規事業，起業等を考える上で重要な考え方ですが，その考え方の源泉も「リスク」の捉え方まで遡ることができます。

図表2-1-1　リスクの概念

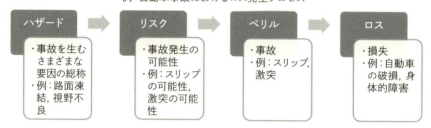

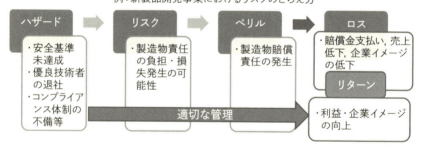

出所：上田和勇『事例で学ぶリスクマネジメント入門』（同文舘出版，2012年）を参考に筆者作成

2　事業に役立つリスクとは

1　事業とリスクの関係

「事業によって得られる利益とはビジネスリスクを適切に管理したことによる報酬である」と英国のイングランド・ウェールズ勅許会計士協会のターンブル委員会[1]が報告書で発表されています。このターンブル委員会の報告書では，利益がとれる可能性のあるビジネスリスクを「アップサイドリスク」，損失に

結び付くビジネスリスクを「ダウンサイドリスク」として区分し，リスクの使い分けがなされています。この考えは，1で述べた，「ロスが発生する可能性を適切に管理し，報酬としての利益をリスクテイクによっていかに取るか」というビジネス＝リスクテイクという考え方を述べたものです。先が読めない時代にリスクテイクなんてとんでもない，という考えもありますが，先が読めない時代だからこそ，「完璧な結果を求め，できない理由を考えるのではなく，どのようにしたらアップサイドリスクをとり利益を確保できるかを，トライアルアンドエラーを繰り返し，暗中模索しながら，成功に向ってチャレンジしていく」いう企業家精神同様の前向きな姿勢が求められるのではないかと思われます。ビジネス上のリスクは決して忌避する存在ではなく，上手に生かす存在として利用するものという捉え方が重要です。

図表2-1-2　ビジネスにはプラスとマイナスのリスクがある

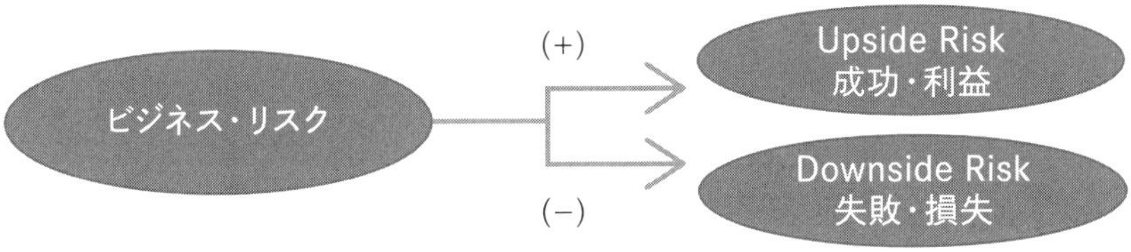

利益機会をもたらすリスク（Upside Risk：リターンの多いリスク）
⇒利益は首尾よくリスクをとることに対する報酬
～利益に結びつくリスクの現実化は戦略に負うところが大きい～

成功を脅かすリスク（Downside　Risk：マイナスの多いリスク）
⇒リスクを適切に管理し制御する
～リスクマネジメントスキルに負うところが大きい～

出所：英国ターンブル委員会報告書を参考に筆者作成

1　英国ターンブル委員会報告書：イングランド・ウェールズ勅許会計士協会のコーポレート・ガバナンス委員会が制定したもので，1999年に公表。ロンドン証券取引所の上場会社が内部統制の要件を履行するためのガイドライン。

2 事業リスクとは

　また，日本の経済産業省からも，英国ターンブル委員会が規定したビジネスリスク（アップサイドリスクとダウンサイドリスク）を「事業リスク」と呼び，「事業機会に関するリスク」と「事業活動に関するリスク」の2つに分ける考え方が出されています。

　内容的には「事業機会に関するリスク」は「アップサイドリスク」に，「事業活動に関するリスク」を「ダウンサイドリスク」と同義と解釈することができます。

(1) 事業機会に関するリスク

　「事業機会に関するリスク」とは，経営上の戦略的意思決定に係るリスクを指します。具体的には，新事業分野への進出，商品開発戦略，資金調達，設備投資等に係るリスクや，海外進出等，取締役会レベルで決定する戦略的意思決定上のリスクを指します。

　この考えは，利益機会をもたらすリスクという意味でアップサイドリスク（upside risk）と同義ですので，「事業機会に関するリスク」は一般的・感覚的に言われる損失をもたらすリスクではなく，企業にとって事業チャンスとなるリスクを意味します。

(2) 事業活動に関するリスク

　また，「事業活動に関するリスク」は，業務遂行（オペレーション）に係るリスクを指す。たとえば，コンプライアンス，財務報告，商品の品質，情報システム，事務手続きに関するリスクや，モノ・環境に関するハザードリスクなど，損失が発生する業務遂行上のリスクを指し，オペレーショナル・リスクという場合もあります。

　この考えは，事業の成功を脅かすリスクと言う意味からダウンサイドリスク（downside risk）と同義として理解することができます。

第1講 海外事業とリスクの関係　183

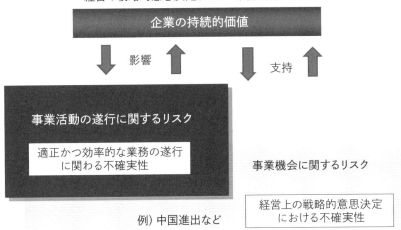

出所：経済産業省　リスク管理・内部統制に関する研究会「リスク新時代の内部統制〜リスクマネジメントと一体になって機能する内部統制の指針〜」2003年6月をもとに筆者作成

第2章　リスクマネジメントとは

1　リスクマネジメントの定義

リスクマネジメントの定義は一般的に，「事業活動の遂行で損失が発生しないように一連のリスク管理を行い，損失発生防止を中心とする狭義のリスクマネジメント」と，「ストライキ，地震，大規模なデモ等の事業活動で重大なクライシス（危機）が発生した場合にその損失を最小限に抑えるように対応するクライシスマネジメント」を包括した概念で定義されています。

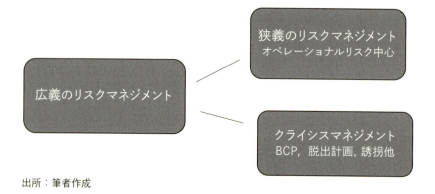

図表2-1-4　広義のリスクマネジメントの定義

出所：筆者作成

リスクマネジメントは損失発生の可能性の防止を中心とする。人間の健康にたとえれば，平素の健康管理に相当します。一方，クライシス発生にどのように対応するかは，平素のリスクマネジメントとは別の対応が必要で，クライシスマネジメント（危機管理）と呼ばれています。

平素の健康管理（リスクマネジメント）がいかに良くても人は病気になります。病気になったらどう早く治すかを事前に考えて用意することがクライシスマネジメント（危機管理）です。

図表 2-1-5 リスクマネジメント，クライシスマネジメント，経営活動相関図

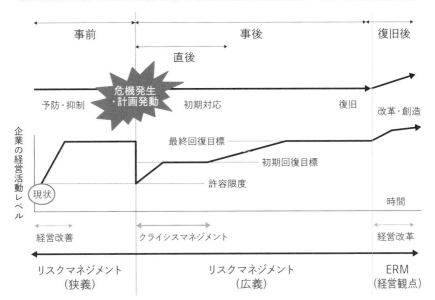

出所：筆者作成

2 リスクマネジメントの運用

1 PDCA サイクル

　リスクマネジメントは，①リスクの発見・特定，②リスクの算定，③リスクの評価，④リスク対策の選択（移転・回避・低減・保有・分散），⑤残留リスクの評価，⑥リスクの対応方針および対策のモニタリングと是正，⑦リスクマネジメントの有効性評価と是正のマネジメントサイクルで実施されます。このサイクルは一般的に，**図表 2-1-6** のようにまとめられ，経営管理でいうマネジメントサイクルと同義で，リスクマネジメントの PDCA サイクルと言われています。

186　第Ⅱ部　海外事業を成功させるリスク管理

図表2-1-6　マネジメントサイクルとリスクマネジメントの関係

マネジメントサイクル	リスクマネジメント
計画（Plan）	①リスクの発見・特定　②リスクの算定 ③リスクの評価 ④リスク対策の選択（移転・回避・低減・保有・分散） ⑤残留リスクの評価
実施（Do）	⑥リスクの対応方針および対策
検証・評価（Check）	⑥リスクの対応方針および対策のモニタリング
是正（Action）	⑥リスクの対応方針および対策のモニタリングと是正 ⑦リスクマネジメントの有効性評価と是正

2　リスク低減とその方法

　残存リスクを保有可能なレベルまで低減させることがリスクマネジメントの目的です。この残存リスクを低減させる対策には，**図表2-1-7**で触れている「移転・回避・低減・保有・分散」の方法があります。自社の保有するリスクの軽重を考慮して選択なり組み合わせを行う必要があります。

●移転：保険や契約などによりリスクを他へ転嫁する。
　　　　（例）保険を掛けて損害補填を図る。契約により相手側に損害を負担させる。
●回避：リスク発生に係る経営資源との関係を遮断する。
　　　　（例）重大なリスクのある事業に着手，継続をしない。
●低減：リスクを低減させる処置をとる。
　　　　（例）内部統制等のコントロール手続きを構築・強化する。
●保有：リスクの大きさを見極めてそのまま受け入れる。
●分散：損失対象となる経営資源を小単位にする。
　　　　（例）ホストコンピュータのバックアップをとるなどの処置となります。

図表2-1-7　ビジネスリスクマネジメントとは

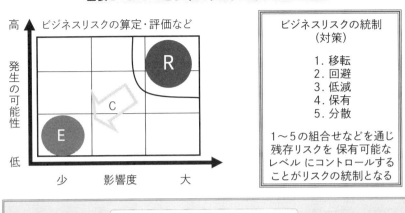

　たとえば，図表2-1-3のビジネスリスクとの関連で見ると，中国に事業機会を求めて販売業で中国に進出する場合，進出地域の選定，パートナーの選定，市場規模のリサーチ，商品企画，宣伝企画，会社設立の出資比率，撤退戦略の吟味など，進出後の事業活動のリスクを想定・評価し，進出前に適切に準備することが，「進出後の残留リスクを許容範囲まで低減」し，「事業機会のリスクテイクによるリターン」を高める諸活動が「事業機会に関するリスクへのリスクマネジメント活動」となります。

　また，「事業活動の遂行に関するリスクマネジメント活動」では，中国販売業で最もリスクの高い不良債権リスクへの対策が必須となります。「海外事業編」でも述べましたが，「与信管理規定」「権限規定」「営業倫理規定」などの規定を作成し，営業マンの教育を行い，販売のリスク対処方を明確にすることで，販売活動のオペレーショナル・リスクを下げ，許容範囲まで残留リスクを低減させることが可能となります。これらの活動が「事業活動の遂行に関する

188 第Ⅱ部 海外事業を成功させるリスク管理

リスクへのリスクマネジメント活動」となります。

3 リスクマネジメント計画策定時の考え方

リスクマネジメントに取り組む場合，Prepare for the worst（最悪に備えよ）がキーワードとして言われています。すなわち，「最善を願い，最悪に備えて，生き残りの方策を考える，悲観的に準備して楽観的に実施する」という意味です。

損失発生の前段階で，最悪のケースを想定し，悲観的に準備を行い，計画発動時には楽観的に計画に沿った対応を行います。軍事オペレーションでも最も難しいのが撤退と言われています。海外事業においても撤退が最も難しく，スムーズに撤退するためには，海外事業進出を考える時点で撤退基準を決めるなどして，最悪の事態を想定し事前に撤退基準を定めておくことで，意思決定ができずに撤退の時期が手遅れになる事態にならずに，楽観的に撤退計画を発動することができるように備え，「最善を願い，最悪に備えて，生き残りの方策を考える，悲観的に準備して楽観的に実施する」がリスクマネジメントの要諦です。

③ リスクマネジメントの効果と必要性

リスクマネジメントの効果とは一体何なのでしょうか？　これを整理したのが図表2-1-8です。この比較表から明らかですが，リスクマネジメントの実施の有無を比較した場合には，事業の成功に大きな差が出ることがわかります。特に昨今のように，スピードが速く，変化が激しく，常にビジネスリスクが変動する環境下では，計画策定だけで終わらずに，リスクマネジメントのPDCAサイクルを定期的に社内で実施することが大変重要です。

第1講　海外事業とリスクの関係　189

図表2-1-8　リスクマネジメントの効果と必要性

	実施している企業	実施していない企業
経営環境変化に対応するために評価すべきリスク（外部経営環境）	• 定期評価に基づく事前のリスク対応による損害の最小化 • リスクの可視化による経営戦略の環境変化への最適適合	• 事後対応および後手にまわる対応により，結果的に損害が増加 • 経営戦略の環境不適合
事業機会に関するリスク（外部経営環境を一部含む）	• 投資額および将来の利益を妨げるリスクへの対応の検討が可能 • 撤退を含む戦略的意思決定が即時に可能	• 投資額と利益計画はあるが，将来の収益を定期的に見直すマネジメントシステムがない • 撤退意思決定の遅れによる経営被害の増加
事業遂行に関するリスク	• 経営の効率化の推進 • 不正などによるロスの最小化 • 企業の乗っ取りリスクなどの最小化	• 非効率な経営 • 不正などのロスの放置による損害の増加 • 企業の乗っ取りリスクの放置

190　第Ⅱ部　海外事業を成功させるリスク管理

第3章　グローバルビジネスリスク対応

1　VUCA の時代とグローバルビジネスリスク対応

　「VUCA」という軍事用語が発表された1991年は，湾岸戦争を経て米国一強の時代を背景にグローバリゼーションが始まった年です。現在，30年近くを経て，グローバリゼーションにほころびが出始め，そのことで今まで以上に先が読めない VUCA の時代の色彩を強めることとなっています。また30年以上ボーダレス化が進んだ結果，VUCA の時代におけるリスク対応は依然グローバルな環境下で行う必要があり，海外事業のリスク対応の「主戦場」は，海外になります。この章では，VUCA の時代の「主戦場」である海外のグローバルビジネスリスクについて見ていきましょう。

1　グローバルビジネスリスクとは

　グローバルビジネスリスクの分類は，日本同様，外部環境リスクと内部環境リスクに分けてまとめることができます。

図表2-1-9　グローバルビジネスリスクの分類

	主な経営リスク
外部経営環境リスク	進出国の固有リスク，国家・政治の安定，競争相手の状況，業界特性，法律の改正，規則の変更，株主との関係など
内部経営環境リスク	(1)　意思決定を支持する情報リスク 　　財務情報の適否，監督機関への財務・業務報告リスクなど (2)　業務プロセスリスク 　　業務リスク（製品開発力，従業員の資質，調達先など）， 　　誠実性リスク（従業員の不正，違法行為，経営者不正など）， 　　財務リスク（与信，流動性など）

　グローバルビジネスリスクの根底にあるのが，進出国の持つ固有リスクです。グローバルリスク対応には，この文化的基層の違いの見極めが非常に重要です。

2 固有リスクを生み出す文化的基層とは

(1) 文化的基層とは

　日本人は，性善説に基づき他人を信じるという特徴が，他国に比べ強くあります。また，相手に対して「信じている」という言う場合，「貴方を信用している。しっかり頼むぞ」という気持ちが含まれていますが，海外では人は各々異なる環境で育っているために，各々異なります。それにもかかわらず，頭から信じるのは「信じるほうが悪い」「確認をしないほうが悪い」という考え方が主流のようです。

　グローバルリスクマネジメントでは，そのリスクを日本との文化的な違い（固有リスク）の文脈で明確に理解し，リスクマネジメントを行う必要があります。「郷に入っては郷に従え」ということわざがありますが，ここで言うところの「郷」にあたるのが，固有リスクになります。第Ⅰ部でも触れましたが，この各国の固有リスクの基礎となるのが，各国の文化的基層で，米国，中国の2国を比較したものが図表2-1-10です。

図表2-1-10　米国・中国の文化的基層の違い

	米国	中国
社会の構成	移民社会（不信の構造）	人間関係に応じて使い分ける信頼と不信の社会（顔の見えるムラと顔の見えない多民族国家）
基本原理	法治主義（刑政）	人治主義（金政）
価値の中心	神（契約）	血縁（狭い世間）
人間観	性悪説	性悪説
人間（企業の構成員）	部品	部品
動機付け	アメとムチ	アメとムチ
人生の目標	成功（金銭で評価）	成功（金銭で評価）
労働（仕事）	苦役	苦役
会社	金儲けの道具	金儲けの道具
論理	資本の論理	資本の論理

出所：船橋晴雄『「企業倫理力」を鍛える』（かんき出版，2007年）に筆者加筆

192　第Ⅱ部　海外事業を成功させるリスク管理

　図表2-1-10は極めて単純化したもので，もちろんすべてにあてはまるものではありません。ただし，この表から一般的な傾向を知ることはできます。

　中国の文化的基層はどちらかというと日本よりも米国に近く，性悪説で社会が成り立ってる傾向が強いということがわかります。文化的基層の違いを忘れて日本人は中国人と顔が似ている，両国とも漢字を使用する等の表面的な理由で，行動原理が日本人に近いと思いがちです。この誤解を持ったままでリスク対応を行うと真逆の効果を生み，かえってリスクを生じさせる原因になります。また，行動原理が近いと思いこむと，その違いに直面した時に極端に感情的になる傾向があります。この傾向は中国人よりも日本人のほうが強く，注意が必要です。

　日本企業の進出数の多い中国を例に，固有リスクについてさらに詳しく見てみます。

(2)　中国固有リスク

(i)　「政経一致」の国家

　中国の外部経営環境リスクを考える場合，最も重要な固有リスクは，中国が「政経一致」の国家であるという点です。共産党一党独裁の国家なので，本来政府（共産党）がやるべき役割を企業や国民に従わせるという傾向があります。たとえば，独占禁止法の過剰適用による自国企業の防衛，外資の排除，反スパイ法，対外関係法などに対しても中国企業や国民に協力を求めます。中国の国家（共産党）の利益が第一に優先されますので，外国企業活動に大きく影響するリスクがあります。なお，この傾向は同じ共産党国家であるベトナムや専制国家のロシアでも同様の固有リスクが見受けられます。

(ii)　反日デモに見る政治リスク

　中国には「指桑罵槐」（しそうばかい）」という四文字成語があります。「桑を指して槐（えんじゅ）を罵る」という意味で，「本当の攻撃対象（桑）とは別のもの（槐）を攻撃し，暗に本当の攻撃対象を攻撃する」という意味です。2005年4月に発生した反日デモでは，デモの攻撃対象は日本や日系企業ではなく共産党であったと言われています。桑＝共産党，槐＝日本・日系企業という

第1講　海外事業とリスクの関係　　193

解釈です。

　認識すべき点は，中国の独自の解釈による歴史認識を含むさまざまな理由から，他国の外資に比べて，日本・日本人・日系企業の方が攻撃されやすい対象，すなわち「槐（えんじゅ）」になりやすい立場にあるという点です。中国に進出した日本の企業は，中国政府のターゲットになりやすいことを常に認識し，目立たぬように，その対処法を準備しておく必要があります。

(ⅲ)　適用範囲が曖昧な法律リスク

　中国の法律制度は，1979年の改革開放で「合弁企業法」が施行されて以来，整備が進み，現在，日本と比べても，遜色ない程度まで法整備が進んでいます。ただし，法整備を急速に進めた結果，法律間の矛盾などが残り，地方で法律の解釈が異なった，共産党により「法治国家」の名のもとで，恣意的に運用されることがあります。たとえば，中国の反スパイ法の「国家の安全や利益」の定義は，その範囲が曖昧で，当局の恣意的な解釈を許すことにつながります。外資企業にとっては適用範囲が読めない法務リスクと言えます。

　なお，固有リスクは中国だけにあるのではありません。たとえば，インドにおいては「文化的・歴史的な背景から来るカースト制度の存在」が固有リスクになります。憲法上カースト制度は禁止されているにもかかわらず，実質的には社会でカースト制度の残滓を多くみることがあります。外国人にはわかりにくい固有リスクです。

　日本も例外ではありません。外国人の眼から見た場合，日本の固有リスクは「意思決定プロセスが見えない，意思決定」と言われています。「言わなくてもわかりあえる」という日本人の我々には普通な文化的・歴史的な事由を主な要因とすることが，海外投資家の眼から見ると固有リスクになります。進出した各国に応じて，固有リスクを謙虚に学び，日本との違いを見極めることで，リスク対応の優先順位を見誤らないようにする必要があります。

194　第Ⅱ部　海外事業を成功させるリスク管理

図表 2 - 1 -11　グローバルビジネスリスク（例：中国）

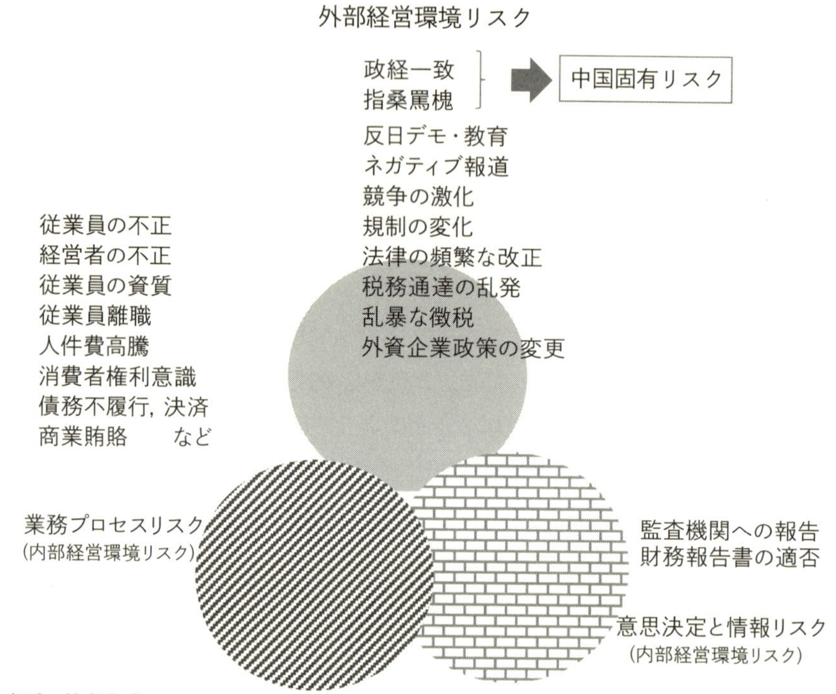

外部経営環境リスク

政経一致
指桑罵槐　　　　➡　中国固有リスク

反日デモ・教育
ネガティブ報道
競争の激化
従業員の不正　　　規制の変化
経営者の不正　　　法律の頻繁な改正
従業員の資質　　　税務通達の乱発
従業員離職　　　　乱暴な徴税
人件費高騰　　　　外資企業政策の変更
消費者権利意識
債務不履行，決済
商業賄賂　　　など

業務プロセスリスク　　　　　　　　　　　　　監査機関への報告
（内部経営環境リスク）　　　　　　　　　　　財務報告書の適否

　　　　　　　　　　　　　　　　　　意思決定と情報リスク
　　　　　　　　　　　　　　　　　　（内部経営環境リスク）

出所：筆者作成

② VUCA の時代におけるリスク特性とバイアスの排除

　グローバルリスクについて見てきましたが，一般的にリスクには基本特性が
あります。VUCA の時代には，この基本特性をふまえながらさまざまなリス
クに向き合う必要があります。

1　リスクの基本特性への理解

(1)　リスクの基本特性

　一般的にリスクには，「潜む」「変化する」「繰り返す」「連鎖する」「何も対
応をしないと増える」の5つの基本的特徴があります。外部経営環境，内部経
営環境の変化に合わせて，このリスク特性は順番，形を変えながら常に存在し
ています。

リスクの代表的な例である「不正リスク」について、この基本特性から見てみましょう。不正は不正を起こす人間が見つかるまでやり続けるという特徴、すなわち「繰り返す」という特徴があります。また見つかるまでの間に、その不正手段が「変化」し「潜む」ことで他の不正と「連鎖」し、対応をしないとその被害金額が「増加する」という特徴があります。

図表2-1-12 リスクの基本特性

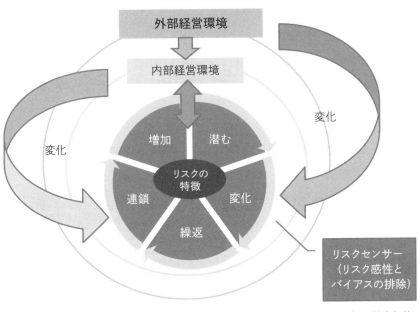

出所：上田和勇『事例で学ぶリスクマネジメント入門』（同文舘出版、2012年）に筆者加筆

(2) VUCA の時代のリスク対応

こういったリスクの基本特性がある中、VUCA の時代はさらに変化が激しいという外部環境の変化の特徴に備える必要があります。この特徴を踏まえたリスクマネジメントの基本姿勢は、野中郁次郎一橋大学名誉教授が指摘された、日本人が陥りがちな完璧さを求めずに「オーバーコンプライアンス、オーバープランニング、オーバーアナリシス」の3つの「やりすぎ」を回避する姿勢です。リスクマネジメントでは、完璧を求めすぎると準備にばかり時間がかかり、

リスクマネジメント計画が完成した時にはすでに外部・内部環境が変わり，その計画が使えないということになりかねません。

VUCA の時代は特に外部・内部環境の変化が激しいため，リスクマネジメントも遂行しながら見直していく「アジャイル方式」が求められます。

2　バイアスの排除

リスクの基本特性を見ましたが，リスクを正しく認識するために，人の本能に根差す「バイアスの排除」が必要となります。

(1)　多数派同調バイアス，正常性バイアスの排除

人は本能的にリスクを直視することを避ける傾向があります。この本能的理由でリスクを直視せずにいたいというバリアをバイアスといいます。リスクを直視するという意味から，以下で述べるようなバイアスの排除が重要です。

2003年に韓国で，史上最悪と言われる地下鉄の火災がありました。報道によると，地下鉄の中に煙が入ってきているが，煙がある割には乗客は落ち着いていたようです。本来，煙が出れば逃げるべきなのですが，他の乗客が逃げないため，それに合わせて自分も逃げないという状態です。これを，「多数派同調バイアス」といいます。リスクを直視したくないために「ほかの人が動かないのだから，本当は怖くないんだ。自分も逃げる必要がないんだ」と思いたがるバイアスです。また，2014年4月に韓国セウォル号の沈没事故でも，多くの取り残された高校生が，笑いながら「沈むはずがないよ」と話す音声が録音されていました。これは，今起こっている事は，事件でもなんでもなく，正常な事態だから大丈夫，と思いたがる「正常性バイアス」といわれています。

人はリスクが起こったときに，バイアスを利かせることによって心理的ショックを和らげようとする本能があると言われています。したがって，リスクマネジメントでは，「リスクを直視したくない，リスクをあまり見たくない，嫌なことは聞きたくないという心理が常に働き，本能的にバイアスが働く」ということを覚えておき，リスクを意識的に直視する態度が必要です。

⑵ 認知的バイアスの排除

　これもバイアスの一種ですが，「現状維持バイアス，認知的不協和」という認知的バイアスがあります。簡単に言うと，「見て見ぬふりをする」ということです。我々人間は得よりも損に強く反応する傾向があります。これは，行動経済学でよく事例として使われますが，損は得よりも2.5倍のインパクトがあると言われ，たとえば100円儲かったよりも100円損するほうが2.5倍心理的にがっかりすると言われています。

　たとえば，利益を何とかあげろと会社で言われた場合，リスクテイクによって利益を追求するというよりは，どちらかと言うと損を避け，現状維持の中で利益をあげようという心理傾向があります。これを「現状維持バイアス」といいます。企業の中にこの「現状維持バイアス」の意識が蔓延しますと，リスクテイクしてドラマティックに物事を変えようという発想が生まれにくくなり，コスト削減と業者からのマージンの搾取といった近視眼的な利益の追求がどうしても強くなります。その結果，長期リスクが無視され，コスト削減や業者からのマージン搾取などの手っとり早い方策をとりがちで，このことが徐々に企業の競争力を落として行くことにつながります。また，心理学には「権威者服従の心理」というものもあり，上司の意見は聞かなければならないという心理が働くため，結果的に少しの利益をあげることで，失敗をともなうような目立つことはしないという風潮が生まれることになります。

　たとえば工場で，「現状維持バイアス，認知的不協和，権威者服従の心理」の3要素がそろった場合，工場の設備が客観的に設備投資による更新が必要であるということがわかっていても，自部門はメテナンス程度でお茶をにごし，後は他部門に任せようといった判断が出たりします。認知している内容とは違う行動を行う「認知的不協和」で，その結果，設備の老朽化で事故が起こる可能性は今まで以上に高くなります。仮に，大きな損害が起きてしまっても，想定外だったという一言で切り抜けようとするといった発言に表れる「見て見ぬふりをしてリスクを直視しないという傾向」が人間にはあることを覚えておき，意識してリスクを直視する習慣をつけることが重要です。

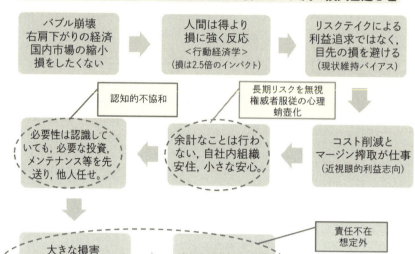

出所：船橋洋一『21世紀地政学入門』（文春新書）（文藝春秋，2016年），和田秀樹『損を恐れるから失敗する』（PHP新書）（PHP研究所，2017年）に筆者加筆

さらにVUCAの時代には今まで以上に，フェイクな情報があふれ，何が正しい情報なのかの見極めが難しいという特徴もあります。したがってVUCAの時代のリスク対応では，リスクの基本特性や心理学的に陥りがちなバイアスの存在を認知し，リスク対応を常態の行動として，柔軟に実行していくことが求められます。

③ 求められるグローバルなリスク感性

リスクマネジメントを有効に機能させるものに「リスク感性」があります。リスク感性とは，「リスクに対する刺激や反応であって，リスクや危機を前兆の段階で把握して，その対応策を講じる能力」を指します。

1 リスク感性の重要性

リスクマネジメントに関する多くの書籍には，リスクマネジメント計画作成

の第一歩として「リスクを洗い出す」と書かれています。ただし，VUCAの時代では，環境が目まぐるしく変わっていくことから，リスクを洗い出すとリスクが無数に書き出されキリがない状態に陥ります。「リスクの洗い出し」も無論重要ですが，VUCAの時代には，組織構成員が，リスク感性を磨き，組織構成員全員で，各々の持ち場のリスクを早く発見対応する，リスクセンサーとしての役割を担うことが，今まで以上に求められます。リスク感性の重要性を見ていきましょう。

(1) 日本人のリスク感性の特徴

　一般論ですが，現代の日本人はリスク感性が弱いと言われています。その要因は，**図表2-1-15**のような文化的な背景から説明されることが多いのですが，日本人は農耕民族が中心なため，何か失敗したとき，その要因を自然要因に求め，教訓を得るよりも運命論で処理することが多いためと言われています。仮にロスが発生したとしても，諦める，忘れる，水に流して乗り切る傾向が多く，失敗は個人やシステムに起因しないと考えがちなため，解決策の策定も過去の姿に戻す，すなわち復興し，元の姿に戻すことで満足すると言われています。一言で言うと「ロスの発生を自分事ではなく他人事として考え，そのロスがなくなることをひたすら待ち，失敗を教訓にすることは苦手」な日本人の持つ文化的な特徴が，主に日本人のリスク感性を弱くしている要因と言われています。

図表2-1-14　日本人と欧米人のロス発生時の対応比較

	日本人	欧米人
文化的な背景	農耕民族	狩猟民族
失敗原因の源泉	不作の原因は台風，自然災害などの自然要因に基づく（個人やシステムに起因しない）。	狩猟の失敗は，戦略・技術・システムの失敗に基づく（個人やシステムに起因する）。
失敗・危機後の教訓	教訓を得るよりも，運命論で処理することが多い。諦めや忘れることで，乗り切ることが多い。	失敗や危機を自ら責として，原因分析・評価を通じ，管理の対象にすることで，今後の教訓とする。
解決策の策定	過去の姿に戻す（復興）。	サクセスモデルを追求（創造）。

出所：樋渡淳二，足田浩『リスクマネジメントの術理』（金融財政事情研究会，2005年）に筆者加筆

(2) 欧米人のリスク感性

　一方，欧米，特にアングロサクソンは狩猟民族が中心であるために，失敗した場合に必ず個人やシステムに起因するということで原因を追求し，二度と失敗をしないように，今後の教訓としてサクセスモデルを追求すると言われています。まさに，リスクマネジメントサイクルの考え方に基づいたものです。

　筆者も，この日本人と欧米人のリスク感性の違いを体験したことがあります。1986年，アルジェリアにある国営エネルギー会社（ソナトラック）のスキクダ製油所に石油製品の品質チェックに行った時のエピソードです。同行した日本人と英国人とスキクダ製油所に到着した際に，製油所の受付で，守衛から身分証明書としてパスポートの提示と帰る際に返すという約束でパスポートの保管を要求されました。日本人はすぐにパスポートを提出しましたが，同行した英国人はパスポートの提示はするものの保管には同意せずに，返せと主張しパスポートを戻させたという，すったもんだがありました。この英国人に何故，あの場でパスポートの件で主張したのか？　と聴いたところ，理由として挙げたのが下記の3点でした。

① あの守衛は本物か？
② パスポートが返却される保証はどこにあるのか？
③ 仮に守衛がテロリストであったとしたら，受付で抵抗したほうが，製油所内にいるテロリストの仲間たちに「これから行くグループは中々用心深いから気を付けろ」と報告がされるだろう。そうすれば，我々の生存確率は上がるはずだ。

　確かに，アポがあるとはいえ，受付にいる守衛が本物の守衛である保証はない，また，パスポートが返却される保証もない，この2点は理解できたものの，第3点目のテロ対応には流石に驚かされました。

　暗闇で「ワ！」と脅されるとアングロサクソン人は手が出ると言われています。自己本能的に攻撃の態度に出るということです。一方，我々日本人は驚きの余り硬直し立ち止まるのが通常だと言われています。DNAに根差した「リスク感性」の差とも言えますが，VUCAの時代に地理的境界はありません。

第1講　海外事業とリスクの関係　　201

我々日本人も海外でビジネスを行う際には，欧米人並みのリスク感性を身に付ける必要があります。

図表2-1-15　日本人とアングロサクソン人のリスク感性の違い

1986年　アルジェリアの製油所訪問時のエピソード

〈1980年代後半のアルジェリアの情勢〉
- 民族解放戦線（FLN）による一党制や経済政策の失敗でイスラム原理主義への支持が進む
- 不満を持った若年層を中心に国内情勢は不安定化

〈1986年アルジェリアのスキクダ製油所を訪問時〉
- アルジェリアの製油所（スキクダ）からの石油製品の分析に日本人，英国人の技師を同行
- スキクダ製油所の入り口での出来事
  受付のアルジェリア人がパスポートの提示を要求。帰る際に返還すると発言し，パスポートを返還せず
- アポの時間を優先する日本人はこれに同意
- 英国人が猛反発。守衛へに対して抗議し，パスポートを返還させた

〈日本人とアングロサクソン人のリスク感性の違い〉
- アングロサクソン人は暗闇で脅されると，瞬間的に手が出て反撃をする
- 日本人は立ち止まり，硬直し，何もしない

出所：筆者作成

2　リスク感性を鍛える

　VUCAの時代は先が読めません。我々は「リスク感性を磨くことで，誰よりも早く，リスク予兆を掴み，ハザードの存在に気づき，リスク発生の可能性の回避をトライすることで，仮に失敗してもめげることなく，その要因（ハザード）を取り除くことで成功に向けて前進していく」という，柔軟かつ臨機応変で積極的な態度が益々求められる時代に生きていると言えます。

　図表2-1-15で比較したことがすべてではありませんが，仮に日本人が失敗しても元あった姿に戻すという発想だけでリスクを乗り越えるだけでは，変化が常態のVUCAの時代に生き残っていくのは難しいと言えます。このVUCAの時代に生き残るには，日本人の「リスク感性の弱さ」を克服する必要があり

ます。

　論理的思考と対極にあるリスク感性を鍛えることは可能なのだろうか？　リスク感性は直観的なものゆえに生まれつきなのでは？　と思われる方も多いと思いますが，直観や感性は広範かつ高速な「パターン認識」が原動力になって起きると言われています。したがって，過去の経験，学習等から潜在的に蓄積された「なんか変だな」という「パターン認識」を学ぶことでリスク感性を鍛えることが可能と言われています[2]。

　欧米人は自身のリスク感性を磨くために，常に学習を怠りません。良い例が，2013年1月16日に起きたアルジェリアガスプラント襲撃事件に対するSTATOIL（現EQUINOR社）の調査報告書です。事件の収束後約1カ月で事件の調査報告書の作成を役員会で決定し，その後約半年で調査報告書をホームページに公表しています。

図表2-1-16　アルジェリアガスプラント襲撃事件（STATOILの調査報告書）

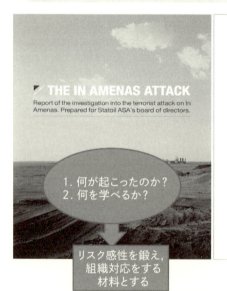

出所：STATOIL（現EQUINOR社）資料（https://www.equinor.com/news/archive/2013/09/12/12SepInAmenasreport）に筆者加筆

2　上田篤盛『武器になる状況判断』（並木書房，2022年）より。

調査報告書では，調査の主な目的は，一連の事件を明確にし，リスク評価，セキュリティ，および緊急事態への備えにおける学習とさらなる改善を促進するためと述べています。理事会によって任命された調査チームは，トルゲイル・ハーゲン氏（引退した中将であり，2002年から2010年までノルウェー諜報機関長）をリーダーとして，専門家の観点から，関係者への136回に及ぶインタビュー，関連する外部および内部のプレーヤーとの一連の会議を実施し，調査チームはイナメナスの現場を訪問するとともに，アルジェリア，カナダ，日本，ノルウェー，英国，米国の政府当局の代表者に会い報告書を作成しています。

調査の主な結論としては，組織が絶えず変化する脅威シナリオに適応するためのアクションとして，①リスク分析，セキュリティ評価，セキュリティ作業における管理，スキル，能力を強化，②安全とセキュリティの観点から管理システムと作業プロセスを改善，③物理的，人的，IT セキュリティに関連する作業の緊密な統合，④緊急事態の備えとトレーニングの標準化の強化，⑤ノルウェーおよび海外の公的機関，業界ネットワークや組織との間で，インテリジェンス，安全とセキュリティの分析と行動などでの協力関係の構築が必要であると書かれています。

この STATOIL の取締役会のスピードの速さ，調査報告書の徹底さ，そこから学ぶことで組織に所属する構成員のリスク感性の強化など，日本の組織が学ぶべき点は極めて多いと言えます。

イナメナスのような悲惨な事件があるたびに，ただ悲しむだけで，嫌なことが通り過ぎるのを待ち，やり過ごすのではなく「そこから何を学ぶか」の姿勢こそが，「リスク感性を鍛え，磨く」ことに結び付きます。VUCA の時代には，この覚悟が益々重要となってくると思われます。

204 第Ⅱ部 海外事業を成功させるリスク管理

第4章 レジリエンス

① レジリエンスと組織の関係

1 レジリエンスとは

　レジリエンスという言葉がリスクマネジメントの文脈で最初に出たのは，おそらく，ダボス会議で有名な世界経済フォーラムが出した「第11回グローバルリスク報告書2016年版」だと言われています。報告書では，「グローバルリスクに地理的境界はない。企業はリスクが生じる地理的地域に直接進出していなくても，その影響を受けやすい。個々の企業のレジリエンスは，時には多くの国にまたがるサプライチェーンを持つサプライアーと買い手のレジリエンスに依存している。グローバルリスクへの対処は，個々の企業の能力を超えたところにあるが，各々の企業はリスクに直面した時の事業活動の継続と存続を確実にするためにレジリエンスを自社でも強化する必要がある。そのために，政府と連携する新たな方法も見つけることが必要である」と述べています。

　レジリエンスは，何か問題が起こって破綻状態になった時にそこから立ち上がっていく力のこと，すなわち回復力です。ラテン語で「再び跳ね上がる」という意味があります。戦後焼け野原から這い上がってきた日本の戦後復興の姿をイメージしていただければわかりやすいでしょう。

　また，経営学的な意味では，「レジリエンスとは，逆境に陥ってもビジョンを持ち続け，世のため，人のために貢献しつつ，経済的・心理的に回復して，さらに持続的成長力に結び付ける力」と言われています[3]。

3　植田和勇『ビジネスレジリエンス思考法』（同文舘出版，2016 年）

2 レジリエンスを持つ組織とは

(1) レジリエンスを持つ組織の特徴

最近の国際情勢や自然災害などからBCP計画策定の重要性が強調されています。しかし、BCP計画を推進するレジリエンスの力がなければ、BCP計画を実行に移すことはできません。さまざまな予期せぬ事象に対しレジリエンスの力をいかに高めるかがVUCAの時代には重要課題となります。

レジリエンスは、日本で言う「火事場の"馬鹿力"」です。たとえば、火災が発生した時に、母親が子供を守ろうとして、とっさに重いタンスを持ち上げ子供を助けるなど、「何故あんな凄い力が出たのか？」と不思議に思われるような力がレジリエンスの力です。とりわけ第2講で述べるクライシス対応では、どれだけ早くそこから立ち上がれるかが重要で、レジリエンスのある組織かどうかが問われます。

レジリエンスがある組織には、共通して**図表2-1-17**のような特徴があります。

図表2-1-17 レジリエンスがある企業の特徴

何故、火事場で驚異的な力が出て、
復活に向けて頑張れるのか？

レジリエンスの力が備わっている企業の特徴

- 経営者に会社・社員に家族に対するような強い想いがある
- 経営理念が隅々まで浸透している
- 企業風土、土壌のメンテナンスがちゃんとなされている
- 従業員第一主義への従業員の共感力
- 利害関係者とのスムーズなコミュニケーションと共感力
- 経営における利他の心　　など

206　第Ⅱ部　海外事業を成功させるリスク管理

② レジリエンスの事例

1　HUAWEI の事例

　米国エンティティリストに加えられ，その後副会長が逮捕されるなど，世界で最もレジリエンスを求められている企業の１つが HUAWEI です。

　筆者は2019年３月に HUAWEI の松山湖工場の見学に行く機会がありました。レジリエンスの観点からも日本企業にとり見習う点が多い「企業のレジリエンスの事例」として紹介します。

(1)　松山湖工場

　松山湖工場の玄関に入ってすぐに目に入るのが，トヨタのカイゼン活動（英語で言うと Lean Production）の表示です。カイゼン活動において，HUAWEI に見習うべきは，その継続力です。毎月２回，トヨタ OB を受け入れて，カイゼン状況の監査を継続しています。その結果，現場は非常にきれいに保たれています。また，掲げる標語は５S＋３S です。

　５S は「整理・整頓・清掃・清潔・しつけ」として日本でのおなじみですが，残りの３S は「セーフティ＝安全」，「セーブ＝節約」，３つ目が「スピード」です。５S を進化させ，“ものづくり”の基本に据えています。

　これらのカイゼン活動で，５年間で１ライン80〜90名の工員が17名となり，カイゼンによる省力化を実現しています。検査工程，製造設備も独自開発の機器による自動化，最終検査は「IMEI」の腕章をした独立した立場の検査員がチェックし，梱包と下流の最後の工程まできちんとオペレーションがなされています。

図表2-1-18　HUAWEI松山湖工場（2019年3月）

写真：筆者撮影

(2) HUAWEI松山湖キャンパス

　HUAWEI松山湖の研究棟は，2万人の研究員が所属し，将来的に2.5万人に増員する計画とのことで，敷地が広いため，研究棟間を電車で移動する必要があります。無料の食堂があり，週末はここのレストランを従業員の家族に割安で開放していました。レジリエンスを有する企業の特徴のひとつである従業員第一の働きやすい環境を実現しています。

図表 2-1-19　HUAWEI 松山湖キャンパス（2019年3月）

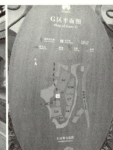

写真：筆者撮影

(3) 経営理念重視の経営

　HUAWEIのレジリエンスを支えているのが、会社の経営理念であるHUAWEIバリューです。「顧客第一主義」は当然として、ものづくりの現場を支える従業員の自主性を非常に重視しています。製造業のプライドを持つ従業員からは「必要な部品が自社製品にないからと言って他社から仕入れたり、その商品を持つ企業を買収したりするという発想ではなく、「自分でつくる」というものづくりの原点の姿勢が感じられ、この考え方はHUAWEIのものづくり文化として定着・死守されています。

　また、CEOは半年ごとに3名の輪番制で、創業者の任氏は拒否権を持つものの全株の1％程度しか持っていません。全体の98～99％は社員の持ち株会社です。頑張れば自分の利益になるというモチベーションを維持するために、9万人の従業員が株主という株主構成にしています。経営の透明性を重視して、従業員重視、ものづくり重視、現場重視、付加価値重視と、一昔前の日本の製造現場を見ているような印象です。

特に，働く人を重視し，その自主性，自律性を重視していることが社内の雰囲気から容易に理解できます。このような人中心の組織文化を持つ会社はレジリエンスが強い企業と言えます。日本企業も学ぶべき点は多いでしょう。

図表2-1-20　HUAWEIバリュー

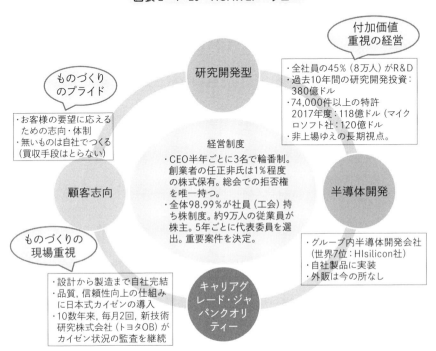

出所：鄧斌著，光吉さくら訳，楠木建監修『ファーウェイ強さの秘密』（日本実業出版社，2021年）に筆者加筆

2　コロナ禍における事例

「日本一優しい旅館を目指す」を経営理念にあげ，自立支援事業（就労支援年間100名，フリースクール），葉書，トイレ掃除等を日常的に行っている日本の旅館があります。社員の3分の1以上が児童養護施設の出身者，障がい者，難病を抱えている社員で，従業員にも日本一優しいという経営理念を持つ旅館です。

コロナ禍で経営が大変になる中，社員が「この職場が自分を救ってくれた。

210　第Ⅱ部　海外事業を成功させるリスク管理

自分を認めてくれた仲間のため今度は自分が自発的に行動する」として，自発的に社員がアルバイトをはじめ，コロナ禍でも黒字経営を成し遂げ，成長しています。社員が自発的に行ったアルバイトは，11社12事業にのぼり，大工，田植え，牧場，堆肥づくり，ペンキ塗り，他旅館での新人研修講師，リンゴ農家，土木工事，シロアリ駆除などです。

　工務店でアルバイトを行った旅館の社員にとっては旅館で毎日掃除をするのが当たり前でしたが，工務店の職場でも毎日掃除をしてくれたことに，工務店の社長が感動し，その後，工務店のスタッフの社員旅行，旅館の営業代行などを自発的に行ってくれるようになりました。また，今ではアルバイトの経験から，さらに，リフォーム，消毒事業の代理店等の新規事業を生み出すなど，旅館の経営を成長させるよい効果を生んでいるレジリエンスの事例です。コロナ禍からの回復という意味だけではなく，[1]で述べた「レジリエンスとは，逆境に陥ってもビジョンを持ち続け，世のため，人のために貢献しつつ，経済的・心理的に回復して，さらに持続的成長力に結び付ける力」を体現したレジリエンスの好事例と言えます。

[3]　レジリエンスのある組織をどのように作るのか

1　2つの事例の共通点

　HUAWEIとコロナ禍の日本の旅館の2つの事例を述べましたが，両者の経営に共通する点は，企業と社員の絆の強さです。企業が従業員の幸せを第一に考え，その経営姿勢を貫き，社員が組織に所属する幸せと安心感をベースに，愛着を持つ「善の循環による絆の強さ」です。レジリエンスを機能する最も重要な点が会社の組織風土であることがわかります。**図表2-1-21**でまとめていますが，経営理念，経営方針の中に「絆を強める善の循環」を位置付け，日常の経営の中で，そのことを社員に実感してもらう組織作りが，レジリエンスのある組織を作るための重要な要素と言えます。

図表 2-1-21 組織のレジリエンスを強くする絆

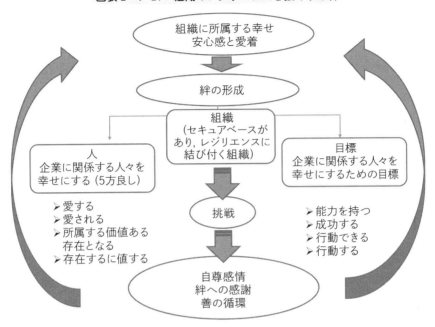

出所：筆者作成

2 レジリエンスを妨げる組織運営とは

　レジリエンスが自分の組織に備わっているかどうかを考える際に参考になるのが，1944年に米国戦略諜報局（OSS）によって作成された第二次大戦時の「サボタージュ・マニュアル」です。このマニュアルが作られた背景は，「戦争に勝つためには，武器などのハード面のみならず，戦争相手国の国民の行動を変えることが必要」との認識から，現在の米国CIAの前身であるOSSが作成したものです。

　反面教師という観点でその内容を見てみると，組織を硬直化させ，効率的な運営を妨げるために，どのような組織運営をすべきかについて具体的な内容が書かれています（図表2-1-22）。

212　第Ⅱ部　海外事業を成功させるリスク管理

図表 2-1-22　ホワイトカラー向けサボタージュ・マニュアル：1944年 OSS（旧 CIA）（一部抜粋）

◆常に文書による指示を要求せよ。

◆誤解を招きやすい指示を出せ。意思統一のために長時間議論せよ。さらにできる限り不備を指摘せよ。

◆準備を十分行い完全に準備ができているまで実行に移すな。

◆能力に見合わない不釣合な昇進を行い有能な者は冷遇せよ。

狙い
• 組織構成員の自主性とやる気をいかにして無くさせるか？
• 組織の奴隷をどう作るか？その手法

◆重要な決定を行う際には会議を開け。

◆もっともらしくペーパーワークを増大させよ。

◆通達書類の発行や支払いなどに関係する決済手続きを多重化せよ。すべての決裁者が承認するまで，仕事を進めるな。

◆すべての規則を隅々まで厳格に適用せよ。

◆何事をするにも「通常のルート」を通して行うように主張せよ。決断を早めるためのショートカットを認めるな。

◆可能な限りの事象を委員会に持ち込み「さらなる調査と熟考」を求めよ。委員会のメンバーはできるだけ多く（少なくとも 5 人以上）すること。

◆議事録や連絡用文書，決議書などにおいて細かい言葉遣いについて議論せよ。

◆以前の会議で決まったことを再び持ち出し，その妥当性について改めて問い直せ。

◆あらゆる決断の妥当性を問え。ある決定が自分たちの管轄にあるのかどうか，また組織上層部のポリシーと相反しないかどうかなどを問題にせよ。

出所：米国戦略諜報局（OSS）著　越野啓太監訳・解説，国重浩一訳『サボタージュ・マニュアル』（北大路書房，2015年）より筆者抜粋

　どのように組織を運営すれば，組織を麻痺させることができるかがマニュアルには書かれています。どうやったら組織が弱くなるか，人間を組織に隷属させ，自分で考えず，人間を自発的に働かせなくなるにはどうしたらいいかのノウハウが事細かく書かれています。

3 全員がリスク・オーナーの組織運営とは

組織を硬直化させ，組織のレジリエンスの力をなくすためには，「組織の構成員を組織に隷属させ，決まったルールのみに従わせる」ことが有効であるというのが，前述したサボタージュ・マニュアルの中核です。

組織の構成員を組織の隷属化とせずに，組織の硬直化を防ぐためには，何と言ってもトップの意志がまずは重要となります。

先ほどの2つの事例でも見ましたが，経営トップが，経営理念を通して，「何のためにその会社が存在するのか」を日常的に明確にし，社員の主体性を重視しているかどうかが，レジリエンスの第一歩となります。これがない組織では，火事が起こっても社員が再建しようという気にならず，給料をもらっているだけなら別のところへ行けば良いことになるというのはある意味当然です。

したがって，「自分が組織に大事にされている」という想いが共感できる企業の風土，土壌があり，利害関係者間のスムーズなコミュニケーションの存在や，働く仲間の役に立ちたいという利他の心がある組織かどうか，これらのことでレジリエンスの力は決まると言っても過言ではありません。

クライシスが起きる可能性は日に日に高まっている中，自社が，組織としてのレジリエンスの力を持っているかどうか，それを妨げる「ハザード」が排除されているかを常に経営者を中心にチェックを続け，風土の改善を続ける必要があります。

しかし，リスクが頻繁に発生するVUCAの時代では，組織トップだけにその任を負わせるだけでは不十分です。**図表2−1−23**で示したように，従業員も経営者と同様なリスク感性を持ち，自発的に自分の持ち場のリスクをいち早く発見し，その対応をすぐに行うという自身がリスク・オーナーになる必要があります。そのためには，会社が「従業員第一」とする経営姿勢を持つかどうかが問われます。

図表2-1-23 VUCAの時代に合ったレジリエンスのある組織
〜従来型リスク対応からリスク感性・耐性の高い自発的組織へ〜

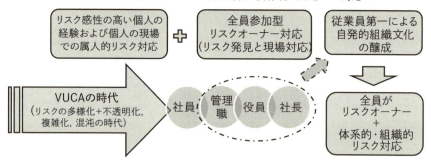

出所：筆者作成

☑ 第Ⅱ部第4講　要点チェックリスト

1．海外事業とリスク
□　リスクの意味を正確に理解されましたか？ □　ビジネスとリスクの関係は理解されましたか？

2．海外リスクを管理するリスクマネジメント
□　リスクマネジメントに関して理解されましたか？ □　リスクの特性とバイアスについて理解されましたか？ □　リスク感性の重要性は理解されましたか？

3．レジリエンス
□　レジリエンスは理解されましたか？ □　レジリエンスと組織の関係は理解されましたか？

第2講

海外安全管理

　昨今，海外出張や駐在などで日本人がさまざまな事件に遭遇するケースが増えています。海外安全管理の基本は，「自分の身は自分で守る」という考え方ですが，今までのような，テロや誘拐，強盗や置き引き，スリ，ひったくり，だけでなく，外国の政府による拘束や殺傷事件など，今までにない形で日本人が標的になるケースが最近増えて来ています。

　外国政府による拘束事例では，中国の2023年7月「改正反スパイ法」の施行以降，日本人駐在員17名が拘束され，その内5名が引き続き拘束中と報道されています。また，中国以外でも，2024年の7月にはロシアの同盟国であるベラルーシで50代の邦人男性がスパイ容疑で拘束されるなどが報道されています。

　殺傷事件では，江蘇省蘇州で2024年6月に日本人学校から送迎中のスクールバスを待っていた日本人の母子が中国人男性に刃物で切り付けられた事件，2024年9月に深圳日本人学校の小学生が殺害される事件のように駐在員家族が巻き添えになる痛ましい事件が起こっています。

　残念ながら，従来言われていた海外安全管理の範囲を超え，昨今の米中の対立，世界のブロック化などから来る地政学リスクの観点からも，海外安全管理を考える必要が出てきています。第2講では，第1章で海外安全管理について，第2章で海外における安全管理上のリスクと対応について解説します。また，理解を深めていただくためにチェックリストと演習問題を本講の末に掲載します。

216　第Ⅱ部　海外事業を成功させるリスク管理

第1章　海外安全管理について

　海外の犯罪者の間では，日本人は，現金を多く持ち歩く傾向があり，他の外国人よりターゲットにしやすいという認識があります。我々日本人は，海外では特に犯罪の標的になりやすいことをまず認識する必要があります。また，日本人の特性として，海外でも団体行動をしがちで，日本語で安心して仲間内で喋ることから，犯罪者の目を引きやすい，また，欧米人などと比べ，有事に対して楽観的な甘さがあると言われています。

　我々日本人は自身の特徴を理解し，「自分の身は自分で守る」という考えを持つ必要があります。この「自分の身は自分で守る」という具体的な行動指針となるのが，「海外安全管理の3原則」となります。

1　海外安全管理の3原則

1　目立たない

　1つ目は「目立たない」という原則です。

　行動，言動，服装や所持品など，現地の目線で目立たないかを確認して，慎重に行動することで自分の身を守る必要があります。

2　行動を予知されない

　2つ目は「行動を予知されない」ということです。

　長期の出張になる場合など，行動パターン（出発時間・場所・ルートなど）を監視され，誘拐のターゲットになる可能性があります。したがって，行動パターンを変えることを意識的に行う必要があります。特に休日は気が緩みがちですので，犯罪者のターゲットになりやすいという特徴があります。したがって，休日のスケジュールの情報を漏らさないようにする注意が必要です。

3 用心を怠らない

3つ目は「用心を怠らない」ということです。

パスポート[1]などの貴重品はバッグではなく身に付ける，現金は複数箇所に持ち，見せ金や見せ財布を用意しておく，スマートフォンも狙われますので位置がわからないように所持するなど用心する必要があります。

長期出張などで海外慣れをした従業員ほど過信し，警戒心が薄れます。このことは犯罪者に隙を与えることになります。慣れや過信が安全対策上の最大の敵と意識しておく必要があります。

② 海外安全管理のために必要な本社の対応

1 渡航前研修

海外安全管理では，まずは，海外に赴任ないしは出張する社員が，自分事として安全とリスクについて認識してもらうことが海外安全管理の第一歩となります。そのためには，基本的な心構えとリスク認識，そのリスク回避について十分な認識を持たせる渡航前研修が必須です。渡航前研修の内容は以下のようなものとなります。

(1) 海外赴任者・出張者の基本的な安全への心構えの徹底

まずは以下の安全への基本原則の研修です。

① 自分と家族の安全は自分たちで守る

先ほども述べましたが，海外では日本のような有事に頼りになる警察組織が必ずしも存在しません。周辺で頼れる人たちも限定的ですので，「自ら身は自分で守る」ことが大原則となります。

---

1 パスポートに関しては，国によっては，オリジナルのパスポートは自宅またはホテルの金庫に入れ，コピーのみを身に付ける方が安全であるという場合もあります。国情に合わせて判断する必要があります。

② 予防が最善の安全対策

犯罪等の被害を防ぐには，日常的な防犯意識と具体的な予防対策が必要です。この予防対策が，先ほど述べた海外安全管理の3原則なります。すなわち，「目立たない」「行動を予知されない」「用心を怠らない」の3原則です。日常的な防犯意識と予防対策を立てる上で大変重要な原則となります。

③ 有事における適切な判断と速やかな対応

万が一，犯罪や事故に遭遇した場合は，被害を最小限にとどめる判断と行動が求められます。守るべき最優先は「命」です。たとえば，強盗に直面した際には，自分の「命」と「財産」との価値判断を誤ってはいけません。一般的に犯罪は財産を狙ったものですので，抵抗せずに金銭などを強盗に渡せば，ほとんどの場合「命」は助かります。心構えとしては，無抵抗主義を基本とすることを覚えておく必要があります。

> ### コラム　無抵抗主義
>
> 日本国内において，日本人は強盗に遭うケースは他国と比べて少ないため，「無抵抗主義」を言葉で覚えていたとしても，無意識のうちに犯人に抵抗している場合があります。南米で旅行中の日本人大学生が，拳銃を所持した強盗にバッグを奪われ，その中にパスポートなどの貴重品があったため，奪い返そうとして犯人に撃たれたケースがありました。「無抵抗主義」というと若干違和感があるかと思いますが，財産よりも自分の命が重要ということを忘れてはいけません。そのことを表わすケースだと思います。

(2) 渡航前のシミュレーションの実施

海外赴任者，出張者には，知識の習得だけでなく，シュミレーションも重要です。たとえば，海外の空港到着から帰国までの行動を以下のような質問形式でシミュレーションし，「自分は何に気を付けるべきか」を当事者が意識し，その対策を考えておく必要があります。

① 現地空港に到着時

空港ロビーで置き引き，偽の出迎え，テロに巻き込まれる可能性はないか？

また，そのような事態に巻き込まれた場合にはどうしたら良いのか？

② 街中の行動

路上強盗，スリ置き引きが多いかどうか？ また，そのような事態に巻き込まれた場合にはどうしたら良いのか？

③ 地方へ移動する場合

交通事故の可能性はどうか？ 外国人を狙ったテロ誘拐などはないか？ カージャックは頻繁に起きてないか？ また，そのような事態に巻き込まれた場合には，どうしたら良いのか？ 特に，地方に行く場合などには，その地方ゆえのリスクがありますので，地方の情報収集とシュミレーションが求められます。

④ ホテル滞在の場合

ホテルマンを装った強盗はいないか？ ホテルを狙ったテロはないか？ そのような事態に巻き込まれた場合には，どうしたら良いのか？

繰り返しになりますが，国際情勢の悪化にともない，海外安全管理については，本社任せや他人任せではなく，社員が自分事として考える必要がますます重要になります。本社と一体になって当事者として情報を入手し，実際にそのような事態が起こった場合，本社および自分がどういうことをすればよいのかを事前に理解し，本社と当事者で共有することが必要です。「海外出張安全対策マニュアル」や「安全対応マニュアル」などを作成ももちろん大事ですが，そのマニュアルに魂を入れるためにも，このようなシミュレーションを事前に行うことは必須と言えます。

⑤ 「たびレジ」への登録

渡航前に外務省海外安全ホームページにある「たびレジ」は，海外出張される方が，旅行日程・滞在先・連絡先などを登録すると，滞在先の最新の海外安全情報や緊急事態発生時の連絡メール，また，いざという時の緊急連絡などを

受け取れるシステムです。

　確実に実施するように研修時に登録方法も含め教える必要があります。また，海外赴任者は赴任後すぐに，日本国大使館への在留届を忘れずに提出する必要もあります。

2　本社の海外安全管理のために必要なその他の対応

　労働契約法第5条で，企業には安全管理義務への配慮が求められています。この配慮義務を怠った場合は企業の責任が追及され，マスコミや従業員家族からの厳しい追及は，最悪損害賠償訴訟に発展する可能性もあります。本社としては，最低限以下のような対策を行っておく必要があります。

(1)　安全対策組織の立ち上げ

① 駐在員・出張者の安全管理を行う責任部署を特定化して，責任部署，責任者，事務局等を明確に規定しておく必要があります。

② 緊急事態発生の対応組織をあらかじめ設定します。通常は，社長・副社長をトップとした有事対応組織を設置し，関連部署からのメンバーを特定し，役割分担を決めておく必要があります。

(2)　安全対策基本方針の立案

　安全対策の基本方針では，「人命を最優先で守る」という方針を筆頭に，会社としての基本的な安全対策の方針を策定します。

(3)　安全対策基本方針を受けての平時の安全対策

① 有事への速やかな対応のため，行動指針や具体的段取りをマニュアル化

② 海外危険情報を外務省，コンサルタント，セミナー，海外の通信社などから常にリスク情報を入手・分析し，社内で情報を共有化

③ 駐在員，帯同家族，出張者への安全教育のために，研修やイントラネットへの掲示等で駐在員や出張者への安全啓蒙を行う

第2講 海外安全管理　221

(4)　安全対策基本方針を受けての有事の安全対策

　第3講の「海外危機管理」とも重複しますが，有事には，事実確認のための情報収集が最も必要とされます。したがって事実確認・情報収集のために，報告のフォーマットなどの統一化を図っておく必要があります。報告のフォーマットには，通常「危機報告フォーマット」が使用されます。「危機報告フォーマット」の内容は，発生日時，報告者の連絡先を記載した上で，以下のような内容で統一フォーマットを事前に用意して，本社と海外店で共有できるようにしておく事前準備が最低限必要です。

図表2-2-1　危機報告フォーマットの記載内容例

1．危機の概要	危機の概要，発生場所，関係者，危機を認知した際の状況，危機の原因，危機情報の入手ルートなど
2．被害状況	人的被害，物的被害，その他など
3．社外への対応状況	警察署や消防への対応，報道関係の対応，その他在外公館の対応など

222　第Ⅱ部　海外事業を成功させるリスク管理

第2章　海外における安全管理上のリスクと対応

　次に，社員が海外に行った際に直面する，海外安全管理上の具体的リスクとその対応についてです。

1　海外安全管理上の具体的なリスクとは

　海外における安全管理上のリスクは犯罪や事故，災害等で日本におけるものとほとんどが共通しています。したがって，日本で実施しているリスク対応も海外でも基本的な部分では通用します。しかし，政情不安やテロといった日本にはないリスクも存在しており，国や地域特有のリスクの把握と対応が求められます。

---

① 一般犯罪：基本的に日本と共通（殺人，強盗，強姦，窃盗，侵入盗，詐欺など）
② 重大事態：暴動，テロ，誘拐，脅迫，拘束（日本では余り発生しないリスク）
③ 事故・自然災害（気象変動による暴風雨，洪水，干ばつの頻発など）
④ 宗教・風習・法令（麻薬犯罪への厳罰，宗教戒律に伴うトラブルなど）
⑤ 疾病・衛生問題（鳥インフルエンザ，大気汚染，汚染水問題など）
⑥ 家庭使用人（アジアの駐在員被害の80％は家庭使用人による）

2　海外における安全管理上のリスク別対応とは

1　リスク別対応の概略

(1)　一般犯罪
　① 空港，ホテル，銀行での防犯
　　● 空港，ホテル，銀行は犯罪者の最も横行している場所
　　● 主として置き引き，ひったくりが多発している
　　● 銀行からの帰りには尾行者への注意が必要

② 自宅の防犯

- 住居の選定にあたっては周囲の環境も含め防犯・安全性を第一に考慮すべき
- 必要に応じ施錠や防犯装置等の強化を行う
- 犯罪者には他の住居より高度な防犯性をアピールすることが防犯効果となる

③ 外出時の防犯

- 犯罪者の目に付きやすい多額の現金や高価な物を持ち歩かない
- 犯罪の多い夜間の外出は，原則として避けることが肝要
- 街中では常に周囲の不審者に気を配る注意が必要

④ 自動車での防犯

- 明るく，建物に近い場所に駐車することを配慮
- 車の中にカバンなど置いて駐車しない
- パンクしても人影のない場所を避け，安全な場所まで移動する
- 盗難に遭いやすい人気車種，高級車は避けるのが得策

(2) 暴動・テロ

① 平常時でもテロや暴動関連の情報入手を心がける
② 国によっては有事の退避に備え航空券の保持などの対応も必要
③ テロの発生しそうな場所を避ける配慮が求められる
　治安施設，政府施設，外国人の多く集まる場所などは要注意
④ テロ現場からは速やかに立ち去る判断と行動
　2段階爆弾攻撃などによる二次被害を回避する

(3) 誘拐・脅迫

　身代金目当ての誘拐の犯人は，自身のリスクを軽減するために，標的としての条件を満たす幹部社員のデータを事前に入手し，生活パターン・習慣などを長期・詳細に調査を行い，ショートリスト化し，標的行動表の作成を行います。

224　第Ⅱ部　海外事業を成功させるリスク管理

したがって，個人情報等の管理が重要であるとともに，誘拐犯のリストに載らないような工夫と行動が重要になります。

　海外安全管理の3原則の「目立たない」「行動を予知されない」「用心を怠らない」の典型例が誘拐になります。具体的には，以下のようなことに注意する必要があります。

　① 　誘拐の兆候に気を配る

　　住居や事務所での見張り，尾行者，不審電話の有無などに注意する必要があります。

　② 　通勤ルート・時間に変化を持たせる工夫

　　犯人は行動予測が困難な相手を標的から外す可能性がありますので，変化の工夫が重要です。

　③ 　誘拐対策には専門的なコンサルタントの支援も考慮

　④ 　企業脅迫にも警察や専門家の支援が必要

　　企業内での対策には限界があり，素人的な対応はかえってリスクを増す危

図表2-2-2　誘拐犯人による標的選択の方法

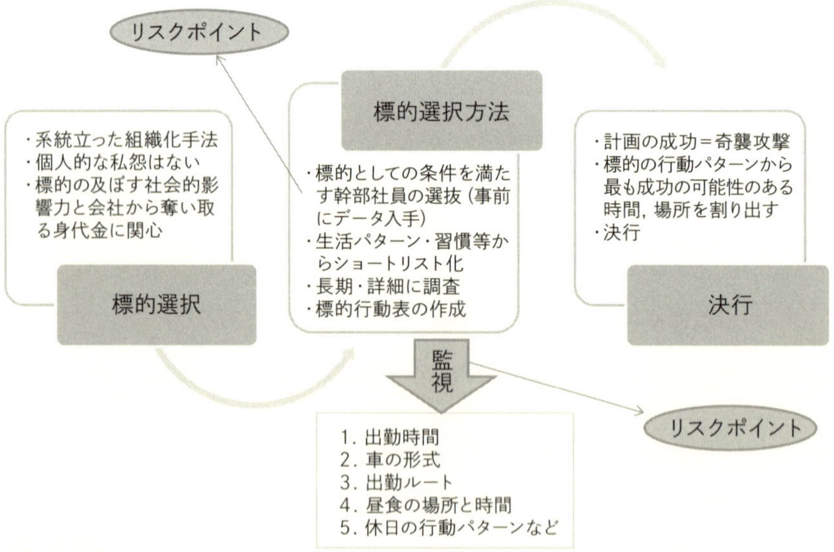

出所：筆者作成

第2講 海外安全管理　225

険性もあります。交渉などに慣れた専門家（ネゴシエーター）が必要です。

(4) 事故・自然災害
① 本社・現地間での駐在員，出張者の動向把握のための安否確認システムを構築することが必要です
② 交通事故対策の徹底
- 欧米諸国などの先進国で法規が明確な国を除き駐在員，出張者の自己運転を禁止にする対応が必要な場合があります。
- 自己運転が必要な国々では，広くリスクをカバーする保険に加入させる必要があります。
- 車両の定期点検を徹底し，不整備による事故の発生を防ぐことを心がける必要があります。
- 事故に遭ったら会社に第一報を入れ，自身で現場での交渉を行わないことを徹底させる必要があります。

③ 自然災害対策
- 台風・洪水対策
- 工場・住居の地域選択においては，過去の洪水被害実績を調査，考慮して，洪水時に備え，3〜7日間分の食料・水の備蓄をしておく必要があります。
- 工場の作業，資材・製品保管スペースを2階以上に設置する工夫や停電に備え自家発電装置の準備も必要です。
- 地震対策
  工場立地には耐震性の高い地盤の土地を選択して，工場・住居の耐震構造の有無をチェックしておく必要があります。

(5) 宗教・風習・法令
① イスラム国ではトラブルを避けるため宗教上の慣習を尊重
  断食，女性の服装・行動，豚肉忌避などの戒律を理解し，尊重する必要があります。

226 第Ⅱ部 海外事業を成功させるリスク管理

② 侮辱罪の存在

王室侮辱罪は重罪の国が存在することも要注意となります（タイ，ブルネイ）。

③ 日本より厳しい刑罰

たとえば，中国では麻薬犯罪は死刑，売春は客も処罰となります。

中東諸国，シンガポール，マレーシアでも麻薬犯罪は死刑となる可能性があります。

(6) 疾病・衛生問題

① 日本より劣る衛生・医療環境

- うがい，手洗い，日常的摂生の励行で感染症の感染防止をする必要があります。
- 現地で最良の医療機関を選択し確保し，いつでもコンタクトできるようにしておく必要があります。

② デング熱，マラリヤ，狂犬病

- まずは蚊に刺されない工夫が第一（ボウフラ退治，消毒，服装）。
- 野犬・野生動物にむやみに接近して咬まれない用心が第一です。

③ 鳥インフルエンザ（H7N9，H5N9等)，サーズ，コロナ

- 日常の感染情報に注意
- 手洗い，うがい，消毒の励行が最適な対応
- 生きた家禽には絶対触れない
- 鶏肉，鶏卵は念のため加熱調理することを励行
- マスクの励行
- 人混みを避ける

などの行動が求められます。

(7) 家庭使用人

家庭使用人は新興国では，往々にしてトラブルの元になります。以下のよう

な対応が必要です。

① 前任の日本人など信用置ける人の紹介で採用する

② 雇用条件を十分詰めてから契約する

③ 相手に非があっても人前で使用人を叱責しないようにする

④ 出来心を誘うような高価な物を部屋の中に放置しないよう配慮する

⑤ 解雇時には退職金など十分な手当てを払うようにする

2 政治的理由による拘束

海外安全管理の分野で最近特に懸念されるのが「地政学リスク」からくる外国での拘束です。報道されている内容によると，2014年の反スパイ法施行以降，中国では少なくとも日本人17人が拘束され，2024年末現在で未だ5人が開放されていません。2023年の7月の改正反スパイ法の直前には，アステラス製薬の現地幹部の男性が3月に拘束され10月に逮捕されています。この改正反スパイ法では，通報義務を国民に課し，反スパイ活動に貢献すれば表彰したり，報奨金を支給したりすると定めています。国家安全省によると，3万から10万元の報奨金を渡す通報者は44人，1万から3万元の通報者は125人いたと発表しています。

また，2020年の7月に，ベラルーシで50代の邦人男性が，続いて12月にももう1名スパイ容疑で拘束されています。報道によると，証拠には不自然さがあったようです。

他国では，このようなスパイ容疑で拘束された自国民を，自国においてスパイ容疑で拘束した容疑者と交換という形で，政治的妥協の交渉がなされることがありますが，日本には，他国民をスパイ容疑で拘束する法的根拠がないため，政治的妥協の交渉は，ほぼ不可能に近いのが現状です。今後は地政学リスクから来る政治経済のブロック化により，このような拘束が増えることも予想されます。

海外安全管理の3原則の遵守や，後述するローカル社員との友好な人間関係などを通じて，企業によるリスク管理がますます重要となります。

「公助」を受け持つ日本政府もこの問題は注視しています。2024年7月に在中国日本国大使館から「安全の手引き」などで詳しく注意事項が書かれ，説明

228　第Ⅱ部　海外事業を成功させるリスク管理

がされていますので，企業も有効に活用することが必要です。

　残念ながら「知らなかった」では済まされない時代になってきたと言えます。「自分の身は自分で守る」という考え方を再度認識する必要があります。

【第Ⅱ部　第2講　要点チェックリスト】

　海外安全管理の具体的な方法を身に付けて頂くための要点チェックとして，出張者に役立つ「出張者の安全チェックリスト」「車両で移動時の安全チェックリスト」と，駐在に役立つ「住居のセキュリティチェックリスト」の3種類を掲載します。

☑ 第Ⅱ部第2講　要点チェックリスト

1．安全チェックリスト

(1)出張者のための安全チェック・リスト
- □ 空港では出迎え人の身元確認を行うようにしているか
- □ 白タクに乗らないよう気を付けているか
- □ 空港では多額の両替をしないようにしているか
- □ ホテルでは貴重品をフロントの金庫に預けているか
- □ チェックイン時やレストランでは置き引きに注意しているか
- □ ホテルの部屋に見知らぬ者が来た場合，ドアを開けないように用心しているか
- □ ホテル周辺の不審者には注意しているか
- □ タクシーは流しを使わずホテルの手配に委ねているか
- □ 緊急時の事務所，取引先，在外公館等の電話番号は所持しているか
- □ 短距離でも徒歩を避けタクシーを利用するようにしているか
- □ 夜間の単独外出は避けるようにしているか

(2)車両で移動時の安全チェック・リスト
- □ 目立たない車種を選択したか
- □ すべてのリスクをカバーした保険に加入しているか
- □ 乗り降りの都度周辺の不審人物を確認しているか
- □ 住居から事務所までのルート・道路事情を把握しているか
- □ 運転手に安全運転を励行させているか

第2講　海外安全管理　229

- ☐　走行中は尾行者の有無などに注意しているか
- ☐　ガソリンは常に満タンを心掛けているか
- ☐　車の整備を定期的に行っているか
- ☐　走行中はドアロックを心掛けているか
- ☐　車を降りる際中に荷物を放置しないようにしているか
- ☐　大通りを選び中央線寄りを走行するようにしているか

(3)住居のセキュリティチェック・リスト
- ☐　住居の選択に当たり建物のセキュリティを重視したか
- ☐　周囲の治安環境を調査したか
- ☐　他の日本人のアドバイスを受けたか
- ☐　あっせん業者は信用のできるところを選択したか
- ☐　事務所までのルートの安全性は確かめたか
- ☐　警察や病院へのアクセスについて調べたか
- ☐　隣の居住者についてチェックしたか
- ☐　住居の施錠強化などに大家は協力的か
- ☐　住居の周辺に不審者が隠れるような場所はないか
- ☐　集合住宅の場合退出時の警備員のチェックは厳重か
- ☐　塀の高さは他の住宅と比べ遜色ないか
- ☐　警報装置や監視カメラは設置されているか
- ☐　車の出し入れが迅速かつ安全に行えるか
- ☐　防火設備や非常階段はあるか
- ☐　照明設備は十分か
- ☐　窓は格子付きで頑丈に保護されているか
- ☐　夜間の警備は十分になされているか
- ☐　見知らぬ訪問者には扉を開けないことを徹底しているか

【第Ⅱ部　第2講　セキュリティ演習問題】

●B社事例概要（中国）
　B社は中国広州に15年前に進出した家電部品メーカーです。工場は400名の規模となっていますが，日本人は総経理，技術部長，品質管理部長の3名のみです。下請けとして生産委託をしていた現地企業の不良品発生率が余りに高かったために，契約を打ち切ることに決めました。すると，契約打ち切りの通知の数日後，日本人の総経理宛てに，契約再開の要請と，再開されない場合には工場に被害

230　第Ⅱ部　海外事業を成功させるリスク管理

を与えるとの脅迫状が届きました。総経理はその手紙を放置して様子を見ていたところ，現地企業の社長から電話があり，要求をのまない場合には，工場を放火するとの脅迫がありました。電話によると，下請け工場はB社との契約を取るために，すでにかなりの投資をしてしまっているとのことです。

設問1

① 下請け業者を選ぶ場合にはどんな注意が必要でしょうか？

② 現地企業から脅迫の手紙が届いた時点で総経理は何をすべきでしょうか？

●状況

　B社の本社の社長は，上記のような事件があったことから，チャイナ＋1でフィリピンへの進出を考え始め，自分が率先して市場の見極めに頻繁にフィリピンに長期滞在することになりました。

　B社の本社の社長は2代目でまだ40代と若く，活動的な性格です。仕事はいたって真面目に取り組んでおり，毎日同じ時間に同じルートをチャーター車で出勤しています。また，仕事が終わった後は毎晩行きつけの飲食店に数軒行き，はしご酒をして現金で精算し，週末は体力作りのために決まったゴルフ場に足しげく通っています。また，最近，ホテルの滞在ではなく，少し都市から離れたところに，一軒家を借り，使用人を雇い住むことにしました。

設問2

　この社長は誘拐犯の観点から見た場合，被害者になりやすいですか？　その理由を3点述べてください。

設問3

　社長の所に行きつけの飲食店のオーナーと名乗る人から「郊外の別荘に週末行きませんか？」との電話が入りました。声に聞き覚えがありません。

　これは誘拐の兆候ともとれる電話ですが，誘拐の兆候にはどんなものがあるでしょうか？

第 2 講　海外安全管理　231

【回答編】

設問 1 の解答例

①への解答

(1)　信用調査の実施。

(2)　現場のチェック。

(3)　同業他社の評判の調査

②への解答

(1)　封筒，便せんなどをできるだけ汚さずに，その後の当局の捜査資料等に使用できるように指紋などをつけないように保存する。

(2)　工場全体の警備強化

(3)　日本国大使館・総領事館への相談

(4)　信頼できる中国人幹部による情報収集と分析

(5)　情報管理の徹底

(6)　身辺警護の強化

(7)　地方の有力者への相談

(8)　公安などの現地警察への相談

(9)　出勤ルートと時間の変更

(10)　同僚と一緒に通勤するなど

設問 2 の解答例

(1)　おカネを持っていそうで目立つ

(2)　用心していない

(3)　行動が予知できる

設問 3 の解答例

(1)　自宅や勤務先周辺に不審な人物がいる

(2)　自宅周辺に不審な車が止まっている

(3)　身に覚えのない郵便物や宅配便が届く

(4)　不審な警察官に質問を受けた

232　第Ⅱ部　海外事業を成功させるリスク管理

(5)　誰かに尾行をされているような気がする

(6)　無言電話が増えている

(7)　献金の要求がある

(8)　同居している使用人や警備員の態度がおかしい

(9)　現地人とトラブルがあった

第3講
海外危機管理

　大規模な自然災害発生，新型コロナウイルスの流行，ウクライナ・ロシア戦争の勃発，イスラエルとハマスの戦争，台湾有事の可能性など「想定外」の事象が世界中で発生しています。今までの常識が通じない世界の出現です。このように先の見えない時代，心構えとしては，事業全体に大きな影響を及ぼす重大な危機（クライシス）は必ず発生するという前提で行動をする必要があります。

　第3講では，海外で重大な危機（クライシス）が発生した際に備える海外危機管理を中心に述べていきます。第1章では「海外危機管理について」で海外危機管理の実例をもとに説明。第2章〜第4章では，海外危機管理対応の方法を，台湾有事ケース，米国有事ケースで具体的に説明し，演習をのせてます。第5章では，海外危機管理で重要なBCPと有事発生時が紛争の場合のBCP計画の範囲，最後に第6章で，中堅・中小企業に焦点をあてて，海外危機管理対応で重点的に何をすべきかについて解説します。

第1章　海外危機管理について

1　海外危機管理について

　第2講で「海外安全管理」について述べましたが，「海外安全管理」は駐在員や出張者などの「個」の安全を中心に管理されるのに対し，海外危機管理では「個」から「法人全体」へとその管理対象は拡がります。海外危機管理というと海外からの脱出をイメージする方が多いと思います。実際には，海外危

234　第Ⅱ部　海外事業を成功させるリスク管理

管理のカバーする範囲は広く，「海外脱出計画」以外にも「中核事業の継続を主な目的とする BCP（事業継続計画）」，「危機管理を有効にするための「自助」「共助」の組織文化」などの広い範囲に及びます。

　日本人は海外危機管理にあまり慣れていないと言われています。ここでは，筆者が実際に携わった危機管理対応事例を見ることで，海外危機管理について理解を深めて頂けたらと思います。

② 海外危機管理対応事例について

　筆者は石油会社に入社後，中東を中心にさまざまな危機管理（クライシスマネジメント）を経験しました。石油会社を退職後も海外のリスクマネジメント，リスクソリューション，クライシスマネジメント等のコンサルティングを実施しています。

1　1975年ベイルートの事例

> 　市内の混乱状況はますます激化，国際電話は全く不通。駐在員，事務所，社宅とも今のところ無事ですが，駐在員事務所としての活動は残念ながら停止せざるをえません。テレックス装置は取り外します。各店からの連絡は以降受信不能となります。本テレックスは，ベイルート事務所としての最後のテレックスとなります。
>
> 　当事務所発足以来今まで寄せられた皆様の温かいご支援に深謝いたします。私自身，皆様のファミリーの一員としてこの二年半本当に楽しく毎日を過ごさせて頂きました。
>
> 　これからの私の運命は神のみぞ知るでしょうが，この思い出を大事にして生き抜いていきます。皆様のファミリー皆々様のご多幸をお祈りします。
>
> 　　　　　　　　　　　　　　　　　　　　　　　　ベイルート事務所　N・T

　これは，1975年（昭和50年）10月10日，泥沼の内戦に陥った，かつては，「中東のパリ」といわれたレバノンの首都ベイルートから，筆者が勤務していた石油会社の本社はじめ海外店全店に発信されたテレックスです。中東産油国にコンタクトするための最初のベースであったベイルート事務所は，内戦の激化につれ，通信，交通の機能を全く失い，1975年（昭和50年）9月末に事務所

閉鎖を決定。クウェートへ本拠を移動させました。その間に駐在員の家族は日本へ，駐在員はベイルート以外の中東各地に赴任し，その後ベイルートで最後まで事務所の後始末をしてくれたN・T嬢が打電した最後のテレックスの内容です。

2024年10月現在，ベイルートはイスラエルからの空爆を受けています。そのために防衛大臣が，邦人保護のために自衛隊を派遣すると決めています。1975年から約50年間で，日本政府の邦人保護の活動はかなり整備されつつあります。ただし，当時はそのような支援はなく，企業がほぼ独力で脱出時期，脱出方法などを決める必要がありました。

このベイルートの事例には筆者は関係していませんが，筆者の中では海外では「自分の身は自分で守る」という考え方が原点になっています。

その他に実際に筆者が携わった事例を整理したのが，**図表 2 - 3 - 1** です。代表的な事例を次に説明していきます。

図表 2 - 3 - 1　クライシスマネジメント（事例）

1．1990年 8 月 2 日　イラク軍のクエート侵攻対応
　⇒献身的なイラク人運転手により，日本では得られない現地の情報を日本本社に発信してくれる。日本人駐在員は他社の日本人とともにゲステージとしてイラクに連行される。9 月 2 日駐在員はイラクを脱出（イラク国営石油公社との親密な関係を利用）。1991年 8 月 2 日湾岸戦争空爆開始。

2．2001年 9 月11日　米国同時多発テロ後の米国報復に備えて
2002年年初　　ブッシュ大統領が一般教書演説で悪の枢軸国発言。イラク，イラン，北朝鮮を大量破壊兵器を保有するテロ国家と非難。
　⇒コントロールリスク社，英王立国際問題研究所（チャタムハウス）等へヒアリング。「米国は　報復攻撃はする。理由は FEAR（恐さ）」中東駐在員のエバキュエーション・プログラム（クライシスを含む脱出計画）を作成。
2003年 3 月17日：米国・英国先制攻撃となるイラク空爆を開始

3．2004年 5 月29日　サウジアラビア・アルコバール居住区襲撃
　サウジアラビア・アルコバールにおける外国人居住区襲撃事件。1 カ所の外国人居住区に，武装グループが立てこもり，外国人を殺害。2004年 5 月30日に居住区にいた駐在員の家族は，30日未明，治安部隊の突入の前に，敷地の外に退避。

236　第Ⅱ部　海外事業を成功させるリスク管理

> ⇒解放後の心理的なケアを日本帰国時に実施。
>
> 4．2003年4月　中国サーズ対応
> 　駐在員の脱出・避難計画の作成，日本での受け入れ体制を構築。
>
> 5．2004年以降弊社事例
> 　中国事業撤退・ストライキ対応，海外危機管理，台湾有事危機管理等

2　1990年8月イラク軍のクウェート侵攻

　1990年8月のサダムフセイン大統領によるクウェート侵攻で，クウェートにいた在留邦人245人がイラクのバグダッドに移動させられ，そのうち213人が拘束されました。筆者が在籍していた石油会社のクウェートの日本人駐在員が家族とともにゲステージ（客人「guest」と，人質を意味する「hostage」を組み合わせた造語。guestage）として拘束された事例です。

　この時は，クウェート事務所で雇用していた献身的なイラク人運転手[1]から，アラビア語を英語に訳した詳細な情報が本社に入り，現地の情報分析が可能になりました。また，イラク石油省の大臣と本社との良好な関係を通じ，いち早く日本人駐在員を日本に帰国させた危機管理の成功事例です。

　危機管理では現地の正確な情報の入手が最も重要ですが，海外の情報はその入手が困難な場合が多くあります。このケースでは現地ナショナルスタッフとの日常の信頼関係に基づく情報入手の必要性とともに，取引先との日常的なコンタクトによる良好な関係およびコミュニケーションが危機管理に重要であることを示唆する事例です。

　なお，日常的な現地ナショナルスタッフとの良好な人間関係の重要性は本ケースだけに限られるわけではありません。

　2013年1月のアルジェリアの天然ガス施設襲撃事件で，日本のプラントメーカーの日本人社員を，アルジェリア人の恰好に変装させ，アルジェリアのナ

1　当時は貧しいイラクから裕福なクウェートに出稼ぎに来ているイラク人は多く存在していた。

図表2-3-2　情報の正確さに重要なナショナルスタッフとの関係
1990年8月イラク軍のクウェート侵攻

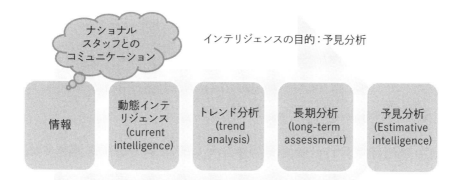

> 情報
> ある事柄についてのお知らせで、料理にたとえると、調理する素材に該当します。

> インテリジェンス
> 判断を下したり行動を起こしたりするために必要な種々の媒体を介しての知識や知恵を表します。

出所：上田篤盛『戦略的インテリジェンス入門』（並木書房、2016年）を一部加筆修正

ショナルスタッフが周りを取り囲むようにして脱出できたケースがありました。当時、アルジェリアの天然ガス施設では、襲撃前の時点で図表2-3-3が発生していました。その労働環境下にも拘らず、アルジェリアのナショナルスタッフが、日本人社員を自身の命を懸け、助けてくれたという点は特記すべき事柄です。

図表2-3-3　アルジェリアガスプラント襲撃事件前の労務問題

◆2012年6月21日
　技術者の一部と運転手がSONATRACHとの契約問題でストライキ開始。
◆2012年10月
　技術者は契約に合意して、技術者のストライキ収束。
◆2012年11月末
　運転手がハンガーストライキ。規則を無視してサイトに支持者が侵入。
　BPとStatoilは危機管理委員会で「コンティンジェンシープラン」を作成。
◆2012年12月

ストライキを一カ月延期する事に合意
◆2013年1月
一部運転手がストライキを再度計画。
◆2013年1月15日
ストライキの可能性が引き続き継続。
◆2013年1月16日
テロリスト襲撃。（現場サイトのレイアウトと幹部の指名などを事前に知っていた？）

出所：EQUINOR（旧STATOIL）ホームページ

3　2001年9月11日米国同時多発テロ後の米国報復に備えての脱出計画の策定

2001年9月11日米国同時多発テロ後のイラクに対する米国報復はあるのか？また，それに備えて中東駐在員の脱出計画の策定をどのように事前に策定すべきかが社内で議論され，脱出計画策定を作成することになりました。

図表2-3-4　脱出計画策定のための情報収集

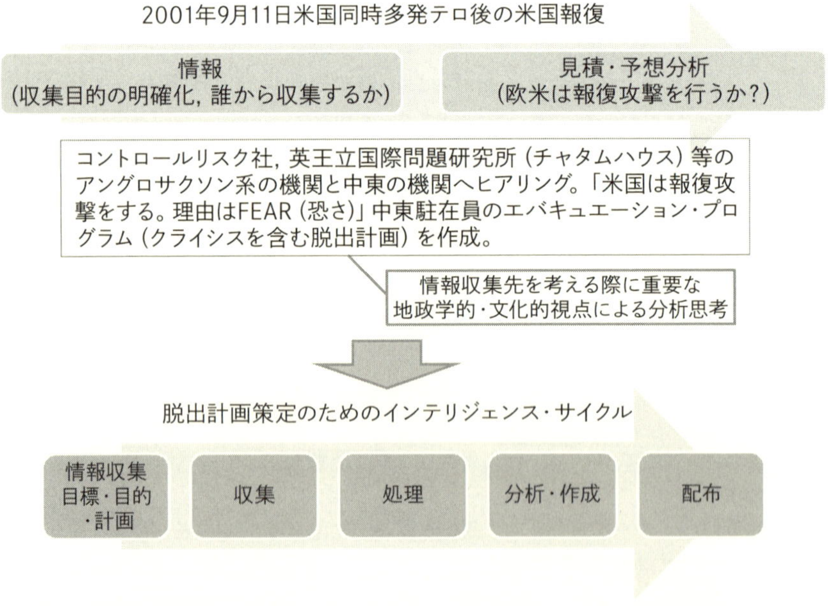

2001年9月11日米国同時多発テロ後の米国報復

情報 （収集目的の明確化，誰から収集するか）	見積・予想分析 （欧米は報復攻撃を行うか？）

コントロールリスク社，英王立国際問題研究所（チャタムハウス）等のアングロサクソン系の機関と中東の機関へヒアリング。「米国は報復攻撃をする。理由はFEAR（恐さ）」中東駐在員のエバキュエーション・プログラム（クライシスを含む脱出計画）を作成。

情報収集先を考える際に重要な地政学的・文化的視点による分析思考

脱出計画策定のためのインテリジェンス・サイクル

情報収集 目標・目的 ・計画	収集	処理	分析・作成	配布

出所：上田篤盛『戦略的インテリジェンス入門』（並木書房，2016年）に筆者加筆

上司からの情報要求（これを明らかにして欲しいという要求）を満たすための情報収集で重要な点は，上司からの情報要求に沿いインテリジェンス・サイクルに基づき情報を収集・分析することです。

インテリジェンス・サイクルは，①情報収集の目標（優先順位），目的，計画，②情報収集手段，③処理，④分析，⑤配布の5段階のサイクルをさします。このサイクルを進めるために重要な事は「目標に沿った収集目的の明確化と誰から収集するか」となります。

2001年9月11日米国同時多発テロ後の米国の報復はあるのかについての情報収集ですが，誰から情報収集するかという点では，米国・英国の考え方（物事の捉え方のパターンや考え方の癖なども含む）に依拠した彼らからの情報と米国・英国のリスク感性（日本人とは異なるリスクへの感性，また，文化・風習なども含む）から見た「報復の可能性」の判断を得るために，コントロールリスク社，英国王立国際問題研究所（チャタムハウス），欧米の石油メジャー等に接触しました。その後，逆に報復される側の中東サイドの情報を入手するため，中東情勢の情報誌，著名な学者，さまざまな情報機関などから情報を入手し，分析の材料としました。

このように報復する側とされる側の双方から情報収集することは，見方が異なる客観的な情報根拠を入手できるという利点と，双方の文化・風習を知ることで日本人の常識のみに片寄った情報分析を回避するという2つの利点があります。

この相手の文化・風習を知ることの重要性は，ペルシャとギリシャの戦い紀

図表2-3-5　情報活動：文化・風習を知る事の重要性

ペルシャとギリシャの戦い紀元前480年：テルモピレーの戦い

◆ペルシャの偵察隊の報告
「敵兵のある者は体操をやっており，ある者は髪を梳いていた」

◆ギリシャ事情に詳しい軍事顧問
「敵はわが軍と一戦交える決心でいる。ギリシャ人は死の危険が迫ると髪を飾るのが習わしで，眼前の敵兵は最も勇敢な精鋭である」

出所：上田篤盛『戦略的インテリジェンス入門』（並木書房，2016年）に筆者加筆

240　第Ⅱ部　海外事業を成功させるリスク管理

元前480年の「テルモピレーの戦い」がよく引き合いに出されます。ペルシャの偵察隊が敵兵の様子を偵察し「敵兵のある者は体操をやっており，ある者は髪を梳いていた。まだ，戦う状況ではない」と報告したのに対し，ギリシャ事情に詳しいペルシャ側の軍事顧問が「敵はわが軍と一戦交える決心でいる。ギリシャ人は死の危険が迫ると髪を飾るのが習わしで，眼前の敵兵は最も勇敢な精鋭である」と解釈を行ったという約2,500年前の事例です。

　現代においても同様ですが，文化・風習の違いを知ることで，情報収集後の分析を誤らない可能性が高まります。特に，平和な環境に慣れた日本での情報収集には，情報のソース，また，その解釈の能力から言っても限界があります。

　この報復を予想するケースでの情報入手および情報分析を注意深く行い，「報復攻撃はある」との前提で，中東駐在員の脱出計画の作成をしました。また脱出に関しては，米英の攻撃は全土ではなく，ピンポイントのエリアを狙える軍事能力を有するとの情報から，脱出計画を作成し，段階的に国外に退去す

図表 2-3-6　段階的国外退去計画の策定

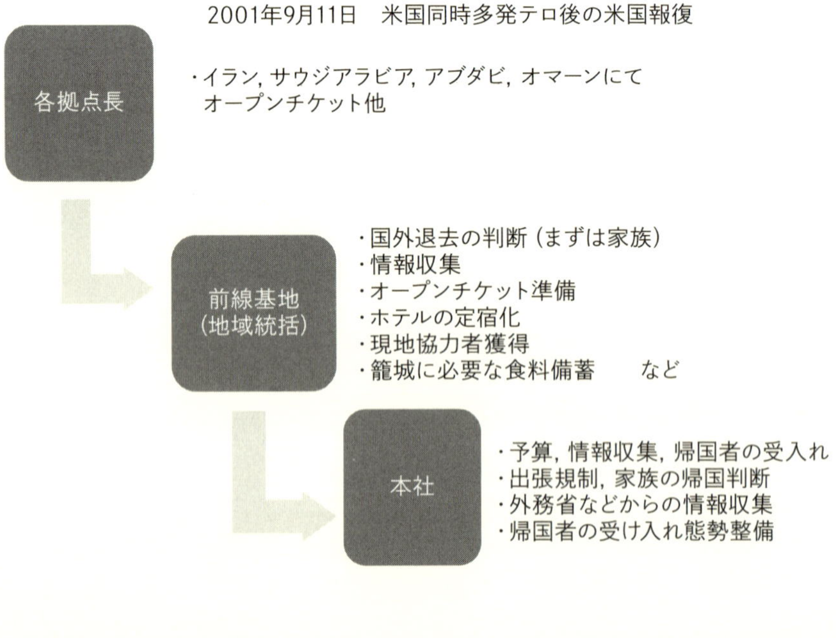

2001年9月11日　米国同時多発テロ後の米国報復

各拠点長
・イラン, サウジアラビア, アブダビ, オマーンにて
　オープンチケット他

前線基地（地域統括）
・国外退去の判断（まずは家族）
・情報収集
・オープンチケット準備
・ホテルの定宿化
・現地協力者獲得
・籠城に必要な食料備蓄　　　など

本社
・予算, 情報収集, 帰国者の受入れ
・出張規制, 家族の帰国判断
・外務省などからの情報収集
・帰国者の受け入れ態勢整備

第3講　海外危機管理　　241

る計画としました。実際に報復攻撃があったのは，計画策定後の半年後でしたが，この脱出計画に沿い駐在員の脱出を段階ごとに実行に移しています。

4　その他事例

⑴　2012年9月11日尖閣問題に端を発した中国反日デモ対応

　2012年9月11日に尖閣問題をきっかけに発生した反日デモ・暴動への対応もクライシスマネジメントの事例として参考になります。この反日デモ・暴動では，日系企業に対しては直接・間接の被害が実際に出ています。

---

① 企業施設への直接被害
- 建物・機材・中間財・商品の破壊・放火等による損失
- 自社および納入先の施設破壊などによる操業停止・減産
- 店舗破壊・放火等による損失

② 企業活動への被害
- 売上減少（不買，機会損失など）
- 取引拒否（現地仕入れ先の納入拒否，納期遅延，陳列棚への商品陳列拒否など）
- 商談拒否（新規商談の一方的拒否，契約キャンセルなど）
- 便乗値上げ（仕入れ先など）
- 給与の増額，サボタージュなどの労務問題の派生
- 従業員への休業補償

③ 企業活動への間接被害
- 通関遅延（2週間以上の輸入部品の通関遅延など）
- 行政手続き上の問題（ビザ発給，商品表示への嫌がらせと認可遅れなど）
- 交流活動の停止，式典延期他

④ 社員への直接・間接被害
- 精神的ストレス（ホテル避難，タクシーなどの乗車拒否，買い物自粛など）
- 日本人学校と日本人子弟への影響（日本人学校への投石など）

242　第Ⅱ部　海外事業を成功させるリスク管理

中国の反日デモは2005年春にも起きています。この時と2012年9月11日の反日デモとの異なる点を整理すると以下となります。

〔ⅰ〕　明確なターゲット

外観からは日系企業とわからない開発区の日系企業が狙われていることなどから，今回の反日デモ・暴動は日系企業の場所を事前に調べて狙っていることがわかります。日系企業が明確にターゲットにされているのです。

〔ⅱ〕　影響範囲と期間

建物等への破壊活動のみならず，労務問題，通関遅延，行政手続き遅延，商談，取引の停止や，中国の国営企業への入札締め出しや日本の自動車等の販売不振など，2005年春の反日デモ・暴動の影響に比べてその影響範囲・規模・期間は大きくなっています。

〔ⅲ〕　中国共産党によるコントロール

地元公安による日系企業への事前デモ予告。125都市以上の都市で順次発生。9月19日，北京市公安局の北京市民に対する携帯メール送信によるデモの収束命令，デモ隊への日当，食事などの提供など，かつての反日デモと被害規模の違いはあるものの，中国共産党にコントロールされたデモ・暴動であったという点では従前の反日デモと大きな違いはありません。このことは，子供用品，食品など，日系企業の安心・安全が中国の消費者に必要な消費財や絶対的な技術力で市場を占有している商品・部品等には影響が出ていないことからも，中国共産党によるコントロールが効いており，比較的冷静にデモが行われていたとの評価ができます。この点は，2005年春の反日デモも同様です。

この事例のように，中国共産党によるコントロールがなされている場合には，外出を控えるなどの処置で対応は十分可能で，脱出計画を策定する企業は少なかったのですが，今後，何かの原因で中国共産党の意図しないところで，暴動が発生する可能性も否定はできません。中国に関しては予測不能なことも多くありますので，最悪に備えて脱出計画の策定も今後は必要になると思われます。

第 3 講　海外危機管理　　243

　なお，この2005年春および2012年の反日デモでも，中国人従業員がデモ参加者に「そんなことをすべきではない」と説得する場面が見られました。アルジェリアの事例同様，日頃からの現地従業員とのしっかりした人間関係の構築は，クライシスマネジメントを有効に機能させるために非常に重要な要素があることがわかります。

(2)　福島原発の処理水の排出関連と指桑罵槐への対応

　2024年 9 月，中国政府から，2023年 8 月以降続いていた福島原発の処理水の排出による日本からの海産物輸入禁止などの措置を段階的に解除すると発表されました。

　海産物輸入禁止の措置を中国政府が執った当初は，それに便乗する形で，嫌がらせの電話が在中国日本国大使館や日本の行政機関に殺到するなどの事象が発生していました。日本の論調では，中国国内に山積する諸問題（不動産ビジネスの停滞，不良債権，若者の高い失業率，国家級幹部の失踪など）に対するガス抜きと評する論評も多くありました。

　2012年 9 月11後の反日デモ・暴動後にも指摘された，第 1 講で述べた「指桑罵槐」（192〜193頁）です。すなわち，桑＝中国共産党，槐＝日本・日本企業の図式です。しかし，2022年11月の中国の厳格な新型コロナウイルス対策に対する抗議デモ（白紙革命）では，その糾弾の相手先として日本を槐にできず，中国共産党にとり深刻であったと思われ，指桑罵槐の図式の変化の予兆とも考えられます。

　中国共産党のデジタル統制により，中国共産党への「反抗分子」の排除は従前に比べ，簡単になってきていますが，その統制がいつまでも続けられるのか，それが永続的にできるのかは現状で見通すのは難しい状況です。中国共産党の政策が外資企業にとって許容でき，予見可能なリスク内に国民を統治する能力を持っている限り，日本への影響は「槐」程度で済みますが，今後は，中国共産党の統治にほころびが出始め，混乱状態（カオス）になる可能性がないとは言い切れません。混乱状態になった場合には，在中国外資企業の国有化だけではなく，すべてを中国に置いて這這の体で逃げ延びるという事態にもなりかねず，中国の事業を将来に備えてどのようにするのか，決断が難しい局面を迎えています。

244　第Ⅱ部　海外事業を成功させるリスク管理

第2章　海外危機管理対応の概要

　第1章で海外危機管理対応事例を見ましたが，次に海外危機管理対応をどのように行うかについて具体的に見て行きたいと思います。

1　海外危機管理対応の概要

　企業の海外危機管理対応の概要をフロー図で**図表2-3-7**に示しました。海外危機管理対応では，平時，予兆，有事発生，収束または長期化の段階に合わせ，さまざまな対応が必要となります。

図表2-3-7　海外危機管理対応フロー

企業の対応		事前準備・判断作業
平時		
〈Step1〉 1．緊急対策本部の設置 2．緊急対応の作業開始		〈Step1〉 1．緊急対策本部の組成 2．緊急対応マニュアル 3．情報収集体制の構築 （緊急対策本部の作業） 1．リスクシナリオ作成 2．脱出計画の策定 3．BCP策定 4．机上訓練
〈Step2〉 トリガー見極めによる 1．脱出計画発動 2．BCP計画発動 3．帯同家族の退避	**予兆**	〈Step2〉 1．予兆・トリガー把握 2．計画の初動対応 3．事業への影響把握
〈Step3〉 1．駐在員の退避 2．現地スタッフへの対応 3．復旧のめど	**有事発生**	〈Step3〉 1．情勢の見極め 2．復旧のめど 3．縮小撤退などの検討
〈Step4〉 1．事業継続 2．縮小・撤退	**収束または 長期化**	〈Step4〉 事業継続・縮小・撤退などの経営判断

出所：筆者作成

企業が海外危機管理において判断する事柄は多くありますが，前述した4つの段階に応じて大別すると4つの Step が必要となります。

Step 1：緊急対策本部の組成と作業開始
Step 2：予兆によるトリガーの見極めと脱出・BCP 計画の発動，帯動家族の退避
Step 3：駐在員の退避と情勢の見極め
Step 4：事業の見極めと経営判断

出所：筆者作成

Step 1 ～ 4 については第3章台湾有事で詳しく述べますので，海外有事で重要な役割を果たす Step 1 の緊急対策本部についてのみ述べていきます。

2 緊急対策本部について

1 緊急対策本部とは

第2講の「海外安全管理」で述べた盗難のような限定的な事態発生では，人事総務主体の対策チーム対応で充分の場合がほとんどです。しかし，台湾有事のような重大事態発生の場合には，全社横断的な対策チーム組織の編成が必要となります。通常そのような組織を「緊急対策本部」と称し，本社に事前に組織を立ち上げておく必要があります。組織立ち上げ後の「緊急対策本部」の作業は多岐にわたりますが，主なものとしては，「海外危機管理の基本方針の策定」「海外緊急対策マニュアルの作成」「机上訓練」などがあります。「緊急対策本部」は，これらの多岐にわたる作業を統括して海外危機管理を実行する重要な役割を担います。

2 緊急対策本部の主な役割

(1) 海外危機管理の基本方針の策定

最初に手掛けることが基本方針の作成です。海外有事では，「人命を最優先で守る」が筆頭に掲げられますが，地域社会への貢献，供給責任，従業員の雇用確保，会社の経営の維持・存続などを基本方針に加える場合もあります。トップの判断を含め，有事対応の基本方針を決定し，全社員に共有することで

246　第Ⅱ部　海外事業を成功させるリスク管理

社員に対する経営陣の「人命最優先」への強いコミットメントとなります。この基本方針をまとめるのが緊急対策本部の作業の第一歩となります。

(2)　海外緊急対策マニュアルの作成

　基本方針策定後の作業が「海外緊急対応マニュアル」の作成となります。通常、「海外緊急対応マニュアル」は以下のような骨子で構成されます。

海外緊急対応マニュアル骨子

1．海外緊急対応マニュアルの目的
2．海外緊急事態の定義
3．海外緊急対策本部の体制と任務
4．海外緊急事態発生時の体制
5．海外緊急事態発生時の任務
6．海外緊急対応マニュアルの策定（緊急退避計画および BCP 計画など）
7．研修，訓練の実施
8．その他

---

(3)　海外緊急対策マニュアルの実効性の担保

　国内においてすでに緊急対応のための計画や BCP 計画などの緊急対応マニュアルを策定済みの企業は多いと思います。ただし海外有事用の場合には、緊急対策本部でこれらの国内用の緊急対応マニュアルを、海外の事情を考慮して見直す必要があります。また、緊急対策を実行性のあるものにするために、特に重要なのが「情報収集・発信の体制の構築」と「緊急対応計画と訓練」を通じた運用上のノウハウの習得です。

　海外危機管理では、正確な情報収集が最重要です。第 3 講「海外危機管理」で述べた「海外危機管理対応事例（クウェート侵攻）」などからもご理解いただけたと思いますが、この現地を含む正確な情報収集と発信のための体制構築は、図表 2 - 3 - 7 で見た「海外危機管理対応フロー」のすべての段階で重要となります。

① 海外拠点からの情報収集

本社側の対応責任者を決め，定時ないし適宜に駐在員や出張員の安否や現地の情報収集のためには海外拠点との連絡体制の確立と，報告書のフォーマットの統一化が必要です。また，事前に決めた「緊急通報先一覧」に基づき，緊急対策本部で事前に作成した「危機発生時対応事項リスト」の内容を統一フォーマットに記載し，本社・海外拠点で連絡を取り合う必要があります。

② 本社を中心にする対外情報の収集・分析

現地の日系企業の日本本社，日本外務省，保険会社，コンサルタント，警察等の外部機関との折衝で情報入手をする必要があります。ただし，現場が混乱している場合，さまざまなルートから入手した情報には全く矛盾するような情報が入ってくることがあります。

したがって，あらかじめ対応者（部署）を決め，情報収集および情報分析を統一的に行う必要があります。

③ 情報発信の体制

海外有事発生時には，情報は収集だけでなく，メディア，取引先および社内など，さまざまな関係先への情報発信が必要となります。したがって，わかりやすく事実を述べ，統一した内容で情報発信するために，あらかじめ対応責任者（広報）を決めておく必要があります。特に，メディア対応を誤ると，間違った情報が発信される可能性もあります。外部からの誤った情報発信は，会社のレピュテーションリスクや社内不安を引き起こす原因にもつながります。

したがって，クライシスコミュニケーションの分野となりますが，海外有事では，情報発信の責任部署と緊急対策本部の情報共有とポジションペーパーによる対外的な発信内容の統一が求められます。

(4) 机上訓練の実施

策定した海外緊急対応マニュアル（緊急退避計画および海外有事の BCP 計

画）が実際に役立つかどうかの机上訓練は非常に重要です。通常，海外緊急退避脱出計画および海外有事のBCP計画の策定には，机上訓練を含めると通常半年から1年程度の準備期間が必要です。前広に専門家を交えて，取り組むことが求められます。

　なお，海外有事のBCP計画については，第5章で後述します。

第3章　台湾有事への備え

　海外危機管理対応の概要と緊急対策本部について見てきましたが，次に台湾
有事および米国有事を想定して，具体的な有事対応を見て行きたいと思います。

① 台湾有事の可能性

　最近台湾有事に関してのマスコミ報道が増えており，日本企業の中にも不安
を感じておられる方もいらっしゃると思います。この章で述べる台湾有事の可
能性については，マスコミなどで報道されている既報の内容をベースにシミュ
レーションした内容です。あくまで想定に基づくものであるという点をご了承
いただければと思います。

1　中国の台湾軍事侵攻の意思

　中国は台湾に軍事侵攻するのでしょうか？　この決定は，国家主席として権
力を1人で握っている習近平国家主席1人の決断にかかっていると言えます。
習近平国家主席は「平和的統一に最大の努力を払うが，武力行使は放棄せず，
台湾独立勢力と外部勢力がレッドラインを超えた場合には断固たる措置をと
る」と台湾の統一に関して公表しています。習近平国家主席が，どのような決
断をするかはわかりませんが，「備えあれば憂いなし」という諺があるように，
企業としては事前に十分な準備が必要です。

2　軍事進攻遂行能力について

　新聞報道によると，アメリカインド太平洋軍のアキリーノ前司令官は，3月
の退任前に米議会で中国人民解放軍による軍備増強の実態を以下のように証言
しています。「この3年間で中国人民解放軍は，戦闘機を400機強，大型軍艦を
20隻ほど増やし，弾道巡航ミサイルの備蓄も倍増させている。これはすべて27
年までに台湾侵攻の準備を整えるという習近平国家主席の指示に対応している
ものである」。また，米海軍などが2020年末にまとめた戦略では「米国は，今

後十年間で，アジアでの海上の優位性を確保し国益を得るための備えができてない」と分析し，米国が30年までにアジアでの海上の優位を失う危険性を示しています。さらに，直近の2024年9月18日発表した指針の「公開計画2024年」では，2027年までに中国との戦争が起こる可能性に備えると明記しています。中国の習近平国家主席は党のトップとしての任期満了を2027年に迎えます。そのためか，米政府や米軍には2027年を節目として台湾有事のリスクを警戒する声が多いようです。

２ 平時の台湾有事への対応

繰り返しになりますが，有事に備えるリスクマネジメントの考え方は「Prepare for the worst（最悪に備える）」です。すなわち，平時のうちに「最善を願い，一方で最悪に備えて生き残りの方策を考える。悲観的に計画を準備して楽観的に実施する」という考え方です。この考えに基づき，「海外危機管理対応フロー」で示したステップに合わせながら，平時に取り組むべき台湾有事への危機管理対応を解説して行きます。

1 緊急対策本部の設置

台湾有事の危機管理でも，「海外危機管理対応フロー」にある Step 1 の「緊急対策本部」を立ち上げることから始まります。緊急対策本部の役割は一般論として先ほど述べました。ここでは台湾有事を想定した緊急対策本部の役割について，「緊急対応マニュアル」の作成，「情報収集・分析体制の構築」「リスクシナリオの作成」「緊急退避計画」の各分野で解説します。

2 緊急対策本部の役割

(1) 緊急対応マニュアルの作成

台湾は島国であるため，中国による軍事侵攻が開始された場合，空路と海路は早い段階で利用できなくなる可能性が高く，早い段階で軍事進攻の「予兆」を把握し，いかに早く行動に移せるかが重要なポイントです。

そのためには，台湾有事に備えて緊急対応マニュアル作成が喫緊の課題になります。台湾有事を想定した場合の台湾有事の緊急対応マニュアルは，以下の

ような内容が主となります。

---

① 台湾緊急対策本部の役割・任務・分担の決定と周知
② 緊急連絡網の整備と周知
③ 台湾および現地社員との通信手段の確保
④ 台湾および現地社員との安否確認方法の決定と周知
⑤ 現地情報の収集先の決定と情報の収集・報告方法の決定
⑥ 国外退避基準の設定と緊急退避の判断基準（トリガー）の決定
⑦ 退避方法の検討と退避ルートの検討と確認
⑧ 台湾国内における緊急避難場所の抽出，実査による有効性の確認と緊急退避場所の決定
⑨ 台湾国内での籠城などに備え，外貨，食料，生活用品，衣料品，医薬品，携行品などの備蓄

---

(2) 情報収集・分析体制の構築

　緊急対策本部の危機管理担当者は，平時から現地情報の収集に努め，中国国家主席の言動，中国軍の動向，中国国内の情勢，米国を中心とする西側諸国の動向，台湾周辺海峡の状況，台湾の政治・経済・軍隊などの各種情報を日常的に収集する必要があります。

　中でも，後ほど述べる台湾侵攻シナリオの初期段階に認められる「認知戦」などの情報には特に注意を向け，常に情報収集を怠らず，日本企業や他国企業等の退避動向，日本台湾交流協会などからの情報収集とアドバイスを受け，国外退避の必要性の有無の観点から日常的に情報収集と分析をする必要があります。

(3) リスクシナリオの作成

　海外危機管理では，どのような事態が起こるのかの想定は大変難しく，正確な想定は誰にもできません。ただし，緊急退避計画を策定するには，起こりうるであろう可能性からリスクシナリオを想定し，そのリスクシナリオごとに会社の対応を事前に決めることが求められます。

252 第Ⅱ部 海外事業を成功させるリスク管理

　たとえば，日本の『2022年版防衛白書』において，第3章第3節3「台湾の軍事力と中台軍事バランス」70ページにおいて，中国にある台湾侵攻のシナリオが掲載されています。これらの情報も参考に緊急対策本部を中心として自社内でリスクシナリオを作成することになります。

---

① 初期段階

　軍事演習目的で軍を中国沿岸に集結させ，偽情報を流布するなどの「認知戦[2]」を行い，台湾社会のパニックを引き起こし，海軍艦艇を西太平洋に集結させ，外国軍の介入を阻止する。

② 第2段階

　「演習から戦争への転換」という戦略のもと，ロケット軍および空軍による弾道ミサイル，巡航ミサイルの発射が行われ，台湾の重要軍事施設を攻撃。その攻撃と同時に，戦略支援部隊が台湾軍の重要システムなどへのサイバー攻撃を行う。

③ 第3段階

　海上・航空優性の状況を獲得し，強襲揚陸艦や輸送ヘリなどによる上陸作戦を実施し，外国軍の介入の前に台湾制圧を達成する。

⑷　緊急退避計画の作成

　⑶のリスクシナリオに沿い緊急対策本部で緊急退避計画を作成します。緊急退避計画の概要を以下で示しますが，リスクシナリオの作成時も同様ですが，緊急退避計画の作成には，軍事も含め詳しい専門家の協力を得る必要があります。実際に緊急退避となった場合にも，計画遂行に臨機応変な判断やアドバイスがその度ごとに待ったなしで求められるからです。

2　SNSなどを通じて偽情報を流布し，一般市民の心理を操作・錯乱し，社会の混乱をもたらす戦術。

① 緊急退避計画の概要

Step 1：行動方針

　　リスクシナリオに基づき，複数（3つ程度）の行動方針（緊急退避の方針）検討。

Step 2：行動方針の分析

　　上記の複数の行動方針のそれぞれを検討し，改善を行う。

Step 3：行動方針の比較と決定

　　複数の行動方針を評価し，最も優れたものを選択・決定する。

Step 4：緊急退避計画の作成

　　緊急避難計画（案）を作成

　　不採用の行動行動方針は予備計画として作成。

　　緊急退避計画のほかに，下位の実践要領として，リスク対応要領，不測の事態発生の対応要領，実績評価要領を作成。

② 机上訓練

　　緊急避難計画を実施する際の実行組織（有事対応組織）を編成し，緊急避難計画（案）および実行組織の妥当性，不具合の摘出・改善を実施。さらに計画，運営，評価要領を作成，習得し，緊急対策本部の有効な体制を構築する。

③ 台湾有事発生時の予兆・トリガー・着眼点

　緊急退避計画の実行時で重要なことは，早い時点で危機の予兆を感知，把握し，なるべく早いタイミングで退避開始判断となるトリガーを見定めることです。緊急退避計画の発動のフローを示すと以下となります。実際に役立てる上での退避判断の着眼点も含め，Step ごとに順を追って説明いたします。

〈緊急退避計画発動のフロー〉

Step 1：情報収集

　　中台関係緊迫化の予兆の感知・把握。社内情報収集体制の強化，日本外務省の海外緊急事態情報の収集など

Step 2：警戒

中台関係緊迫化と社内および在中国，台湾での実行組織の立ち上げ
Step 3：緊急退避準備の段階
緊急退避を前提とした諸準備を開始。一時避難所および移動手段・経路を再確認。
Step 4：緊急退避のトリガー発動
想定されたトリガーの発動および指定した一時避難所に移動・集合待機
Step 5：退避の段階
指定した移動手段に搭乗／乗船し輸送責任者と一緒に行動をとる

1　情報収集（Step 1）

リスクには，段階を追ってその危険度を増していく「リスクエスカレーション」という特徴があります。図表 2-3-8 の図はその例を示したものです。それぞれの段階に応じて，リスクの内容は変わりますので，重要なことは早い段階で，リスクの予兆をつかむことです。

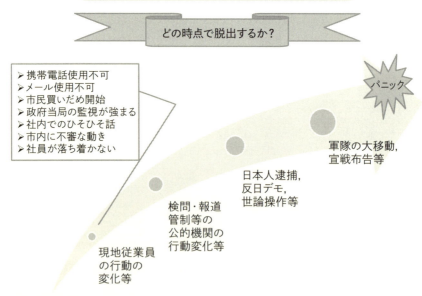

図表 2-3-8　リスクのエスカレーションと意思決定

出所：筆者作成

図表2-3-8にあるように,「携帯電話やメールの使用が不可となることが最近増える」「市民の買いだめが開始している」「政府当局の外国人への監視が強まる」「社内でのひそひそ話が増える」「市内に不審な動きが多くなってきた」「社員が落ち着かない様子だ」などの動きが「リスクの予兆」の初期段階です。この初期段階で,緊急退避の準備を怠ると,最終的に逃げ遅れてパニックになってしまうこともあります。

　台湾有事でも同様な事象が想定されますので,このリスクエスカレーションの初期の段階の「リスク予兆」をつかみ,どの段階で述べる「トリガー」とするか,経営トップが緊急退避を決断する際の重要なポイントになります。

2　警戒から緊急退避のトリガー発動まで（Step 2 ～ 4）

　トリガーとは,特定の物事を引き起こすきっかけや,引き金のことを指します。海外危機管理の場合には,海外からの退避判断を下すきっかけとなる事象です。トリガーには,米中対立の激化,尖閣諸島での偶発的事故,欧米当局からの自国民への退避勧告,日本人学校の閉鎖,日本人の拘束事件増加,日本人,日本企業への暴力行為などさまざまな事象が考えられます。

　トリガーの決定に際しては専門家のアドバイスも得ながら,企業独自で設定をする必要があります。例示として,台湾有事の場合のトリガーについて解説していきます。

(1)　緊急退避の判断基準

　日本外務省が「海外安全ホームページ」で緊急退避の判断基準を発表しています。この基準では,各国の危険度が,レベル1～4で出され,レベル1は注意喚起,レベル2は退避準備・選択的出張,レベル3は家族などの退避,出張禁止,業務停止検討,レベル4は安全退避,業務停止となっています。

　2024年9月19日に中国・広東省深圳市の日本人学校に通う10才の男子児童が刺殺された大変心が痛む事件がありました。外務省が出す渡航・滞在の「危険情報」では,中国の危険度は,新疆ウイグル,チベット両自治区を除き「レベルゼロ」となっています。ちなみにインドは全土がレベル1以上,ロシアはレベル2です。

256　第Ⅱ部　海外事業を成功させるリスク管理

　外務省は「現段階で中国の危険度の見直し検討はしていないが，中長期的な観点から総合的に判断する」としています。2024年6月の江蘇省蘇州市のスクールバス停での日本人母子への切りつけ事件，靖国神社への落書き事件など「反日」が理由とも思われる事件が続いていますので，本社の緊急対策本部は外務省の情報を毎日確認する必要があります。

　なお，外務省では，2024年9月19日に深圳で男児が死亡した際，日本人の安全に関わる重要な事件が発生した際の速報として，「凶悪犯罪に対する注意喚起」を出し，「特にお子さん連れの方は，十分注意して行動してください」と呼びかけています。通常の危険度の情報とともに，外務省海外邦人安全課から出される今回のような「スポット情報」も機敏に情報収集する必要があります。

　また，中国への渡航危険情報をめぐっては，台湾が2024年6月に，4段階ある危険レベルを3番目から2番目の「不必要な渡航を避けるよう勧める」に引き上げています。日本だけではなく，他国の渡航危険情報も集めながら，緊急退避の自社の判断を下すことが求められます。

⑵　台湾からの緊急退避のトリガーについて

　台湾からの緊急退避のトリガーにはどのようなものが想定されるのでしょうか？　先ほどの防衛白書のリスクシナリオをベースに考えた場合には以下のようなものが挙げられます。

（i）　認知戦の予兆があった場合

　初期段階にある偽情報流布するなど「認知戦」の予兆があった場合にはトリガーとなりえます。防衛白書に示されたリスクシナリオの初期段階では，偽情報の流布，公式ウェブサイトの改ざん，台湾政府へのサイバー攻撃などが随所で発生します。2014年のロシアによるクリミア半島の併合時の手法と同様の攻撃方法です。初期段階における「予兆」をいち早くつかみ，さらなる軍事行動を想定し，即時の退避判断に役立てることが必要です。

（ii）　リスクシナリオの初期段階の軍の動きがあった場合

　認知戦に続き，中国軍の動きが認められた時はかなり，緊急度の高い緊急脱

出のトリガーとなります。

- 演習目的で軍を集結させる
- 海軍艦艇を集結させ，外国軍の介入を阻止する行動をとる

(ⅲ)　その他

　その他として，台湾が独立を宣言する，日本政府が中国を敵国として事態認定する，などもありますが，これらの事象は軍事行動に移る最終的な段階と言え，深刻かつ緊迫した状況です。この状況を待つまでもなく，台湾有事の場合には，以下で述べる理由からも，早期退避判断が好ましいと思われます。

3　退避判断（Step 5）

(1)　リスクシナリオの初期段階における即時国外退避の重要性

　台湾国内には2万人から2万5千人の日本人が暮らしていると言われています。台湾有事になった際には，おそらく，商業フライトは即時停止されると予想されます。また，台湾侵攻のステージが第2段階に格上げされると，航空機・船舶などの国外退避はほぼ不可能になると想定されます。したがって，台湾侵攻シナリオでは，その兆候が見られた際には，即座に商業フライトを利用した退避判断が台湾からの退避を考える場合極めて重要と思われます。

(2)　退避判断

　日本政府による自国民の台湾からの退避も計画されています。ただし，前述した台湾国内の2万人から2万5千人の日本人に加えて，中国には11万人ほどの日本人の方が住んでいます。台湾有事で協力が求められる日韓政府では，2024年9月に日韓首脳の間で，第三国での退避協力の覚書を交わすなどの環境整備に取り組んでいますが，台湾有事の際にも在中国，在台湾の日本人全員を退避させることは難しいと思います。したがって「自分の身は自分で守る」という安全管理原則を，自社の退避判断の着眼点とする必要があると思います。

(3)　有事の事態が深刻にならなかった場合

　「自分の身は自分で守る」ということで他社に先駆けて自社の社員を退避さ

258　第Ⅱ部　海外事業を成功させるリスク管理

せたのは良いが，結果的に重大な状況とはならず，他社から「海外危機管理に慎重すぎるのではないか？」と批判されることを恐れる経営者がおられます。日本人の特徴として，未知の事柄を判断・決断する際，他者の動向を確かめ様子見するという傾向があります。ただし，有事の際は，この態度は失敗の確率を高めかねません。他社の動向を見るうちに，リスクがエスカレートし，社員が逃げ遅れ，行方不明になるという事態も起こり得ますので，絶対に避けなければなりません。

　自社は「人命を最優先で守る」という方針が，紙に書いたスローガンではなく，本気であることを示す経営トップの早期判断・決断が有事では試されます。

④　台湾有事演習

　海外危機管理の概要について述べてきました。緊急対策本部が実際に，緊急退避計画発動に至るまでには，緊急対策本部のチームの結成，メンバーに対する集中講義，本社および現地の役割分担の決定，各自の役割スケジュールの作成などに最低約1週間，緊急退避計画の策定に最低4〜5カ月，机上訓練も約1カ月と，合わせて半年から1年程度の準備期間が通常必要となります。本社には，台湾有事に際しての本社の緊急対策本部の重要性を認識するとともに準備期間確保の配慮が求められます。現地の責任者がどのように動くべきかについて演習問題を通じ見ていきます。

1　台湾有事の対応演習

(1)　有事想定

> 　貴社は，大阪に本社を持つ電子部品メーカーです。台湾に従業員100人，社長を含め，日本人駐在員3名，帯同家族が6名います。一部の材料および部品は中国本土から輸入しています。あなたは現地の社長です。以下の状況を踏まえ社長としてやるべきことを日時に沿って書き出してみてください。なお，台湾と日本の時差は1時間です。
>
> ○月1日　夜11時（台湾時間）
> 　中国軍が台湾の対岸の福建省に軍事演習と称して軍を集結させているという

情報が入りました。初期対応として何をすべきでしょうか？

○月2日　夜10時

　中国軍の集結は引き続き続いているという情報があり，外務省の危険情報が，レベル1（注意喚起）となりました。あなたは何をすべきでしょうか？

○月3日　夜11時

　中国軍の集結は引き続き続いているという情報があり，外務省の危険情報が，レベル2（退避準備・選択的出張）となりました。あなたは何をすべきでしょうか？

○月4日　朝10時

　中国軍の集結は引き続き続いており，台湾への認知戦の頻度が高まったとの情報があり，外務省の危険情報が，レベル3（家族などの退避，出張禁止，業務停止検討）となりました。あなたは何をすべきでしょうか？

○月6日　朝4時　有事発生

⑵　台湾有事の対応の回答例

○月1日　夜11時

　中国軍が台湾の対岸の福建省に軍事演習と称して軍を集結させているという情報が入りました。初期対応として何をすべきでしょうか？

①　即時の緊急連絡網による社員の安否確認

②　安否確認状況を本社へ即時報告し，その他の情報を共有する

③　事務所や工場の安全確認（機械設備や資材置き場の安全管理，見回り，施錠状況の確認により火事場泥棒などを防ぐ）

④　資材在庫確認

⑤　食料備蓄などの状況確認

⑥　日本からの出張者の安否確認と連絡・待機指示

⑦　治安情報の確認（日本台湾交流協会，他国の商工会議所，警察，取引先，現地社員など）

○月2日　夜10時

　中国軍の集結は引き続き続いているという情報があり，外務省の危険情報が，レベル1（注意喚起）となりました。あなたは何をすべきでしょうか？

260　第Ⅱ部　海外事業を成功させるリスク管理

① 本社との退避協議
② 社員に帯同家族の国外退避の意思確認を実施
③ 出張者の安否確認と本社との退避協議
④ 商業航空便の運航状況を確認
⑤ 空港までの移動手段状況の確認
⑥ 治安情報の確認（日本台湾交流協会，他国の商工会議所，警察，取引先，現地社員など）

○月3日　夜　11時

　中国軍の集結は引き続き続いているという情報があり，外務省の危険情報が，レベル2（退避準備・選択的出張）となりました。あなたは何をすべきでしょうか？

① 本社と退避判断の確認
② 希望する社員と家族の退避準備
③ 航空便の予約と空港までの安全な移動手段の確保の準備
④ 日本人駐在員の残留対応
⑤ 現地人幹部と暫定的な業務対応（BCP対応）の打ち合わせ
⑥ 住宅からの移動が困難な場合の籠城への備え
⑦ 治安情報の確認（日本台湾交流協会，他国の商工会議所，取引先，現地社員，警察など）

○月4日　朝10時

　中国軍の集結は続いており，台湾への認知戦もその頻度が高まったとの情報があり，外務省の危険情報が，レベル3（家族などの退避，出張禁止，業務停止検討）となりました。あなたは何をすべきでしょうか？

① 本社との協議および退避決定
② 希望する日本人社員と家族の退避の決定・実行
③ 残留する日本人社員の役割確認，避難ルートの準備・確認

④ 現地人幹部へ業務引き渡し開始（BCP 発動）

⑤ 現地社員の安全確保の準備，確認

⑥ 治安情報の確認（日本台湾交流協会，他国の商工会議所，警察，取引先，現地社員，など）

2 解説

(1) トリガーについて

　この事例では，退避判断を，外務省からの発表される渡航勧告に合わせた形で設問しています。ただし，解答例としては，外務省からの渡航勧告を少し先取りする形で，社長の対応を考えています。これは，外務省からの渡航勧告が遅れて発出される可能性への考慮と先に述べた台湾からの早期退避の判断基準に合わせたものです。

(2) 現地従業員対応

　第3講第1章のクウェートの事例からもわかりますが，海外危機管理では，現地従業員の協力は避けては通れません。「人命を最優先で守る」という会社の方針を日本人同様，現地従業員にも適用するのかの方針，現地政府の要請指示への対応，日本人駐在員が不在の中，現地事業所運用の方針や現地事業所の対応策などを事前に取り決めておく必要があります。演習でも現地従業員への対応内容が含まれています。この演習を通じて現地従業員に対する緊急対応の必要性が理解いただけると思います。

(3) 実務上の対応原則

　実際に緊急事態が発生した場合には，パニック状態になることがあります。その際には，以下の対応原則を中心に判断・行動することで，対応の道筋が見え，落ちついた判断と行動ができるようになります。

　　①緊急事態発生時は，現地の状況は日本でリアルタイムに詳しく知ることが難しいのが実情。したがって，「サイト・イニシアティブ」という考え方に沿って，現地主体で対応する。

　　②判断基準として社員と家族の生命が最優先。

③経営トップは現場に残り，指揮を執る。

④緊急退避の時には策定済みの BCP 計画を同時に進める。

⑤軍事衝突のような突発的緊急事態の場合には，周りの様子を見るなどせず，待ったなしで早めに行動する。

⑥自然災害や感染症などの経過的緊急事態では，事態の推移を見ながら動く事を優先しても良い。

3 タイムラインの整理による理解

　海外有事対応のみならず，有事対応では，緊急対策本部がタイムラインの全体像で各対策活動を整理し，その実施順序について関係者間で事前に自分は何をすべきかの認識を共有することで，海外危機管理の基本方針に沿った統一的な行動をとることができるようになります。また，このタイムラインの整理は，緊急対策本部が対策実施関係者と，事前のシュミレーションを行う際の指針にもなります。

　図表 2-3-9 を参照して，先ほどの演習を基に，自社の事情に合わせて台湾有事の際のタイムライン全体像を事前に作成しシミュレーションを実施しておくと，理解が一層深まると思われます。

第3講　海外危機管理　　263

図表2-3-9　有事対応のタイムライン全体像（製造業の例）

実施項目	1日	2日	3日	4日	5日	6日	7日	8日
(1)情報収集・報告								
(2)関係者会議								
(3)工場の危険個所点検								
(4)会社資産の保護								
(5)取引先連携								
(6)帰国，待機準備・判断								
(7)日本人残留社員対応								
(8)現地従業員対応								
(9)安否確認								
(10)出社判断								
(11)撤退・縮小・復旧判断								
状況の推移	予兆から有事発生 5日前〜3日前			有事発生 2日前		有事発生 0	状況把握	判断準備

264　第Ⅱ部　海外事業を成功させるリスク管理

第4章　米国有事への備え

　ここ2，3年，地政学リスク回避の観点から，中国からの撤退とともに日系企業の対米投資が増加傾向にあります。しかし，米国であれば有事対応を考える必要はないでしょうか？　ビジネスリスクは，地政学リスクだけではありません。米国に進出したからといって海外危機管理の必要性がなくなるわけで決してありません。

　11月の大統領選でトランプ前大統領が勝利しました。2025年1月20日に大統領就任式が行われましたが，分断した米国社会をうまくまとめていけるのか，他国との関係が不安定化するのではないかなどさまざまなリスクを心配する声が聞かれています。また，米国では近年，ハリケーンや山火事が頻発するなど，自然災害が増えており，その備えをする必要があります。この章では，米国有事として自然災害への備えをハリケーンを例に見て行きたいと思います。

1　米国の自然災害

　日本でも異常気象が連日のように報道されています。異常気象は日本だけではありません。米国では，大型ハリケーンによる大規模な災害が頻発しています。NPO失敗学会によると「2005年大西洋西側沿岸の米国合衆国（以下，米国）の南東岸，メキシコ，カリブ諸島は6月から翌年1月にかけて大小31のサイクローン，内15はハリケーン，に見舞われ，嵐による直接死者は2,000人余り，間接的に死に至った場合を含めると死者3,800人を超え，被害総額は14兆円を超えた。この地区は北大西洋地域と呼ばれている。

　発生したサイクローンのうち，上陸したものは18，内上陸ハリケーンは10。最も大きな被害をもたらしたのは8月25日から29日にかけて米国南部に上陸した12号サイクローンのカトリーナだった。メキシコ湾沿いのルイジアナ州ニューオリンズ市では，8月30日，カトリーナによる10mの高波で堤防が50か所以上にわたって決壊し，市の80%以上が浸水した。27日の避難勧告，翌28日の避難命令で，ほとんどの住民は避難していたものの，取り残された人々

の救助などで警察等の警備が手薄になったところ，略奪，暴行，殺人までが発生した。カトリーナによる直接死者数とその後の洪水による死者数で累計1,836名以上，1928年のハリケーンオキチョビーによる4,000人超の死者数に次いだ。また，被害総額は800億米ドルを超え，史上最悪であった。」とのことです。

また直近では米国南部に2024年9月26日上陸したハリケーン「ヘリーン」により，9月30日の死者が少なくとも130人に上り，経済的な損失はカトリーナを超え，1,600億ドル（約23兆円）と米国メディアが発表しています。

米国に進出した日本の企業にとっても他人事でなく，自然災害の備えを行う必要があります。以下演習を通じて自然災害への有事対応のためのマニュアル作成を中心に見て行きます。

② 演習

1 演習問題

（設問1）　貴方が有事対応マニュアルを作成する際に注意すべきポイントを4つ挙げてください。

（設問2）　有事対応マニュアル作成のための事前調査項目
　米国でのハリケーン被害に備えた緊急対策マニュアルを作る必要があります。有事対応マニュアルを作成するにあたっての事前調査事項にはどのようなものがあるでしょうか？

（設問3）　トリガーの注意点
　退避のトリガーを考えると，「あれもこれも」となりがちです。気を付けることを3点挙げてください。

（設問4）　退避者の優先度
　退避にあたっての，人的優先順をどのように考えますか？

（設問5）　緊急備蓄品にはどのようなものを用意すれば良いですか？

266　第Ⅱ部　海外事業を成功させるリスク管理

2　回答編

設問1

(1)　判断基準の明確化

　　誰が見ても判断が変わらないような基準を策定する必要があります。そのためには，判断する際に考慮する対象を極限まで減らしておく必要があります。損失や資産等の経済的な考慮は，判断基準には極力含めないようにすべきです。

(2)　現地判断・現地人命優先

　　人命最優先を考える必要があります。そのために，有事の際は現地報告や現地からの要請や意見を優先する必要があります。現地で退避が必要と判断したら，その判断を優先させ，本社が待てというような命令を出さないようにする必要があります。

(3)　業務停止などの責任を負わせない体制

　　退避を判断した当事者について，後日，退避に起因する事業停止で業績が悪化したなどの責めを負わせないルールを作っておく必要があります。たとえばあらかじめ，業務規程で「免責ポリシー」を決めておくことが重要です。

(4)　本社指示は最後の手段

　　現地側の経営責任者によっては，持場への責任感が強いために，どうしても撤退しないと，固執するケースがあります。その場合は本社指示に従うための最終手段として，本社指示の退避命令の発動条件を厳密に考え，現地と事前に同意しておく必要があります。

設問2

　　事前調査には，以下のような内容があります。この調査を行い調査結果をもとに「緊急対策マニュアル」を作成します。

(1)　拠点所在地および近隣避難場所

(2)　有事の現地対策本部の体制構築

(3)　緊急連絡網

第 3 講　海外危機管理　267

⑷　緊急連絡手段

⑸　駐在員，出張者，帯同家族などの所在把握の方法

⑹　安否確認方法

⑺　情報収集の方法

⑻　退避手段・場所の確認と設定

⑼　退避トリガーの決定

⑽　退避者の優先順位の設定

⑾　移動手段およびルートの決定

⑿　航空券の確保

⒀　備蓄，携行品の確保

⒁　重要な書類・物品・データ等の管理

⒂　現地従業員の安全確保策の決定

⒃　本社との連携事項など

設問 3

　有事発生時には，トリガーが 1 つの重要なポイントとなることを繰り返し述べてきました。ただし，平時にトリガーを想定・検討する場合，いろいろな選択肢が出てくることがよくあります。トリガーを想定するにあたっての判断基準は，「トリガーが何のためにあるか」の目的から考えると決定がしやすくなります。

　トリガーの目的は，主に以下の 3 点です。
⑴　迅速な退避判断を行いたい
⑵　誰にでもわかりやすく観察可能な判断基準を持ちたい
⑶　人的被害の最小化を最大の目的としたい

　上記目的に照らすと，トリガーを想定するときに気を付ける点は以下の⇒になります。
⑴　迅速に退避判断を行いたい⇒要件の単純化
⑵　誰にでもわかりやすく観察可能な判断基準を持ちたい⇒客観的に判断しや

268　第Ⅱ部　海外事業を成功させるリスク管理

すい要件

(3)　人的被害の最小化⇒自社の実力内での退避を考え，他社と比べて，なるべく早い時期の退避，たとえば商用の飛行機の運行がとまる前に退避するなどのタイミングを自社の実体に合ったトリガーとするなどが考えられます。

設問 4

避難者は以下の優先順で決めます。

(1)　乳幼児・妊婦・高齢者

(2)　帯同家族

(3)　一時的に低稼働となった場合，オペレーション上必ず特に必要ではない要員

(4)　オペレーションに欠かせない要員

設問 5

緊急備蓄品には以下のようなものが必要です。

(1)　現金

(2)　食料（3日分）

(3)　水（飲料水および生活用水を3日分）

(4)　簡易調理用具

(5)　電池

(6)　懐中電灯

(7)　マッチ

(8)　ろうそく

(9)　薬品

(10)　緊急連絡網

(11)　ホイッスルなど

　なお，マニュアル文化が徹底し，リスク感性が日本人よりも高い米国では，日本人駐在員よりも現地従業員のほうが危機管理に詳しい場合があります。したがって，彼らを危機管理対応マニュアルの作成に参加させるほうが良い場合

があります。すべてを日本人で策定しようとするのではなく，現地従業員の考え方を聞きながら，彼らと一緒に「危機管理対応マニュアル」を作成するほうが，現地従業員の共感を生み，計画をスムーズに実行することができます。現地従業員との良好な連携は「危機管理対応マニュアル」のさらなる実効性に寄与すると思います。

第5章　BCPと有事対応

1　BCPについて

　BCPは，2011年3月の東日本大震災以降，日本でもかなり浸透しましたので，すでに作成されている企業も多いと思います。BCPは，「Business Continuity Plan」（事業継続計画）の略で，企業が自然災害，パンデミック，テロ攻撃などの危機（クライシス）に遭遇した際，事業資産の損害を最小限にとどめ，中核となる事業の継続あるいは早期復旧を可能にするため，平常時に行うべき活動や，危機（クライシス）発生時に事業を継続するための方法，手段などを事前に取り決めておく計画を指します。

1　BCPで想定する災害対象

　一般的にBCPで想定する災害対象としては，日本国内でも常識的に想定できる「自然災害」「事故・感染症」「人為災害」と，第2講の海外安全管理編で述べた「安全管理」と「地政学リスク」から来る災害の大きく2つに分けることができます。

図表2-3-10　BCPで想定する災害対象

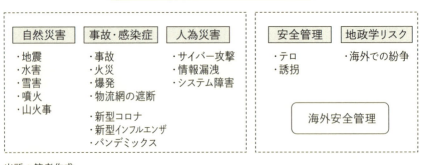

出所：筆者作成

2 BCP策定プロセス

BCPの一般的な策定フローは**図表2-3-11**で表されます。この策定プロセスに沿って説明をしていきます。

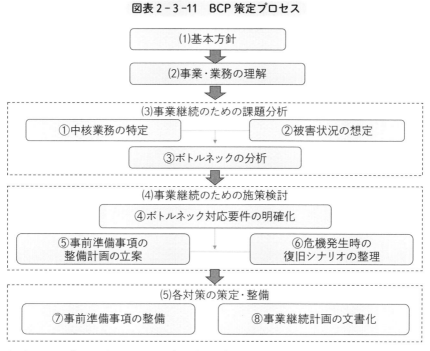

図表2-3-11　BCP策定プロセス

出所：JAPIA『BCPガイドライン』（2022年3月）に筆者加筆

(1) 基本方針

　災害発生時の緊急対応では，関係者の協力を得て一致団結して取り組むことが必要です。そのためには，全員の共通の目的となる「基本方針」の作成が最も重要で，さらに，この基本方針を関係者に広く事前に発信し浸透させておく必要があります。

　基本方針の例としては従業員，家族，顧客の人命優先，地域貢献，雇用維持，供給責任，経営の維持，などが挙げられますが，会社の経営理念や経営方針と齟齬がないように，経営トップと基本方針を決める必要があります。

272 第Ⅱ部 海外事業を成功させるリスク管理

(2) 事業・業務の理解

たとえば製造業の場合には，国内外の設立拠点別に，工場設立目的，設立時期，規模などの基本情報とともに，会社全体のサプライチェーン上の位置づけなどを，業務フローをベースにまとめて理解を進めます。

(3) 事業継続のための課題分析

① 中核業務の特定

優先して復旧，再開させる事業を BCP では中核業務と言います。この企業として優先的に継続または早期復旧する重要業務を「中核事業」として特定し何の事業を継続すべきかの優先順位を明確にします。中核事業は，経営陣から指示されることもありますが，BCP チームで検討した内容を経営陣が承認することもあります。

図表 2 - 3 -12　中核事業の選定

①経営陣からの指示

②供給責任の観点からの決定

③自社の売上，雇用，収益への影響

④地域，社会等への影響，評判

出所：筆者作成

中核業務が決まった後，その中核業務に関連する業務ごとに，業務停止となった場合の影響を，売上，利益，顧客，社会的責任などの観点から分析し，実現性の程度を低，中，高で評価した上で，**図表 2 - 3 -13**で示した対応策を検討します。

図表 2-3-13　中核業務を構成する各業務の対応策の検討

事象	中核事業との関連	影響度	対応策	実現性	必要な資源，行動
中国本土からの輸入原料Xが輸入できない	大	大	工場での在庫積み増し	高	保管場所の確保　運転資金手当て
			代替購入先の探索	低	中国以外の国も含め探索
			代替原料のYの使用	中	技術部による使用可否の評価

出所：筆者作成

② 被害状況の想定

次に中核業務に必要な「目標復旧時間」と「目標復旧レベル」の決定のために，「停止が許される時間およびレベル」の許容限界である「最大許容停止時間」事業影響度に応じ時系列に分析し，許容限度よりも若干高めに，目標復旧

図表 2-3-14　目標復旧時間とレベルの決定

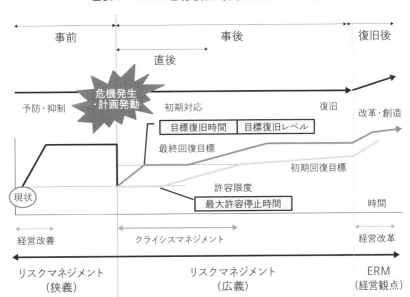

出所：筆者作成

274 第Ⅱ部 海外事業を成功させるリスク管理

時間およびレベルを設定します。

③ ボトルネックの分析

中核業務を構成する各業務別に必要かつ重要な経営資源を洗い出し，ボトルネックを把握します。その後，目標復旧時間およびレベルの達成に向け，ボトルネックにどのように対応するかの対応要件を決定します。

⑷ 事業継続のための施策検討

図表2-3-11の④「ボトルネック対応要件の明確化」で復旧を考える場合，通常「復旧戦略」と「代替戦略」が主な観点となります。

- 「復旧戦略」は，想定される被害からどのように防御・軽減・復旧できるかの観点です。
- 「代替戦略」は，不可欠な要素が利用や入手できなかった場合，代替手段があるかを考えるという観点です。

この2つの観点を踏まえて，図表2-3-11の⑤「事前準備事項の整備計画」の立案と，⑥「危機発生時の復旧シナリオ」の整理を行います。

⑸ 各対策の策定・整備

図表2-3-11の⑦「事前準備事項の整備」を，「危機発生抑制対策，危機発生時の影響低減対策」の2つの観点で作成し，⑧文書化による事業継続計画（BCP計画）ができ上がります。

3 BCPと状況判断（製造業）

BCP計画の発動は危機発生後の被害状況を踏まえてどのBCP計画を採用するかを柔軟に考える必要があります。被害状況を3つのレベルに分けて整理したものが図表2-3-15の右側です。1.「被害が少ない場合の現地復旧計画A」2.「外部購入や外部生産委託による外部活用による復旧計画」3.「被害の想定が難しく，現地の様子もわからない場合の現地復旧計画B」の3ケース

の復旧計画を示しています。

有事発生時には、この3つの復旧計画を臨機応変に組み合わせ、この図にあるYES, NOの流れに囚われすぎないよう柔軟に対応判断をする必要があります。

図表2-3-15 BCPと状況判断（製造業）

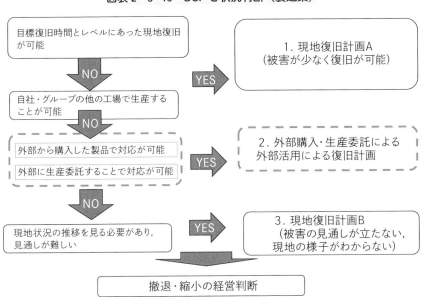

出所：JAPIA『BCPガイドライン』（2022年3月）に筆者加筆

2 海外有事とBCP

1 海外有事発生で検討されるBCPの範囲

1でBCPの概略を見てきました。次に海外有事発生、特に「戦争や紛争」を想定したBCPを考えたいと思います。

図表2-3-16は製造業を念頭に紛争を想定した有事発生のフローと対応を簡単にまとめたものです。今まで、有事発生時の緊急退避マニュアルなどで示したように、有事発生の予兆をトリガーとして、日本人駐在や家族の国外脱出、

276　第Ⅱ部　海外事業を成功させるリスク管理

有事発後は，一時操業を停止し様子見をし，その間は日本人駐在員不在の中で現地従業員を中心とするオペレーションを実施，その後の有事の収束状況を見ながら，事業継続，縮小，撤退を判断していくこととなります。

　図表2-3-16の点線で囲んだ部分，すなわち有事発生後に現地従業員を中心に何時まで，どのようにオペレーションを継続し，事業の継続につなげていくのか，または最悪，撤退に備えて事前に何を用意すべきかが，戦争・紛争時のBCPで検討すべき範囲となります。

図表2-3-16　有事発生で検討されるBCP範囲

```
                    ┌─────────────────┐
                    │   有事発生予兆    │
                    └─────────────────┘
                             ↓
                    ┌─────────────────┐
                    │ 日本人駐在員・家族脱出 │
                    └─────────────────┘
                             ↓
                    ✦ 有事 ✦ （戦争・紛争）
                    ┌─────────────────┐
                    │   一時撤退・様子見   │
                    └─────────────────┘
                             ↓
         ┌ ─ ─ ─ ─ ─ ─ ─ ─ ─ ─ ─ ─ ─ ┐
         │   現地従業員中心の一部操業      │
         └ ─ ─ ─ ─ ─ ─ ─ ─ ─ ─ ─ ─ ─ ┘
            ┌──────────┐      ┌──────────┐
            │  短期終結   │      │  中長期戦   │
            └──────────┘      └──────────┘
        ┌ ─ ─ ─ ─ ─ ─ ─ ─ ─ ─ ─ ─ ─ ─ ─ ┐
        │ ┌────────┐     ┌──────────┐ │
        │ │ 事業継続  │     │   撤退     │ │
        │ └────────┘     └──────────┘ │
        └ ─ ─ ─ ─ ─ ─ ─ ─ ─ ─ ─ ─ ─ ─ ─ ┘
```

出所：筆者作成

　有事が短期で終結し，現地従業員を中心とした一部操業後に，事業継続が可能となった場合は，通常のBCP計画の作成要領でカバーできます。しかし，過去の戦争・紛争がそうであったように最も可能性が高いのは「撤退」です。次は，戦争・紛争時のBCP計画と「出口戦略」について述べていきます。

2 国際紛争などの海外有事事例からの教訓

(1) ロシアによるウクライナ侵攻事例

2024年2月24日にロシアによるウクライナ侵攻が勃発しました。新聞報道などでご存知の方が多いと思いますが，比較的早い時間に西側の多くの企業はロシアに国有化されています。国家間の紛争は，紛争当事者の国力を削ぎ，戦争遂行能力を減らすことが目的です。したがって，自国と敵対する国の進出企業を撤退させ，自国民の雇用の場に活用するために，通常は国有化を通じて自国の都合に合わせた経営を目指すのが一般的です。

(2) ミャンマーの軍事クーデターの事例

2021年2月にミャンマーで軍事クーデターが起きました。報道によると，現地で国軍系企業と事業を共同で運営していた日本の飲料系企業は，クーデターから4日後に合弁解消の方針を示しましたが，ミャンマーの法整備が不充分で合弁解消法的手続きに時間を要し，実際に撤退の手続きが完了するまでに約2年の月日を費やしています。また，撤退までの間，国際社会からはこの合弁事業が国軍系企業の資金源となっているとの批判を受け，レピュテーションリスクを抱えていました。紛争を抱える国の企業との合併は，BCP計画の最終的局面の撤退となる可能性が高いとともに，撤退にはとても長い時間がかかるという教訓事例と言えます。

(3) 中国の事例

紛争事例ではありませんが，日本と中国の経済的な関係を歴史的に見ると，中国の政治事情により日本企業の活動が定義されてきたことがわかります。

① 第1期（1952年から1958年）

日本と中国の間に正式な国交がない1952年に，中国国際貿易促進委員会を窓口に第一次日中民間貿易協定が調印されました。ここから両国間の貿易が始まりましたが，1958年の「長崎国旗事件」で日中貿易がいったん断絶されました。

278　第Ⅱ部　海外事業を成功させるリスク管理

② 第2期（1962年から1978年）

　1962年の「LT貿易協定」（民間貿易の形）締結から，1978年の日中平和友好条約締結までが第2期になります。60年代前半から70年代前半の中国では，商談も毎年2回の広州交易会にほぼ限定され，周恩来首相の「対日貿易4条件」により貿易商社も，台湾との交易経験のない「友好商社」に限定されました。

　1978年になると華国鋒主席により8カ年計画が発表され，4つの近代化を進め，国家建設を行うことが表明されます。その際に，少なくとも約6億ドル・120件もの工業プロジェクトが必要であると発表され，米国を中心に外資企業が本格的に中国市場への参入を検討し始めた時期です。

③ 第3期（1979年から1989年）

　華国鋒主席により発表された8カ年計画は，政治的国策宣伝の色が濃く，非現実的であったため，1979年1月に中国政府は一方的に8カ年計画を破棄します。その結果，外資企業との契約の一方的な凍結・棚上げ・破棄が中国政府との間で起こっています。

　一方で，1978年12月に鄧小平主席が共産党11期三中全会で「対外開放を推進し，商品市場経済体制の確立」することを決定し，1979年に深圳などの経済特区が設置されています。その影響で日本では，日本の商社を中心に第一次投資ブームが起こります。しかし，その後の1989年の天安門事件で，海外からの中国への投資ブームが去り，中国は国際的孤立化の時期を迎えます。

④ 第4期（1992年から1999年）

　その後，鄧小平氏による1992年初頭の南巡講話に始まる「改革開放」により，第2次中国投資ブームが起こりました。

⑤ 第5期（2000年から現在に至るまで）

　2000年6月，日本の自動車メーカーに対し乗用車合弁事業許可が下りました。ただし，現地メーカーとの合弁が条件とされ，独資での進出は許可されませんでした。2001年12月には，中国がWTOに加盟したことで，第3次中国投資

ブームが起きます。当時は「中国に進しないことがリスクである」と言われた時代です。その後，力を付けた中国と米国が地政学的な理由で対立が始まり，外資企業の撤退などの動きが目立ってきているのが現在です。

この日本と中国の経済交流の変遷を見ると，中国という国は，「政治的な理由から急に経済的関係が途絶されることがある」「外資にとって有利な面と不利な面の相反する政策が同時進行で起こる国である」「共産党優先の国である」などの特徴がわかります。またこれらの特徴の結果「外資の投資ブームには，冷熱という一定のサイクルが繰り返される傾向がある」ということもわかります。この特徴を理解した上で，中国事業のBCP計画を考える必要があります。

3　海外有事で紛争が想定される場合

海外有事が「戦争」や「紛争」の場合，もっとも悩ましいのは，いつ終束するのか，さらに，短期的に終結するのか，中長期的に継続するのか，の見通しが誰にも立てられないという点です。

ただし，今回のロシアのウクライナ侵攻の事例からもわかることは，早い時期から企業が国有化される可能性が高いということです。敗戦直後の日本がそうであったように，海外にある資産は戦勝国により接収される歴史的事実があります。

したがって，戦争・紛争時に備えて想定するBCP計画は「BusinessContinuity Plan」（事業継続計画）ではなく，BCP計画の最終局面である「出口戦略」を考える計画が必要と言えます。

「出口戦略」は，英語の「Exit Strategy」の日本語訳です。もともとは長期化するベトナム戦争からの米軍の撤退をいかにするかという意味で使われた単語です。その後，証券用語などに転用され，投資を終了したり，出資を引き揚げるという意味で使われるようになりました。紛争が想定される場合には，残念ながら，撤退の出口戦略を前提にBCPを考える必要があります。

4 撤退の出口戦略について

　出口戦略については詳しく述べませんが，今までの経験上，新興国のみならず，先進国でもその国からの撤退は，税務調査やさまざまな行政手続きなどで，少なくとも半年から1年の期間が必要です。前述したミャンマーの事例からもわかるように実際に撤退が可能なのかどうかについて，契約書，許認可，人脈，従業員の解雇，会社の資産，知財の取り扱い，など撤退に向けてさまざまな検討を行い，進出前に撤退を前提としたBCP計画を作成しておく必要があります。2021年の軍事クーデター後，ミャンマーからの撤退に2年かかったとお伝えしましたが，紛争の可能性を抱える国への進出検討時には，ミャンマー同様に，このような事態を想定して，進出決定前に「撤退」を考えた進出計画およびBCP計画を作成する慎重さが求められます。

第6章　中堅・中小企業の海外危機管理対応について

経営資源に限度のある中堅・中小企業が海外危機管理で今まで述べてきたすべてを行うのは現実的ではありません。ここでは，中堅・中小企業が最低限行うべきことに焦点をあてて，解説を致します。

1　中堅・中小企業の海外危機管理対応の鉄則

1　自分の身は自分で守る

ある大手ゼネコンの例ですが，「自分の身は自分で守る」ために自社でプライベート・ジェットを用意して危険な現場サイトから社員を脱出させたことがあります。しかし，このような経営資源を持たない中堅・中小企業では，誰も助けてくれないということを念頭に「逃げるが勝ち」の鉄則を徹底する必要があります。

2　リスク予兆を早くつかむ

「逃げるが勝ち」の鉄則を実行するためには，「リスク予兆」を誰よりも早く知ることが必要です。言葉で言うのは簡単ですが，これができるのは，現地の事情がわかっている現地従業員です。日本人駐在員だけで「リスク予兆」を早期の段階でつかむのは，難しいと思われます。

何度も繰り返しますが，海外有事には現地従業員の協力が欠かせません。中堅・中小企業の強みでもある人情味のある「家族的経営」を浸透させ，現地の従業員とともに危機対応することが，大変重要になります。

2　いち早く逃げるために事前に行っておくべきこと

「いち早く逃げる」ために，最低限以下の2点を事前に行っておく必要があります。

1　資産の軽量化

　海外資産が接収されることを想定して，海外に資産をなるべく残さないような運営を事前に行うことが必要です。現預金，内部留保，重要な機械設備，顧客リスト，仕入れリスト，図面などの知財保護です。また。借入金も，日本本社からの借入れから，現地の銀行の借入れに変えるなどの方策も検討する必要があります。

2　中核事業の選定と対応

　海外拠点が接収されるなどして，全額自社の損金に計上されると，中堅・中小企業の場合，会社全体の倒産リスクにさらされる可能性があります。クライシス発生時に優先すべきことはBCPで述べた「中核事業の選定」と「復旧のための行動計画」ですが，そのために綺麗な形でBCP計画をすべて整える必要はありません。そのかわり，「中核事業」×「影響度」から，必要最小限の対応課題と対応方法，そのための行動計画を作定し，実行性の担保のために事前訓練を多く実施しておく必要があります。

③　長期戦に備えるために

　危機はいつ発生するかわかりません。したがって，危機に対応する場合，長期の対応が余儀なくされますので，受身的な他力本願の姿勢では息切れします。危機に対応するため海外からの緊急退避を実行するには，日頃からの現地従業員としっかりした人間関係の構築が，最も重要であると繰り返し述べてきました。このしっかりした人間関係をベースに組織に求められるのが「自助」「共助」の組織文化です。

　危機管理を遂行するための，組織，規定類，マニュアルなどの整備ももちろん重要ですが，それを実行に移すためには，計画倒れで終わらない，「助け合い」の精神を持つ血の通った組織文化が必要です。その最たるものが，「自助」「共助」の組織文化になります。

1 「自助」「共助」とは

　日本では防災の分野で語られることが多いのですが，災害発生時は「自助」
⇒「共助」⇒「公助」の順で災害対応が考えられるのが通常です。「自助」と
は，災害が発生したときに，まず自分自身で身の安全を守ることで，これには
家族も含まれます。「共助」とは，所属する企業，地域やコミュニティが協力
して助け合うことを指します。最後に来るのが，市町村や消防，県や警察，自
衛隊といった公的機関による救助・援助の「公助」です。

　防災対応では「自助」，「共助」，「公助」の効果的な連携が不可欠ですが，ま
ずは，自身でできる「自助」をしっかりと行い，その後，自身が属する組織で
できる「共助」を行うことがクライシスマネジメントを効果的に実施する前提
となります。1 人ひとりが，「自分の身は自分で守る」，「自分たちの会社・地
域は自分たちで共に助け合いながら守る」という自立および自律した考えを持
ち，日ごろから危機に備えることが重要です。

　海外の危機管理でまず頼りになるのは，日本本社（共助）ではなく海外子会
社などが持つ「自助」の力です。危機の時に「自助」の力のない人を「共助」
で救うことは至難の技です。周りにいる現地従業員の共助を得られる日本人駐
在員はほとんどの場合，自らが「自助」の力を持っています。「1990年 8 月イ
ラク軍のクウェート侵攻の事例」や「2013年 1 月のアルジェリアの天然ガス施
設襲撃事件」で見たように，日本人駐在員自身に「自助」があり，「共助」に
向かわせる現地従業員との日常的な良い人間関係が現地従業員を「共助」に向
かわせ，その結果として命が救われています。

　日常的に良好な信頼関係を築く「自助の力」は，自分が属する組織の組織文
化に根差すものと言えます。良好な信頼関係をお互いに持てる組織文化を作る
ことが，危機管理を有効に機能させるために最も重要で，経営者が最優先で取
り組むべき経営課題と言えます。

　海外子会社等で言えば，日常的に働く中で現地の従業員と心を通わせ，その
組織文化の中心となっている駐在員の姿勢が「自助」であり，現地の子会社の
中で国籍を問わずにお互いに助け合う文化が「共助」であり，さらにその組織
文化を育む経営理念や社風の存在が本社による「共助」となります。これらの

プロセスを経て初めて最後のステップである「公助」―国家，自衛隊による救助等―が発動される事となります。危機管理では，常に「自助」から始まり，「公助」は最終段階にあることを自覚し，最初から「公助」をあてにしないという意識を常に持っておくことが重要です。

図表2-3-17　長期戦に備えるために

2　事例に見る「自助」「共助」

明治維新以降，日本にとって最大の危機は昭和20年8月15日の敗戦です。その敗戦時に海外から帰国する際に現地従業員の協力を得ることができるかどうかが，駐在員の生死を分かつ重要な鍵となりました。日本内地に多大な借金がありながら，大家族主義の理念のもとで海外引揚社員800名以上を1人も馘首にしなかった石油会社の実例を，当時海外にいた社員の座談会録の抜粋から「自助」「共助」の事例として見てみます。

(1) 自助事例

(i) 南方からの引揚げ

「マレーシアもインドネシアと同じように現地の従業員とは仲良く暮らしていたので，私達が捕虜になって収容された際にも，いろいろと差し入れをしてくれた。捕虜になって収容の時に，持っていた物や薬を彼らにあげようとしたら，「これは今からあなたたちが必要とするものだ」と言ってなかなか受け取らなかった。かえって，ほうろうびきのコップをくれたりして。これは熱いものを入れて持っても熱くならないし，随分と役に立ちました。…（中略）…敗戦時に現地の人々にいじめられたという感じは全くありませんでした。」

(ii) 台湾からの引揚げ

「最終的に収用所に入れられたが，現地の従業員が収容所に食事を差し入れてくれたり，日本への引揚げ情報をくれたり，引揚げの時も荷物を駅まで持って行ってくれたり…（中略）…結局，我々の店は日本人だろうが，台湾の人だろうが社員全員が分け隔てなく，本当の家族のように生活していましたからね。これは，理屈ではなく，本当の家族というか，大家族主義はこういうものなんだ，と肌から感じさせるものがあったね。」

(iii) 中国

・「厦門の店では，私物も含めすべて接収されたあとに収容所に入ったが，同じ釜の飯を食べた中国人従業員との信頼の絆の強さに助けられた。義理・人情・信義に厚い国民ですね。中国人は。」

・「大連の店では，中国人従業員は良く「何か困ったことは無いか」と気にかけてくれました。常日頃から日本人と全く同じように付き合っていましたからね。ソ連軍はひどかったですね。何度か悲惨な状況を目にしました。それに比べて中国人は良かったです。」

・「青島の店では，誤解が原因で中国人の軍人からスパイ容疑で眉間に拳銃を突き付けられ，今にも撃たれそうな感じでした。ところが，一緒に働い

286　第Ⅱ部　海外事業を成功させるリスク管理

ていた中国人従業員が足にすがって「この人は犯人ではない。この人は関
係ない」と哀願してくれ，命拾いをしました。お礼を言うと，「あなたは
スパイではないのだから当然のことをしたまでだ」と言ってくれました。
平素から日本人と同様に仲良く付き合っていたおかげであの中国人従業員
が私を救ってくれたのだ，とつくづく感謝しました。」

(iv)　韓国

「韓国では戦後の反日感情は強かった。逃げてきたという感じだね。しかし，
皆が言われた通り，我々は現地のスタッフと仲良くやっていましたからね。
我々への具体的な迫害は少なかった。ちょっとしたトラブルはあったが，現地
従業員が中に入っていろいろと取り持ってくれたりしました。」

　これらの事例からわかることですが，「自助」とは現地従業員を助け，助け
られる関係を築くような日常的な現地従業員との「人としての」接し方です。
現地従業員に日常的に高圧的な態度で接していた日本人・日本企業のケースで
は，これらの事例とは真逆であったと座談会の中で，伝えられています。危機
管理の対応として「自助」と「共助」につながる組織文化の重要性がわかる事
例です。

(2)　共助事例

　上の事例で述べたような海外の拠点にある「自助」の組織文化は日本本社の
持つ組織文化がもとになります。敗戦時，60歳で会社を再建し，現地に取り残
された800名の従業員に「自助」の気持ちを持たせ，海外から引き揚げてきた
従業員と日本本社で，一致協力して「共助」の組織文化を築いた経営者の言葉
を見ることで，自助のもととなる共助の組織文化を築くための本社のあり方を
考えてみます。

(ⅰ)　昭和21年6月15日

「終戦直後，私は店員を馘首しない事を明言した。終戦により会社の全事業
は消滅したのである。（中略）海外から引き揚げてくる800の店員に職を与えな

ければならぬ。学校を出てすぐに入営して今日に及んだ人だけでもやめて貰ったらという説が役員会で出たのも無理はない。大部分を退店させるのが常識と思う。しかるに私をして軽々と全店員を辞めさせないと言明させたのは無論大家族主義にもよることであるが，その実，店員諸君が私の口を借りて自ら言明したとみるべきである。すなわち人の力である。私はこともなげに会社の復興を信じていた。これは，合理的熟考の結果ではなく信頼感がかくせしめた。それから間もなく重役は，会社には事業も資産も無くなったが，多くの店員が資本として残っていると，私を慰めてくれた。」

(ⅱ) 昭和29年 9 月15日
「翻って顧みると，内地における事業はほんの形ばかりが残っているに過ぎない。台湾，朝鮮，満州，シナ，および南方地域の事業は消失した。内地における資金は海外に投資したが，その元金も利益も海外から取り寄せられなかった。したがって，内地に借金が残っている。事業は飛び借金は残ったが，我々には海外に800名の人財がいる。これが唯一の資本であり，これが今後の事業を作る。人間尊重の精神を今こそ発揮し，終戦に慌てて馘首をしてはならぬ。」

　敗戦後の状況を語った座談会の抜粋から自助事例をご紹介しましたが，この経営者の言葉から，「自助」が，本社の「共助」の土台にある経営理念・経営方針と不即不離であり，その土台にあるのが，国籍を問わず，普遍的な価値を持つ家族主義的な経営理念であることがわかります。

　海外危機管理には，今まで述べてきたようなさまざまなノウハウや知識なども必要ですが，海外危機管理を有効に機能する重要なキーワードが，家族的経営にある「人の絆」です。この家族的経営の「人の絆」こそが，中堅・中小企業が最も力を発揮できる分野ではないでしょうか？　今日のような混沌として先が読めない時代こそ，この「人の絆」が求められていると言えます。時代はまさに，「中堅・中小企業」の持つ温かみのある家族主義的経営を求めており，最大の危機管理は，「人の絆」にあると言えるのではないでしょうか。

288　第Ⅱ部　海外事業を成功させるリスク管理

☑ 第Ⅱ部第3講　要点チェックリスト

☐　海外危機管理の「緊急対策本部」の役割を理解されましたか？

☐　緊急退避マニュアルの内容は理解されましたか？

☐　トリガーの意味と重要性を理解されましたか？

☐　有事の BCP でも紛争時の BCP は観点が異なることを理解されましたか？

☐　中堅・中小企業が必要最低限行うべき海外危機管理の内容を理解されましたか？

☐　中長期的な海外危機管理に必要な組織文化の重要性について理解されましたか？

【著者紹介】

高原　彦二郎（たかはら　ひこじろう）

コンサルビューション株式会社　代表取締役社長
中小企業診断士。事業承継士。第三者承継士。人を大切にする経営大学院（EMBA）。
人を大切にする経営学会会員

1980年早稲田大学商学部卒業。
1996年北京語言学院卒業。
2020年「人を大切にする経営大学院」経営人財塾卒業。

出光興産株式会社に入社。ロンドン，香港副支店長，北京所長，本社課長を歴任。海外現地法人の経営管理，内部統制，経営監査，中東駐在員のクライシスマネジメント，ビジネス・リスクマネジメントなどを経験。2005年コンサルビューション株式会社を設立し，海外に進出した日系企業のリスクソリューションを中心にコンサルティングを行っている。また，現在はメディカルを中心にインバウンド事業やM＆Aも行っている。

『中国で生産する　成功への手順』（共著，中経出版，2002年），『Q＆A 中国進出・取引の税務と法務』（共著，新日本法規，2005年），『中国子会社の内部統制実務』（共著，中央経済社，2007年），『実務総合解説　中国進出企業の労務リスクマネジメント』（共著，日本経済新聞出版社，2011年），『中小企業のための海外進出リスクマネジメント』（単著，りそな総合研究所，2015年）など執筆多数。「我が国中小企業の中国事業に係るリスク管理向上のための調査研究」（単著，中小企業基盤整備機構，2009年），「アジア太平洋地域における各種統合の中期的な展望と日本の外交」（共著，公益財団法人日本国際フォーラム，2011年），「中小企業が海外事業を成功させるための方法（単著，中小企業基盤整備機構，2014年）など政府系の調査研究も多数。

ジェトロ中国リスクマネジメント委員会委員，中小企業基盤整備機構　国際化支援アドバイザー，NEDO 技術経営アドバイザー，（公益財団法人）さいたま市産業創造財団　国際展開専門家，国土交通省中堅・中小企業建設業海外展開促進協議会（JASMOC）支援機関などを務める。

また，出光佐三の経営理念を学ぶ「自問自答会」を主催して，中堅・中小企業を中心に「人間尊重」の経営を広める活動を行っている。

中堅・中小企業をリスクから守る

海外事業成功マニュアル

2025年5月1日　第1版第1刷発行

著　者　高　原　彦二郎
発行者　山　本　　　継
発行所　㈱中央経済社
発売元　㈱中央経済グループ
　　　　パブリッシング

〒101-0051　東京都千代田区神田神保町1-35
電話 03 (3293) 3371 (編集代表)
　　　03 (3293) 3381 (営業代表)
https://www.chuokeizai.co.jp
印刷・製本／文唱堂印刷㈱

©2025
Printed in Japan

＊頁の「欠落」や「順序違い」などがありましたらお取り替えいた
　しますので発売元までご送付ください。(送料小社負担)
ISBN978-4-502-53071-5　C3034

JCOPY〈出版者著作権管理機構委託出版物〉本書を無断で複写複製 (コピー) することは,
著作権法上の例外を除き,禁じられています。本書をコピーされる場合は事前に出版者著
作権管理機構 (JCOPY) の許諾を受けてください。
　JCOPY〈https://www.jcopy.or.jp　eメール：info@jcopy.or.jp〉